本书受中南财经政法大学出版基金资助

中南财经政法大学
青|年|学|术|文|库

马克思的
实践辩证法思想研究

熊 文 著

中国社会科学出版社

图书在版编目（CIP）数据

马克思的实践辩证法思想研究／熊文著．—北京：
中国社会科学出版社，2013.12
（中南财经政法大学青年学术文库）
ISBN 978 - 7 - 5161 - 3803 - 8

Ⅰ.①马… Ⅱ.①熊… Ⅲ.①唯物辩证法 – 研究
Ⅳ.①B024

中国版本图书馆 CIP 数据核字（2013）第 310214 号

出 版 人　赵剑英
责任编辑　田　文
特约编辑　王雪凌
责任校对　李　莉
责任印制　王炳图

出　　版　中国社会科学出版社
社　　址　北京鼓楼西大街甲 158 号（邮编100720）
网　　址　http：//www.csspw.cn
　　　　　中文域名：中国社科网　　　010 - 64070619
发 行 部　010 - 84083685
门 市 部　010 - 84029450
经　　销　新华书店及其他书店

印　　刷　北京奥隆印刷厂
装　　订　北京市兴怀印刷厂
版　　次　2013 年 12 月第 1 版
印　　次　2013 年 12 月第 1 次印刷

开　　本　710×1000　1/16
印　　张　15.25
插　　页　2
字　　数　260 千字
定　　价　46.00 元

《中南财经政法大学青年学术文库》
编辑委员会

总　　序

　　一个没有思想活动和缺乏学术氛围的大学校园，哪怕它在物质上再美丽、再现代，在精神上也是荒凉和贫瘠的。欧洲历史上最早的大学就是源于学术。大学与学术的关联不仅体现在字面上，更重要的是，思想与学术，可谓大学的生命力与活力之源。

　　中南财经政法大学是一所学术气氛浓郁的财经政法类高等学府。范文澜、嵇文甫、潘梓年、马哲民等一代学术宗师播撒的学术火种，五十多年来一代代薪火相传。世纪之交，在合并组建新校而揭开学校发展新的历史篇章的时候，学校确立了"学术兴校，科研强校"的发展战略。这不仅是对学校五十多年学术文化与学术传统的历史性传承，而且是谱写21世纪学校发展新篇章的战略性手笔。

　　"学术兴校，科研强校"的"兴"与"强"，是奋斗目标，更是奋斗过程。我们是目的论与过程论的统一论者。我们将对宏伟目标的追求过程寓于脚踏实地的奋斗过程之中。由学校斥资资助出版《中南财经政法大学青年学术文库》，就是学校采取的具体举措之一。

　　本文库的指导思想或学术旨趣，首先在于推出学术精品。通过资助出版学术精品，形成精品学术成果的园地，培育精品意识和精品氛围，以提高学术成果的质量和水平，为繁荣国家财经、政法、管理以及人文科学研究，解决党和国家面临的重大经济、社会问题，作出我校应有的贡献。其次，培养学术队伍，特别是通过对一批处在"成长期"的中青年学术骨干的成果予以资助推出，促进学术梯队的建设，提高学术队伍的实力与水平。再次，培育学术特色。通过资助出版在学术思想、学术方法以及学术见解等方面有独到和创新之处的科研成果，培育科研特色，以形成有我校特色的学术流派与学术思想体系。因此，本文库重点面向中青年，重点面向精品，重点面向原创性学术专著。

春华秋实。让我们共同来精心耕种文库这块学术园地，让学术果实挂满枝头，让思想之花满园飘香。

2009 年 10 月

Preface

A university campus, if it holds no intellectual activities or possesses no academic atmosphere, no matter how physically beautiful or modern it is, it would be spiritually desolate and barren. In fact, the earliest historical European universities started from academic learning. The relationship between a university and the academic learning cannot just be interpreted literally, but more importantly, it should be set on the ideas and academic learning which are the so − called sources of the energy and vitality of all universities.

Zhongnan University of Economics and Law is a high education institution which enjoys rich academic atmosphere. Having the academic germs seeded by such great masters as Fanwenlan, Jiwenfu, Panzinian and Mazhemin, generations of scholars and students in this university have been sharing the favorable academic atmosphere and making their own contributions to it, especially during the past fifty − five years. As a result, at the beginning of the new century when a new historical new page is turned over with the combination of Zhongnan University of Finance and Economics and Zhongnan University of Politics and Law, the newly established university has set its developing strategy as "Making the University Prosperous with academic learning; Strengthening the University with scientific research", which is not only a historical inheritance of more than fifty years of academic culture and tradition, but also a strategic decision which is to lift our university onto a higher developing stage in the 21st century.

Our ultimate goal is to make the university prosperous and strong, even through our struggling process, in a greater sense. We tend to unify the destination and the process as to combine the pursuing process of our magnificent goal with the practical struggling process. The youth's Academic Library of Zhongnan University of Economics and Law, funded by the university, is one of our specific measures.

The guideline or academic theme of this Library lies first at promoting the publishing of selected academic works. By funding them, an academic garden with high – quality fruits can come into being. We should also make great efforts to form the awareness and atmosphere of selected works and improve the quality and standard of our academic productions, so as to make our own contributions in developing such fields as finance, economics, politics, law and literate humanity, as well as in working out solutions for major economic and social problems facing our country and the Communist Party. Secondly, our aim is to form some academic teams, especially through funding the publishing of works of the middle – aged and young academic cadreman, to boost the construction of academic teams and enhance the strength and standard of our academic groups. Thirdly, we aim at making a specific academic field of our university. By funding those academic fruits which have some original or innovative points in their ideas, methods and views, we expect to engender our own characteristic in scientific research. Our final goal is to form an academic school and establish an academic idea system of our university through our efforts. Thus, this Library makes great emphases particularly on the middle – aged and young people, selected works, and original academic monographs.

Sowing seeds in the spring will lead to a prospective harvest in the autumn. Thus, let us get together to cultivate this academic garden and make it be opulent with academic fruits and intellectual flowers.

Wu Handong

中文摘要

对于马克思辩证法思想的性质、具体规律、理论来源等问题的争论在马克思生前就开始了，并一直延续至今。通过对国内外相关研究的历史和现状的回顾与分析，本书认为，系统地论证马克思的辩证法是实践辩证法，正确地阐述实践辩证法思想，不仅有利于深入推进马克思辩证法思想的研究，而且对于更好地理解和坚持马克思创立的实践唯物主义具有重要的现实意义。

目前对马克思实践辩证法思想的研究主要存在三个问题：一是对传统的辩证唯物主义体系采取历史虚无主义的态度；二是在对实践辩证法的解释上重新造成了人与自然、自在之物与为我之物的对立；三是有意无意地割裂了实践辩证法的历史联系。

针对以上问题，本书从以下四个方面着手，力图切实推进对马克思实践辩证法思想的研究：

第一，深入研究马克思实践辩证法思想与黑格尔辩证法思想的关系。本书认为马克思对黑格尔辩证法的批判有着两条清晰的逻辑线索：一条以《黑格尔法哲学批判》为标志，马克思对黑格尔辩证法，特别是体现在《逻辑学》中的辩证法的神秘形式展开了有针对性的批判；另一条以《1844年经济学哲学手稿》为标志，马克思对黑格尔辩证法，特别是体现在《精神现象学》中的辩证法的神秘主体展开了有针对性的批判。这两条批判的线索的汇流以《神圣家族》为起点，而《德意志意识形态》标志着马克思对黑格尔辩证法的批判基本完成。

第二，深入研究马克思实践辩证法产生的逻辑进程。本书认为，马克思实践辩证法思想的产生经过了三个内在联系的阶段：第一阶段是自我意识辩证法时期。这一时期的思想主要体现在其博士论文《德谟克利特的自然哲学和伊壁鸠鲁的自然哲学的差别》及其笔记中。第二阶段是人本学辩证法时期。这一时期的思想主要体现在《1844年经济学哲学手稿》中。

第三阶段是实践辩证法时期。这一时期的思想主要体现在《德意志意识形态》、《哲学的贫困》等著作中。这三个阶段不是截然分开的，而是有着内在的必然联系。

第三，深入研究马克思实践辩证法的构成要素。本书认为，马克思实践辩证法的基本要素是对黑格尔辩证法相关内容的合理继承。它们主要包括三个方面：一是居于中心地位的自在自为性；二是自在自为性的纵向规定性，包括否定生成性和具体历史性；三是自在自为性的横向规定性，包括关系反思性和对象中介性。黑格尔重视自在自为的规定，具有强烈的历史感，始终把真理看作是具体的，认为真理是自我否定、自我生成的结果。同时，否定、关系、反思、中介等范畴在黑格尔的著作里被大量运用，它们是理解黑格尔辩证法的核心范畴。马克思在实践唯物主义的基础上对黑格尔辩证法进行了改造，赋予了黑格尔辩证法的基本形式以新的生命。

第四，深入研究马克思实践辩证法的具体内涵。本书认为，马克思的实践辩证法并不是抽象的、孤立的东西，它具有丰富的内涵，包括自然辩证法、历史辩证法和思维辩证法。自然辩证法与实践辩证法是统一的，这种统一性源自人与自然、人的活动与自然活动、自在自然与人化自然的统一。历史辩证法是实践辩证法的直接现实，是狭义的实践辩证法。马克思的历史辩证法思想在《德意志意识形态》时期初步确立，后逐步发展成熟。思维辩证法是被人的头脑改造过的实践辩证法。思维辩证法从根源上脱胎于实践辩证法，但也有其相对独立性和特殊性。

关键词：马克思　辩证法　实践唯物主义

目 录

导论 深入推进马克思辩证法思想的研究

对于辩证法在马克思主义哲学中的重要地位，马克思主义经典作家曾多次予以论述。如恩格斯指出："现代唯物主义本质上都是辩证的。"[①] 列宁认为，革命的辩证法是"马克思主义中有决定意义的东西"[②]。对此结论，研究马克思主义哲学的中外学者，无论他们对辩证法是持赞成、还是批判或反对的观点，都是认可的。本书拟从实践辩证法的角度对马克思的辩证法思想进行系统研究。

一、问题的提出

按照恩格斯的表述，唯物主义的辩证法思想是由马克思和他共同奠基的[③]。马克思和恩格斯关于唯物辩证法的思想和观点散见于他们独自或合作完成的文章、书信、著作和手稿中。

作为共同奠基人之一的恩格斯，晚年潜心研究自然领域中的辩证法规律，留有自然辩证法的相关手稿，从而为后人研究他的辩证法思想提供了较为确切的第一手资料。与恩格斯截然不同，另一位共同奠基人马克思，虽然生前一再表示自己要写关于辩证法的著作，却因受制于种种客观因素，最终也没能实现这一宿愿[④]，甚至没有留下任何提

---

① 《马克思恩格斯选集》第3卷，人民出版社1995年版，第364页。

② 《列宁选集》第4卷，人民出版社1995年版，第775页。

③ 恩格斯明确表示："马克思和我，可以说是把自觉的辩证法从德国唯心主义哲学中拯救出来并用于唯物主义的自然观和历史观的唯一的人。"（《马克思恩格斯选集》第3卷，人民出版社1995年版，第349页）

④ 1858年1月14日，马克思在给恩格斯的信中说："如果以后再有功夫做这类工作的话，我很愿意用两三个印张把黑格尔所发现、但同时又以神秘化的方法中所存在的合理的东西阐述一番，使一般人都能够理解。"（《马克思恩格斯全集》第29卷，人民出版社1972年版，第250页）1868年5月9日，马克思在给狄慈根的信中说："一旦我卸下经济负担，我就要写《辩证法》。"（《马克思恩格斯全集》第32卷，人民出版社1975年版，第535页）可见，马克思透露了自己没有写辩证法专著的原因在于：十年前时间紧张，十年后养家艰难。

纲和手稿①。不少学者认为，这一理论上的"留白"，留给后人的绝不是理论上的享受，而是诸多理解马克思辩证法思想的难点、疑点。这一理论上的"留白"不仅给少数人断章取义、不顾事实地歪曲马克思的辩证法思想以可乘之机，而且，它所遗留的广阔的理论探索、理论解释和理论猜测空间也为后人在开展相关研究工作时产生困惑、分歧和矛盾埋下了伏笔。

本书对上述观点是存疑的。马克思生前没有写下《辩证法》的确是一种遗憾，但反过来说，即使马克思真的曾写下了《辩证法》，马克思的辩证法思想所面临的处境也不会好到哪里去。因为，一方面，一些学生总是嫌老师给的答案不够，于是选择"另辟蹊径"；另一方面，总有另一些学生特别"勤奋"，他们会对老师给的答案予以"充分"研究，结果是诸如青年马克思、中年马克思、晚年马克思的辩证法思想存在断裂之类的"新发现"又会层出不穷。马克思生前一再明白阐述过的唯物史观就面临着这样的处境。同时，我们知道，即使某位作者在完成了著述之后没有亲自对自己的写作思路与方法进行专门归纳，这也并不意味着我们就不能够根据作者的著述来分析、总结和研究他的写作思路与方法。总而言之，马克思写下《辩证法》与否对于后人研究他的辩证法思想无关宏旨，把关于马克思辩证法思想的争论归咎于马克思没有留下《辩证法》遗稿的观点是站不住脚的。

同时，通过回顾马克思主义哲学诞生以来的历史，我们发现，在不同的历史时期中，处于不同的理论层面上，国内外学者们总是一而再地讨论马克思的辩证法思想。反复不意味着重复，反复本身体现的正是辩证法的活的精神。正是在反复的讨论中，对于马克思辩证法思想的研究呈现出常论常新的面貌。

现阶段研究马克思的实践辩证法思想主要基于两个原因：

一是从研究历史来看，国内外学者对马克思辩证法思想的看法长期以来一直存在分歧，尚无定论，这使相关研究工作具有了可能性。

从国外情况来看，对于马克思辩证法思想的性质、具体规律、理论

① 1883 年 4 月 2 日，距马克思 3 月 14 日逝世仅半个月，恩格斯在给拉甫罗夫的信中说："明天我才有时间花几个钟头去浏览一下摩尔留给我们的所有手稿。特别使我感兴趣的是他早就想写成的辩证法大纲。"（《马克思恩格斯全集》第 36 卷，人民出版社 1975 年版，第 3 页）结果是没有找到。

来源等问题的争论在马克思、恩格斯生前就开始了。针对种种误解和歪曲，他们予以了正面回应。马克思的《〈资本论〉序言》和恩格斯的《反杜林论》等就是这方面的典型例子。马克思、恩格斯去世后，在他们的学生、战友以及普列汉诺夫、列宁等俄国马克思主义者中间，对于马克思辩证法思想的理解依然存在分歧。此后，在前苏联、东欧社会主义国家里，学者们对辩证法的基本规律、辩证法诸范畴的关系、辩证法在人类社会历史领域中的表现等问题一直存在着争论。与此同时，西方马克思主义思潮、东欧新马克思主义、西方马克思学等流派的学者们从"存在主义"、"人道主义"、"结构主义"、"弗洛伊德主义"、"现象学"、"新实证主义"、"新黑格尔主义"等不同的角度，纷纷阐发自己对马克思辩证法思想的理解，提出了"主客体辩证法"、"人的辩证法"、"实践辩证法"、"否定的辩证法"、"具体的辩证法"、"辩证现象学"等不同观点。

从国内情况来看，自1923年瞿秋白从前苏联把马克思的辩证法思想传入中国开始，到"文化大革命"前，经过老一辈马克思主义者的努力，基本上形成了较为完备的具有中国特色的辩证唯物主义理论体系。"文化大革命"后，受西方马克思主义、东欧新马克思主义、西方马克思学及现代西方哲学思潮的影响，许多从事马克思主义哲学研究的学者开始对传统的辩证唯物主义体系进行反思，重新探索马克思辩证法思想的内涵和规律。学者们对一系列问题展开了持久的争论，如是否存在自然辩证法、如何理解自然辩证法、是否存在作为自然、社会、思维的一般规律的辩证法、如何理解实践辩证法、实践辩证法与物质本体论是什么关系、在辩证法问题上马克思与恩格斯的观点是否存在着根本差异等问题。相关研究工作至今方兴未艾。

二是从深化认识来看，系统研究马克思实践辩证法思想不仅能够推进马克思辩证法思想的研究，而且有利于更好地理解和坚持马克思创立的实践唯物主义，这使相关研究工作具有了现实性。

虽然国内学者对马克思辩证法思想的内涵与规律等问题看法不一，但认同马克思的辩证法是实践辩证法的学者越来越多。尽管有个别学者认为应该进一步从生存论的角度来解释马克思的辩证法思想，但是本书认为，从生存论的角度来探讨马克思的辩证法思想是一回事，认为马克思的辩证法本身是生存论辩证法则是另一回事，因为这种观点多少会让人产生"原形先蕴"的疑虑。

大部分学者认为,以《关于费尔巴哈的提纲》为标志,马克思宣告了实践唯物主义的诞生。这种新唯物主义不同于以往的一切旧唯物主义,它牢牢地奠基于人的现实的感性的实践基石之上。同时,从《黑格尔法哲学批判》、《1844年经济学哲学手稿》、《神圣家族》、《德意志意识形态》等手稿或著作来看,把马克思的辩证法理解为实践辩证法符合马克思创立的实践唯物主义的实质。但目前国内学者对实践辩证法的具体理解尚存在分歧,持反对意见者有之,持赞同意见者在对实践辩证法的阐述和论证上仍有未臻完善之处。如一些学者对辩证唯物主义体系采取历史虚无主义的态度,在辩证法领域重新造成人与自然的对立、自在之物与为我之物的对立,有意无意地割裂实践辩证法的历史联系,等等。这些在实践辩证法研究过程中出现的理论问题都亟待解决。

因此,论证马克思的辩证法是实践辩证法,正确地阐述实践辩证法,不仅有利于深入推进马克思辩证法思想研究,而且对于更好地理解和坚持马克思创立的实践唯物主义也具有重要的现实意义。

二、国内外相关研究存在的问题

国内外学者对马克思辩证法思想的研究已逾百年。

在国外,相关研究有着两条迥然不同的道路:一是从晚年恩格斯对辩证法思想的探索开始,逐步发展到前苏联、东欧社会主义国家辩证唯物主义体系的形成;二是从卢卡奇等人对马克思辩证法思想的重新理解开始,逐步发展到以西方马克思主义、东欧新马克思主义和西方马克思学为代表的对马克思辩证法思想的各种不同解读。

在国内,对马克思辩证法思想的研究呈现出三个不同的历史时期:一是从1923年瞿秋白首次把唯物辩证法引入国内起到"文革"前,马克思主义者在不懈的革命实践和理论探索过程中,逐步形成了具有中国特色的辩证唯物主义理论体系;二是从"文革"到改革开放前,对于马克思辩证法思想的研究陷入扭曲的状态;三是从改革开放至今,在我国政治、经济和文化生活发生深刻变化的背景下,随着西方马克思主义、东欧新马克思主义、西方马克思学以及现代西方哲学著作的大量引进,国内的马克思辩证法思想研究迎来了新的发展时期。

在百余年国内外马克思辩证法思想研究的过程中，学者们出版和发表的文章、著作可谓浩如烟海。他们探讨了许多问题，既有关于马克思辩证法思想的微观问题，如辩证法的基本范畴、规律的具体规定等，也有关于马克思辩证法思想的宏观问题，如马克思与恩格斯对辩证法的认识是否存在根本对立、辩证唯物主义体系是否反映了马克思的真实思想，等等。但这些问题背后所隐含的主要问题有两个：一是马克思的辩证法与黑格尔的辩证法是什么关系；二是马克思辩证法思想的基本规定和具体内涵是什么。正是在这两大涉及正本清源的问题没有弄清楚的情况下，才会出现那么多枝节问题。

目前，国内对马克思辩证法思想研究的焦点日趋集中到实践辩证法上。赞同马克思的辩证法是实践辩证法的学者越来越多，但对实践辩证法的论证和阐述还未臻完善，主要有三个方面的问题：

一是对传统的辩证唯物主义体系采取历史虚无主义的态度。传统的辩证唯物主义体系对于马克思主义哲学的传播和发展曾作出了巨大贡献，然而它也的确存在着缺陷。该体系从作为自然、社会、思维的一般规律的辩证法出发，从客观存在的物质自然的辩证法出发，来阐发体现在人类实践活动、社会历史运动中的辩证法规律。但这种对马克思辩证法思想的理解，由于把辩证法看成是独立于人的感性实践之外自在存在的客观规律，因而不能与旧唯物主义划清界限。可是如果彻底地将辩证唯物主义体系推翻，另起实践辩证法的"炉灶"，显然有历史虚无主义之嫌。

二是重新造成人与自然、自在之物与为我之物的对立。许多学者虽然主张马克思的辩证法是实践辩证法，但他们要么一味拒斥自然辩证法，从而在辩证法领域造成人的规律与自然的规律的对立；要么把自然辩证法改造为人化自然辩证法，从而在辩证法领域造成人化自然的规律与自在自然的规律的对立。这种后果如果从哲学史上追溯，显然有"开倒车"之嫌。本来，德国古典哲学从康德哲学发端，经费希特、谢林的努力，终于在黑格尔哲学那里用唯心主义的方式实现了人与自然的统一、自在之物与为我之物的统一。马克思主义哲学是对德国古典哲学的超越，如果在对马克思辩证法思想的理解中重新制造出人与自然的对立、自在自然与人化自然的对立，显然是无法自圆其说的。

三是有意无意地割裂实践辩证法的历史联系。把实践辩证法限定在人类社会历史领域固然有其合理的方面，然而，它过于片面地强调实践辩证法是随着人类实践活动的产生而产生的，则难免有意无意地割裂了实践辩证法的历史联系。任何事物都有其历史，显然实践辩证法也应该有自己的前史。

当前，上述这些实践辩证法研究面临的问题已成为制约国内马克思辩证法思想研究的瓶颈。相关问题亟待解决。

三、本书的研究思路

国内外百余年来对马克思辩证法思想的研究已达到了相当深入的程度。在此基础上，想要实现对马克思辩证法思想研究的全新突破显然不可能一蹴而就。指望用几年、十来年的功夫就能再造一个全新的理论体系，已经被实践证明失败了。洛克说过："这个时代既然产生了许多大师，如大郝珍尼（Hygenius）同无双的牛顿（Newton），以及其他同类的人；因此，我们只当一个小工，来扫除地基，来清理知识之路上所堆的垃圾，那就够野心勃勃了。"① 的确，在马克思辩证法思想研究中，面对业已取得的丰硕成果，对如今绝大多数从事相关研究的学者而言，以作"小工"自勉是现实的做法。

本人认为马克思的辩证法本质上应是实践辩证法。为了解决实践辩证法理论面临的困难，本书从以下四个方面展开了研究：

第一，深入研究马克思实践辩证法思想与黑格尔辩证法思想的关系。

关于黑格尔的辩证法思想，马克思说："在他那里，辩证法是倒立着的。必须把它倒过来，以便发现神秘外壳中的合理内核。"② 关于"倒过来"的研究，国内外学者们的著述很多，研究视角也很多。本书认为还可以从两条线索及其汇流的角度来展开研究：一条线索以《黑格尔法哲学批判》为标志，马克思对黑格尔辩证法，特别是体现在《逻辑学》中的辩证法的神秘形式展开了有针对性的批判；另一条线索以《1844 年经济学哲学手稿》为标志，马克思对黑格尔辩证，特别是体现在《精神现象学》中的辩证法的神秘主体展开了有针对性的批判。这两条批判的线索的汇流以《神圣家族》为起点，而《德意志意识形态》标志着马克思对黑格尔辩证

① 洛克：《人类理解论》，商务印书馆 1959 年版，第 9 页。
② 《马克思恩格斯选集》第 2 卷，人民出版社 1995 年版，第 112 页。

法的批判基本完成。正如恩格斯后来总结《德意志意识形态》时说："既然我们已经达到了我们的主要目的——自己弄清问题，我们就情愿让原稿留给老鼠的牙齿去批判了。"①

第二，深入研究马克思实践辩证法产生的逻辑进程。

本书认为，马克思实践辩证法思想的产生经过了三个内在联系的阶段：第一阶段是自我意识辩证法时期。这一时期的思想主要体现在《德谟克里特的自然哲学和伊壁鸠鲁的自然哲学的差别》及其笔记中。第二阶段是人本学辩证法时期。这一时期的思想主要体现在《1844年经济学哲学手稿》中。第三阶段是实践辩证法时期。这一时期的思想主要体现在《德意志意识形态》、《哲学的贫困》等著作中。这三个阶段不是截然分开的：处于自我意识辩证法时期的马克思就已经对鲍威尔的哲学观点有所保留和突破。处于人本学辩证法时期的马克思距离提出实践辩证法仅一步之遥，他只需进一步完成对费尔巴哈的最后批判就可以实现向实践辩证法的飞跃，而这一最后的批判在《1844年经济学哲学手稿》中已是呼之欲出。

第三，深入研究马克思实践辩证法的构成要素。

本书认为，马克思实践辩证法的基本要素是对黑格尔辩证法的合理继承。它主要包括三个方面：一是居于中心地位的自在自为性；二是自在自为性的纵向规定性，包括否定生成性和具体历史性；三是自在自为性的横向规定性，包括关系反思性和对象中介性。这是对黑格尔辩证法的合理继承和发展。黑格尔重视自在自为的规定，具有强烈的历史感，始终把真理看作是具体的，认为真理是自我否定、自我生成的结果。同时，否定、关系、反思、中介等范畴在黑格尔的著作里被大量运用，它们是理解黑格尔辩证法的核心范畴。马克思在实践唯物主义的基础上对黑格尔辩证法进行了改造，赋予了黑格尔辩证法的基本形式以崭新的内涵。

第四，深入研究马克思实践辩证法的具体内涵。

本书认为，马克思的实践辩证法具有丰富的内涵，包括自然辩证法、历史辩证法和思维辩证法，是三者的有机统一。自然辩证法与实践辩证法是统一的，这种统一性源自人与自然、人的活动与自然活动、自在自然与人化自然的统一。历史辩证法是实践辩证法的直接现实，是狭义的实践辩

① 《马克思恩格斯选集》第4卷，人民出版社1995年版，第211页。

证法。马克思的历史辩证法思想在《德意志意识形态》时期初步确立，后逐步发展成熟。思维辩证法是被人的头脑所改造过的实践辩证法，从根源上脱胎于实践辩证法，但也有其相对独立性和特殊性。马克思认为："这样一种辩证法，它的界限应当确定，它不抹杀现实差别。"①

以上四个方面的研究也就构成了本书的基本内容。

---

① 《马克思恩格斯选集》第2卷，人民出版社1995年版，第27页。

第一章　马克思对黑格尔辩证法的批判

马克思的实践辩证法是在批判黑格尔辩证法的基础上产生的，是对黑格尔辩证法进行创造性转换的结果。研究马克思的实践辩证法思想，黑格尔辩证法是无法绕开、也不能绕开的。我们首先分析马克思批判黑格尔辩证法的若干前提性问题，然后再系统阐述马克思相关批判的具体内容。

一、马克思批判黑格尔辩证法的前提性问题

研究马克思对黑格尔辩证法的批判，涉及三个基本的前提性问题：一是马克思批判黑格尔辩证法的根本目的；二是马克思批判黑格尔辩证法的时间起点；三是马克思批判黑格尔辩证法的切入点。厘清了这三个基本的前提性问题，才能进一步论述马克思对黑格尔辩证法的具体批判。

（一）马克思批判黑格尔辩证法的根本目的

对于自己的辩证法思想与黑格尔的关系，马克思本人在《资本论》中有过两次直白的说明：

"正当我写《资本论》第一卷时，今天在德国知识界发号施令的愤懑的、自负的、平庸的模仿者们，却已高兴地象莱辛时代大胆的莫泽斯·门德尔森对待斯宾诺莎那样对待黑格尔，即把他当作一条'死狗'了。因此，我公开承认我是这位大思想家的学生，并且在关于价值理论的一章中，有些地方我甚至卖弄起黑格尔特有的表达方式。辩证法在黑格尔手中神秘化了，但这决没有妨碍他第一个全面地有意识地叙述了辩证法的一般运动形式。在他那里，辩证法是倒立着的。为了发现神秘外壳中的合理内核，必须把它倒过来。"①

①《马克思恩格斯选集》第 2 卷，人民出版社 1995 年版，第 112 页。

"杜林博士在对本著作第一卷所作的评论中指出，我太眷恋于黑格尔逻辑的骨架，即使是在流通的形式中，我也暴露出黑格尔的推理形式。我和黑格尔辩证法的关系很简单，黑格尔是我的老师，自认为已经和这位著名思想家决裂的那些自作聪明的模仿者的废话，我感到简直是可笑的。但是，我敢于以批判的态度对待我的老师，剥去他的辩证法的神秘外壳，从而在本质上改变它，如此等等。"①

这两段话充分表明，在辩证法问题上，马克思和黑格尔有着双重关系：一是继承；二是创新。马克思公开承认自己是黑格尔的学生，即使在黑格尔哲学被赶下"神坛"甚至备受嘲弄、威风扫地的时候，他也毫不隐讳、旗帜鲜明地坚持"吾爱吾师"的立场；不仅如此，马克思更是一个真正的好学生，"吾更爱真理"在他那里表现为从本质上对黑格尔辩证法加以改造，彻底剥掉它的"神秘外壳"。

以上两段话同时也说明了另一个问题，即马克思批判黑格尔辩证法的根本目的是要把黑格尔辩证法从其神秘形式中解放出来，创立唯物主义的辩证法思想。

马克思不仅在公开著作中说明了这一目的，而且在私人通信中也表达了这一目的。1858 年 5 月 31 日，马克思在致拉萨尔的信中说，自己试图在拉萨尔的著作《晦涩哲人赫拉克利特》中"找到你对黑格尔辩证法采取批判态度的证明。既然这种辩证法无疑是整个哲学的最新成就，那末，另一方面，解除它在黑格尔那里所具有的神秘外壳就是极端重要的"②。同年 2 月 1 日，他写给恩格斯的信中说，拉萨尔的这部著作是"非常无聊的"，像"小学生"的习作，更不用说在批判黑格尔辩证法方面有任何进展了。对于拉萨尔想在下一著作中用黑格尔的辩证法来批判政治经济学，马克思嘲笑说："但是使他遗憾的是，他会看到：通过批判使一门科学第一次达到能把它辩证地叙述出来的那种水平，这是一回事，而把一种抽象的、现成的逻辑体系应用于关于这一体系的模糊观念上，那完全是另外一回事。"③ 可见，在马克思看来，完成对黑格尔辩证法的批判是开展其他研究的十分重要的前提性的工作，想直接利用黑格尔辩证法来从事研究必然是徒劳无功的。

---

① 《马克思恩格斯全集》第 50 卷，人民出版社 1985 年版，第 35 页注释⑨。

② 《马克思恩格斯全集》第 29 卷，人民出版社 1972 年版，第 540 页。

③ 同上书，第 254 页。

　　关于马克思批判黑格尔辩证法的根本目的，恩格斯也有明确的表述。他在《卡尔·马克思〈政治经济学批判（第一分册）〉》的书评①中指出，在用什么方法对待科学这一问题上，有两种方法：一是黑格尔的辩证法，二是沃尔弗式的形而上学的方法。后一种方法已被康德特别是黑格尔在理论上摧毁。而黑格尔辩证法在它现有的形式上是"完全不能用的"，因为它从纯粹思维出发，实质上是唯心的，而真正的科学必须从"最顽强"的事实出发。在过去，黑格尔辩证法没有真正受到过批判，也没有被驳倒过，"任何反对这位伟大的辩证法家的人都没有能够在这个方法的巍然大厦上打开缺口；它被遗忘，是因为黑格尔学派不知道可以用它干些什么，因此，首先应当对黑格尔的方法作一番透彻的批判"。② 完成这一历史任务的"唯一"的人正是马克思，"马克思过去和现在都是唯一能够担当起这样一件工作的人，这就是从黑格尔逻辑学中把包含着黑格尔在这方面的真正发现的内核剥出来，使辩证方法摆脱它的唯心主义的外壳并把辩证方法在使它成为唯一正确的思想发展形式的简单形态上建立起来。马克思对于政治经济学的批判就是以这个方法作基础的，这个方法的制定，在我们看来是一个其意义不亚于唯物主义基本观点的成果"。③

---

　　① 这一书评是应马克思的要求写的，也是按照马克思的要求写的，最后由马克思定稿（参见《马克思恩格斯选集》第 2 卷，人民出版社 1995 年版，第 652 页）。因此，可视为马克思对自己意图的表达。

　　② 《马克思恩格斯选集》第 2 卷，人民出版社 1995 年版，第 42 页。

　　③ 《马克思恩格斯选集》第 2 卷，人民出版社 1995 年版，第 42—43 页。恩格斯曾经讲过："马克思和我，可以说是把自觉的辩证法从德国唯心主义哲学中拯救出来并用于唯物主义的自然观和历史观的唯一的人。"（《马克思恩格斯选集》第 3 卷，人民出版社 1995 年版，第 349 页）因此，有人可能会说，完成对黑格尔辩证法批判的"唯一的人"应是两个人，即马克思和恩格斯。其实这是一种误解。首先，如果这样理解，认为他们两个人是把黑格尔辩证法从唯心主义的形式中解放出来的"唯一"的人，那么这本身在语言逻辑上就是矛盾的。其次，在这句话里，恩格斯明明是讲马克思和他是把唯物主义辩证法各自分别应用于历史和自然领域的"唯一"的人。因为，这句话的后面正是对此的说明："可是要确立辩证的同时又是唯物主义的自然观，需要具备数学和自然科学知识。……因此，当我退出商界并移居伦敦，从而获得了研究时间的时候，我尽可能地使自己在数学和自然科学方面来一次彻底的——像李比希所说的——'脱毛'，八年中，我把大部分时间用在这上面。"这说明，在马克思克服了黑格尔辩证法后，在应用辩证法研究自然和历史问题上，他们两人做了分工，恩格斯专门从事自然辩证法研究。从而，在应用辩证法方面，与马克思是历史领域"唯一"的人一样，恩格斯是自然领域"唯一"的人。

（二）马克思批判黑格尔辩证法的时间起点

关于马克思批判黑格尔辩证法的时间起点，有严格与宽泛之分。

关于严格的时间起点问题，马克思本人有过较为明确的说明。在《资本论》第二版《跋》中，马克思回忆道："将近 30 年以前，当黑格尔辩证法还很流行的时候，我就批判过黑格尔辩证法的神秘方面。"[①]从马克思的叙述可以看出，这一批判过程正式发端于 1843 年左右。因为马克思写这篇《跋》是在 1873 年 1 月 24 日，从这个时间点上溯 30 年，恰好是 1843 年左右[②]，而这一年正是马克思写作《黑格尔法哲学批判》的时期。

从宽泛的意义上讲，马克思对黑格尔辩证法的批判从他接触黑格尔哲学时就开始了。之所以这样说，有如下两个原因：

一是马克思是一个富有独立精神和自由思想、绝对不盲从的人。这种性格特点在《德谟克利特的自然哲学和伊壁鸠鲁的自然哲学的差别》和《评普鲁士最近的书报检查令》中有极其充分的体现。他崇尚独立自由，谴责普鲁士政府反动的书报检查令企图使丰富多彩的精神只能穿上唯一的"黑色的衣服"，说它在精神领域只准存在"黑色的花朵"。在真理问题上，马克思从不退让，甚至付出与从前的朋友、同事决裂的代价也在所不惜。这种性格特点在他与青年黑格尔派的交往过程中也表现得十分鲜明。马克思在个人自白中把"怀疑一切"视为自己喜爱的箴言。因此，马克思在最初接触黑格尔哲学时，就没有对黑格尔哲学一味地顶礼膜拜，而是一方面深深地为之折服，赞扬黑格尔"发现了最崇高的智慧，领会了它深邃的奥秘"[③]，另一方面，也对黑格尔"离奇古怪的调子"感到不满，称他"像神那样无与伦比，像神那样披上晦暗的外衣"[④]。

二是马克思反思黑格尔哲学，实际上就是反思和批判黑格尔辩证法。

---

① 《马克思恩格斯选集》第 2 卷，人民出版社 1995 年版，第 112 页。

② 德拉·沃尔佩在 1955 年的时候就敏锐地注意到了这一时间起点（参见德拉·沃尔佩：《为一种关于经济学和一般伦理学的唯物主义方法论辩护》，载《卢梭和马克思》，赵培杰译，重庆出版社 1993 年版，第 154 页），但他把《黑格尔法哲学批判》视为马克思在辩证法方面最重要的著作则失之偏颇。德拉·沃尔佩片面地理解了马克思所说的"将近 30 年前"的意思，实际上马克思仅仅说明了自己对黑格尔辩证法批判的起始时间而已。再重要的起点也仅是起点，马克思对黑格尔辩证法的批判是逐步深化的。另外，由于黑格尔哲学的特点，对它进行批判的时间起点还可以有宽泛意义上的理解。

③ 《马克思恩格斯全集》第 1 卷，人民出版社 1995 年版，第 735 页。

④ 同上。

这是由黑格尔哲学的特点造成的。在黑格尔那里，本体论、认识论、辩证法是同一的。黑格尔的各部哲学著作，如《历史哲学》、《自然哲学》、《法哲学原理》、《精神哲学》、《宗教哲学》，等等，不过是《逻辑学》的展开的、外化的形式。《逻辑学》是专门研究绝对理念自身的，而绝对理念不是别的，正是方法，即辩证法。因此，对黑格尔哲学的反思，归根到底就是对黑格尔辩证法的反思。

正是由于上述两个方面的原因，马克思在接触黑格尔哲学伊始，就对他的辩证法抱着批判的态度。在与鲍威尔等青年黑格尔派的交往中，马克思接受鲍威尔的观点，把黑格尔辩证法的神秘主体——绝对精神置换成了自我意识，同时也指出黑格尔在辩证法问题上存在些许瑕疵。在1841年的《德谟克利特的自然哲学和伊壁鸠鲁的自然哲学的差别》中，马克思一方面坚持自我意识辩证法，另一方面又批评黑格尔，说他虽然大体上对伊壁鸠鲁主义、斯多亚主义和怀疑主义这几个体系的一般特点做出了正确的规定，但他的哲学史的体系过于庞大，造成了细节研究上的缺失，特别是他称之为思辨的东西的观点"妨碍了这位巨人般的思想家认识上述那些体系对于希腊哲学史和整个希腊精神的重大意义"①。马克思认为这些体系才是理解希腊哲学的历史的钥匙。在《德谟克利特的自然哲学和伊壁鸠鲁的自然哲学的差别》第一部分第四节的《附注》中，马克思从青年黑格尔派的立场出发，批评黑格尔对自己的哲学原则——辩证法没有一以贯之、坚持到底。马克思认为，一个哲学家由于种种原因，可能偶尔会犯表面上首尾不一致的毛病，但他没有意识到，这种现象的最深刻的根源恰恰"在于他的原则本身不充分或者哲学家对自己的原则没有充分的理解"②。当然，此时的马克思对黑格尔辩证法在总体上还是持肯定的态度。因此，他强调在面对黑格尔观点不一致的时候，还是应该牢牢抓住黑格尔思想的本质，坚持用黑格尔哲学中真正有意义的原则来理解黑格尔的哲学思想，也就是"应该根据他的内在的本质的意识来说明那个对于他本人具有一种外在的意识形式的东西"③，而不应该拘泥于黑格尔思想中那些偶然的和外在的东西。所谓的"外在的意识形式的东西"，也就是黑格尔思想中偶性的、非必然性的东西。

---

① 《马克思恩格斯全集》第1卷，人民出版社1995年版，第11页。

② 同上书，第75页。

③ 同上。

　　1842 年马克思在《科隆日报》第 179 号社论上对德国哲学在整体上表现出来的"离群索居"的倾向表达了不满。他认为，这种哲学爱好宁静孤寂、追求体系的完满、喜欢冷静的自我审视，与反应敏捷、纵论时事、热衷于新闻报道的报纸形成了鲜明的对照。他略带嘲讽地说："哲学，从其体系的发展来看，不是通俗易懂的；它在自身内部进行的隐秘活动在普通人看来是一种超出常规的、不切实际的行为；就像一个巫师，煞有介事地念着咒语，谁也不懂得他在念叨什么。"① 马克思的这段话，既是针对整个德国哲学的，更是针对近代哲学的集大成者黑格尔的。因为黑格尔曾直言不讳地表示："逻辑的体系是阴影的王国，是单纯本质性的世界，摆脱了一切感性的具体性。学习这门科学，在这个阴影的王国中居留和工作，是意识的绝对教养和训练。意识在其中所从事的事业，是远离感性直观和目的、远离感情、远离仅仅是意见的观念世界的。"② 把马克思和黑格尔的论述相对照，马克思批评意见的针对性之强、契合度之高是显而易见的。

　　1843 年 7 月，马克思明确意识到必须对黑格尔辩证法予以彻底的清算，马克思对黑格尔辩证法的批判工作随之正式拉开了序幕。这一工作始自他 1843 年夏天写作《黑格尔法哲学批判》。在这一著作中，他反复揭露了黑格尔哲学、特别是黑格尔辩证法的神秘形式的真相。关于此项工作的意义，几个月后马克思在《1844 年经济学哲学手稿》中明确指出，现代德国的批判着意研究旧世界的内容，而且批判的发展完全拘泥于所批判的材料，以致对批判的方法采取了完全非批判的态度，可是"对于我们如何对待黑格尔的辩证法这一表面上看来是形式的问题，而实际上是本质的问题，则完全缺乏认识"③。这段话印证了马克思写作《黑格尔法哲学批判》的缘由。

（三）马克思批判黑格尔辩证法的切入点

　　实现对黑格尔辩证法的彻底批判，绝不是轻而易举、一蹴而就的事情。马克思对这一批判曾有过通俗的比喻，就是把在黑格尔那里"倒立着"的辩证法再"颠倒过来"。用"倒立着"来形容黑格尔的辩证法，这不是马克思即兴为之的俏皮话，而是他从黑格尔那里借用的。黑格尔在

---

① 《马克思恩格斯全集》第 1 卷，人民出版社 1995 年版，第 219 页。

② 黑格尔：《逻辑学》上卷，商务印书馆 1976 年版，第 42 页。

③ 马克思：《1844 年经济学哲学手稿》，人民出版社 2000 年版，第 94 页。

《精神现象学》中曾指责"朴素的意识"是"倒立着"的，因为它"将自己直接托付给科学，这乃是它的一个尝试，它不自知其受什么力量的驱使而也想尝试一次头朝下来走路"①。在黑格尔看来，科学仅仅是精神的实体，只是自在的内容和内在的目的，还没有上升到精神、上升到自为的存在。因此，把科学视为意识的理想形式，无异头痛医脚，托付错了对象。意识与科学这两者"在对方看起来都是真理的颠倒"②。

黑格尔同时指出，要重新实现意识"头朝上"走路需要经过一段漫长、艰苦、曲折的过程。他形容这一过程不是像手枪发射那样直接，不是"一开始就直接与绝对知识打交道，对于其他观点认为只宣布一律不加理睬就算已经清算了"③。其实，对这一过程的描述和说明是整整一部《精神现象学》才能完成的任务。恩格斯把《精神现象学》比作与精神胚胎学和精神古生物学相类似的学问，认为它阐述的是人类意识在历史上所经过的各个阶段的缩影。同样地，马克思实现对黑格尔辩证法的颠倒也不是手枪发射式地一步到位，而是一个逐步深入的复杂过程。

任何批判都有起点的，马克思批判黑格尔辩证法以批判《逻辑学》和《精神现象学》为切入点，而对这两部著作的批判又以《法哲学原理》和《精神现象学》的最后一章为切入点。马克思的这一选择基于两方面的原因：

首先，马克思把《逻辑学》和《精神现象学》作为批判的切入点，是与这两部著作在黑格尔哲学中所处的地位密切相关的，或者说，与马克思对它们在黑格尔著作中的地位的评价有关。黑格尔著作等身，而马克思在这些著作中最重视和评价最高的是《精神现象学》和《逻辑学》。他说过："费尔巴哈著作是继黑格尔的《现象学》和《逻辑学》之后包含着真正理论革命的惟一著作。"④ 在《1844 年经济学哲学手稿》的《对黑格尔的辩证法和整个哲学的批判》一节中，马克思强调对黑格尔整个辩证法的批判主要是对体现在《现象学》和《逻辑学》中有关辩证法叙述的批判。

对于《精神现象学》，马克思说它是"黑格尔哲学的真正诞生地和

---

① 黑格尔：《精神现象学》上卷，商务印书馆 1979 年版，第 16—17 页。
② 同上书，第 16 页。
③ 同上书，第 17 页。
④ 马克思：《1844 年经济学哲学手稿》，人民出版社 2000 年版，第 4 页。

秘密"。①《精神现象学》的地位由此可见一斑。《逻辑学》在黑格尔哲学中更是占有重要地位。黑格尔自认为《逻辑学》是了解绝对理念的最高方式，因为它采取了概念的方式，而"特殊方式的演绎和认识，是以后特殊的哲学的科学的事业"②。马克思在《黑格尔法哲学批判》中把《逻辑学》比喻为黑格尔哲学的"圣宫"③，在正式写作《资本论》这部倾注其一生精力的著作前还专门把它重读了一遍，并称这在处理材料的方法上帮了很大的忙。马克思对《逻辑学》的重视态度至今仍遭到非议④，这也从一个侧面证明了《逻辑学》在马克思心中的重要地位。

其次，马克思选取《法哲学原理》和《精神现象学》这两部著作的最后一章作为切入点与从辩证法的角度理解事物的方式有直接关系。黑格尔高度重视起点问题，几乎在他的每一部著作中都要对此讨论一番。如《逻辑学》上卷中就专门有一章《必须用什么作科学的开端》讨论起点问题的。黑格尔认为，认识低级阶段必须从认识发达阶段开始，"为了理解低级阶段，我们就必须认识发达的有机体。因为发达的有机体是不发达的有机体的尺度和原型；由于发达的有机体内的一切都已达到其发达的活动水平，所以很清楚，只有根据这种有机体才能认识不发达的东西。"⑤ 同时，对低级阶段的认识也必须和对高级阶段的认识联系起来。"在考察较低级的阶段时，为了使它们成为按照其经验的实存可以觉察的，就同时有必要想到它们只不过是作为形式而存在于其中的那些较高级的阶段，并且有必要以这种方式预告处理一个后来在发展的过程中才呈现出来的内容（例如，在考察自然的觉醒时预先谈到意识，在考察疯狂时预先谈到知性，等等）。"⑥

马克思也表达过与此类似的观点。他说，比较简单的范畴是比较发展的整体的环节，"比较简单的范畴可以表现一个比较不发展的整体的处于支配地位的关系或者一个比较发展的整体的从属关系，这些关系在整体向

① 马克思：《1844年经济学哲学手稿》，人民出版社2000年版，第97页。

② 黑格尔：《逻辑学》下卷，商务印书馆1976年版，第530页。

③ 《马克思恩格斯全集》第3卷，人民出版社2002年版，第19页。

④ 如李泽厚说，马克思在正式写作《资本论》前欢天喜地沉浸在重新阅读《逻辑学》之中，导致在后来的写作中陷入了先验幻相（参见《李泽厚近年答问录》，天津人民出版社2006年版，第258页）。

⑤ 黑格尔：《自然哲学》，商务印书馆1986年版，第581页。

⑥ 黑格尔：《精神哲学》，人民出版社2006年版，第10页。

着以一个比较具体的范畴表现出来的方面发展之前，在历史上已经存在。在这个限度内，从最简单上升到复杂这个抽象思维的进程符合现实的历史过程。"① 他以货币为例对此作了说明。货币这个十分简单的范畴，在历史上只有在最发达的社会状态下才表现出它的充分的力量。"比较简单的范畴，虽然在历史上可以在比较具体的范畴之前存在，但是，它在深度和广度上的充分发展恰恰只能属于一个复杂的社会形式，而比较具体的范畴在一个比较不发展的社会形式中有过比较充分的发展。"② 马克思说人体解剖对于猴体解剖是"一把钥匙"："资产阶级社会是最发达的和最多样性的历史的生产组织。因此，那些表现它的各种关系的范畴以及对于它的结构的理解，同时也能使我们透视一切已经覆灭的社会形式的结构和生产关系。资产阶级社会借这些社会形式的残片和因素建立起来，其中一部分是还未克服的遗物，继续在这里存留着，一部分原来只是征兆的东西，发展到具有充分意义，等等。人体解剖对于猴体解剖是一把钥匙。反过来说，低等动物身上表露的高等动物的征兆，只有在高等动物本身已被认识之后才能理解。"③ 这与黑格尔对高级阶段与低级阶段的关系的看法如出一辙。

　　什么才是事物的高级阶段呢？黑格尔认为，就哲学而言，越晚出现的哲学越是高级的，因为哲学作为有关世界的思想，要等到现实结束其形成过程并完成其自身之后，才会出现，他说："概念所教导的也必然就是历史所呈示的。这就是说，直到现实成熟了，理想的东西才会对实在的东西显现出来，并在把握了这同一个实在世界的实体之后，才把它建成一个理智王国的形态。当哲学把它的灰色绘成灰色的时候，这一生活形态就变老了。对灰色绘成灰色，不能使生活形态变得年青，而只能作为认识的对象。"④ 黑格尔形象地说，密纳发的猫头鹰要等黄昏到来，才会起飞。

　　马克思对于黑格尔的这种看法没有异议。他说过，"工业较发达的国家向工业较不发达的国家所显示的，只是后者未来的景象。"⑤ 马克思认为真正的科学分析的起点是从事后开始的。"对人类生活形式的思索，从而

---

① 《马克思恩格斯选集》第 2 卷，人民出版社 1995 年版，第 20 页。

② 同上书，第 21 页。

③ 同上书，第 23 页。

④ 黑格尔：《法哲学原理》，商务印书馆 961 年版，第 13—14 页。

⑤ 《马克思恩格斯选集》第 2 卷，人民出版社 1995 年版，第 100 页。

对它的科学分析，总是采取同实际发展相反的道路。这种思索是从事后开始的，就是说，是从发展过程的完成的结果开始的。"①

可见，在黑格尔看来，真理不是开端，而是作为结果出现的，也就是说事物本质的充分暴露要在事物最成熟的时候才能成为现实，这时候对事物进行考察，以及考察这时候的事物，才能达到对事物的最深入的理解。在这一点上，马克思是赞同黑格尔的。因此，马克思对黑格尔辩证法的批判必然要选择以黑格尔最重要的著作开始，选择其最成熟的章节作为切入点。

马克思对黑格尔辩证法的批判有其内在的两条逻辑线索：一条以《黑格尔法哲学批判》为标志，马克思对黑格尔辩证法、特别是体现在《逻辑学》中的辩证法的神秘形式展开了有针对性的批判；另一条以《1844年经济学哲学手稿》为标志，马克思对黑格尔辩证法、特别是体现在《精神现象学》中的辩证法的神秘主体展开了有针对性的批判。这两条批判的线索的汇流以《神圣家族》为起点，而《德意志意识形态》标志着马克思对黑格尔辩证法的批判基本完成。

二、对黑格尔辩证法神秘形式的批判

从严格意义上讲，马克思对黑格尔辩证法的批判发端于《黑格尔法哲学批判》手稿。在这一手稿中，马克思以黑格尔《法哲学原理》的最后一章为切入点，对贯穿于这部著作始终的黑格尔辩证法进行了深入思考和批判，从而拉开了"颠倒"黑格尔辩证法的帷幕。

（一）对《法哲学原理》的批判与对《逻辑学》的批判

马克思对黑格尔的批判是从《黑格尔法哲学批判》开始的，有些学者将之称为对黑格尔哲学的第一次"倒戈"。但他们却把马克思对黑格尔辩证法的批判与对黑格尔在《法哲学原理》中表现出来的唯心主义、神秘主义以及刻意为普鲁士王权辩护等的批判并列起来，甚至将它作为一个枝节问题来对待。实际上，批判黑格尔辩证法才是马克思批判黑格尔《法哲学原理》要解决的核心问题。这是由《逻辑学》和《法哲学原理》之间的

---

① 马克思：《资本论》第1卷，人民出版社1975年版，第92页。

关系决定的。

《逻辑学》是研究纯粹理念的科学，而绝对理念就是方法。在《小逻辑》中，黑格尔简明地表述了这一思想："绝对理念由于在自身内没有过渡，也没有前提……因此它本身就是概念的纯形式。"① 也就是说，对于绝对理念而言，其内容与形式是同一的，它理念的形式，同时也是方法。

黑格尔明确表示，《法哲学原理》相关研究和叙述是以方法为前提和灵魂的。他说，自由是法的实体和规定性，自由的理念的每个发展阶段都有其特殊的法，对于这些阶段的叙述是"以逻辑学中所阐明了的方法为前提"② 的。在《法哲学原理》中，黑格尔甚至专门对方法作了一个一般性的概括。首先，他对辩证法下了一个定义："概念的运动原则不仅消溶而且产生普遍物的特殊化，我把这个原则叫做辩证法。"③ "更高级的概念辩证法不仅在于产生出作为界限和相反东西的规定，而且在于产生并把握这种规定的肯定内容和成果。只有这样，辩证法才是发展和内在的进展。"④ 简而言之，辩证法就是概念的运动，也就是从普遍到特殊，再返回到具体的普遍的运动。第二，他认为，辩证法不是主观思维的外部活动，而是内容固有的灵魂，它能够有机地长出它的枝叶和果实。他说："理念的这种发展是它的理性特有的活动，作为主观东西的思维只是袖手旁观，它不加上任何东西。"⑤ 所以，他说，合乎理性地考察事物，不是从外面给事物带来理性，对事物进行加工改造，而是要说明事物本身就是合乎理性的，因此，科学的唯一任务是把事物自身的理性带给意识，为意识所了解。第三，概念的存在方式和概念的规定性是一而二、二而一的。在黑格尔看来，概念发展过程中的各种规定一方面作为概念本身的存在，一方面作为定在的形式存在。因此，这一发展过程中的一系列概念同时也就是一系列的形成物，都属于科学考察的范围。可见，在黑格尔看来，辩证法是《法哲学原理》的灵魂。

马克思对于《逻辑学》和《法哲学原理》的关系有着清醒、深刻的认识。他在《黑格尔法哲学批判》中把《逻辑学》比喻为黑格尔哲学的

① 黑格尔：《小逻辑》，商务印书馆1980年版，第422页。

② 黑格尔：《法哲学原理》，商务印书馆1961年版，第88页。

③ 同上。

④ 同上。

⑤ 同上书，第89页。

"圣宫"。他说,在《逻辑学》中从必然到自由的过渡,在《法哲学原理》里体现为从家庭和市民社会到政治国家的过渡,在《自然哲学》里则体现为从无机界到生命的过渡,"永远是同样的一些范畴,它们时而为这一些领域,时而为另一些领域提供灵魂。问题只在于为各个具体规定寻求相应的抽象规定。"① 黑格尔哲学的这一特点,马克思在他的多部著作中都曾有过说明。如在《哲学的贫困》里,马克思曾以形而上学者的口吻说,"世界上的事物是逻辑范畴这块底布上绣成的花卉。"② 所以,马克思一针见血地指出,"整个法哲学只不过是逻辑学的补充"③。

可见,批判《法哲学原理》实质上就是批判《逻辑学》,也就是批判黑格尔的辩证法,这是《黑格尔法哲学批判》的核心与要旨。

(二) 黑格尔《逻辑学》辩证法的根本问题

在马克思看来,体现在《逻辑学》中的黑格尔辩证法的根本问题是二元论。二元论的辩证法既是黑格尔辩证法神秘形式的根源,也是它的表现。

二元论(二元性)是马克思在《黑格尔法哲学批判》中使用频率极高的概念。而且,在多数情况下,他都是在从本质的角度批判黑格尔辩证法的时候使用这一概念的。

"黑格尔没有把普遍东西看作现实有限物的即存在的东西的、被规定的东西的现实本质,或者说,他没有把现实的存在物看作无限物的真正主体,这正是二元论。"④

"抽象的反思的对立性只是现代世界才有。中世纪是现实的二元论,现代是抽象的二元论。"⑤

"无须指出,通过混合的选拔来解决这种对立只是妥协、协议,是承认没有解决的二元论,这种解决本身就是二元论,是'混合'。"⑥

"同业公会和区乡组织的特殊利益在它们自己的领域内部包含着二元

---

① 《马克思恩格斯全集》第3卷,人民出版社2002年版,第13—14页。
② 《马克思恩格斯选集》第1卷,人民出版社1995年版,第139页。
③ 《马克思恩格斯全集》第3卷,人民出版社2002年版,第23页。
④ 同上书,第32页。
⑤ 同上书,第43页。
⑥ 同上书,第63页。

论，这也同样地形成它们的管理的性质。"①

"每个市民都有可能成为国家官员，因此，这是市民社会和国家之间的第二种肯定的关系，是第二种同一。这种同一具有非常肤浅的和二元论的性质。"②

"做官的人要确保官不受自己侵扰。这算什么统一！从精神上抵消。简直是二元论的范畴！"③

"既然认识到事物的规律同它在立法上的规定相矛盾，那为什么不承认事物的规律、理性的规律也是国家法律，为什么要有意识地坚持二元论呢？"④

"事实上，各等级才是这种总体，才是国家中的国家，但正是在各等级中暴露出国家并不是总体，而是二元性。"⑤

"等级制度想用复旧的办法来消除市民社会和政治国家的二元性，但这种二元性在等级制度本身中的表现却是：等级差别（市民社会的内部差别）在政治领域中获得了一种不同于在市民领域中获得的意义。"⑥

"黑格尔总是把推理理解为中项，理解为一种混合物。可以说，在他关于理性推理的阐释中，表现了他的体系的全部超验性和神秘的二元论。中项是木质的铁，是普遍性和单一性之间的被掩盖了的对立。"⑦

"黑格尔却把推理的两个抽象环节，即普遍性和单一性，看作现实的对立面，这正是他的逻辑学中的基本的二元论。关于这一点留待批判黑格尔的逻辑学时再作进一步的研究。"⑧

"本质的真正二元性是没有的。"⑨

"立法权的君王要素和等级要素之间的基本的二元性被等级要素本身的二元性所中和。"⑩

---

① 《马克思恩格斯全集》第3卷，人民出版社2002年版，第63页。

② 同上书，第64页。

③ 同上书，第68页。

④ 同上书，第72页。

⑤ 同上书，第87页。

⑥ 同上书，第103页。

⑦ 同上书，第105页。

⑧ 同上书，第110页。

⑨ 同上书，第112页。

⑩ 同上书，第120页。

"市民社会通过议员参与政治国家，这正是它们分离的表现，而且正是它们的纯粹二元性统一的表现。"①

以上共计十四处。同时，马克思还在很多地方用不同的词汇，如"混合物"、"幻想的同一"、"双重的同一"、"变体"、"二律背反"、"不统一的东西的统一"、"统一的幻想"、"二重化"、"驴桥"、"虚假的同一"等来描述黑格尔辩证法的二元论倾向。

对于马克思在《黑格尔法哲学批判》中对黑格尔二元论辩证法的批判，一些研究者缺乏足够的重视，没有把它上升为黑格尔辩证法的要害问题。如德拉·沃尔佩就是如此，他把这一要害问题的表象，即黑格尔辩证法的唯心主义表现——主语和谓语的颠倒看作马克思批判《法哲学原理》的最重要的结论。他认为，《黑格尔法哲学批判》这一著作之所以是马克思最重要的著作，"是因为它包含着以批判黑格尔逻辑学（通过批判伦理—法的黑格尔哲学）的形式体现出来的一种新的哲学方法的最一般的前提。"② 这个新的哲学方法最一般的前提在德拉·沃尔佩看来，就是"马克思得出了一个一般性的批判的结论。他说：'重要的是黑格尔在任何地方都把理念当做［判断的］主体，而把真正的现实的主体［……］变成了谓语。而事实上发展却总是在［神秘化的］谓语方面完成的。'"③ 这一观点，显然没有把握住马克思批判黑格尔辩证法的核心所在。

与德拉·沃尔佩相比，阿多尔诺要深刻多了。他认为，黑格尔哲学的根本问题是虚假的同一性，因为所谓绝对的同一性实质上是二元性。"在黑格尔那里，同一性和肯定性是一致的。把一切非同一的和客观的事物包含在一种被扩展和被抬高成一种绝对精神的主观性之中一定会导致这种调和。"④ 他指出，黑格尔的做法无非是对传统形而上学追求"存在"本身这一理想的继承，"概念和主体的同一性是不真实的，现象的主观先定形态以这种不真实性走在了现象中的非同一物前面，走在了说不出的原子前面。同一规定性的总体性适合传统哲学的理想，适合先验结构及其拟古主义的后期形式——本体论。"⑤ 阿多尔诺认为，这种对"存在"的渴望是

---

① 《马克思恩格斯全集》第 3 卷，人民出版社 2002 年版，第 148 页。
② 德拉·沃尔佩：《卢梭和马克思》，重庆出版社 1993 年版，第 154 页。
③ 同上书，第 158 页。
④ 阿多尔诺：《否定的辩证法》，重庆出版社 1993 年版，第 139 页。
⑤ 同上书，第 142 页。

虚幻的，因为"没有存在物就没有存在。'某物'作为任何概念——包括存在的概念——的思想不可缺少的基础是一种不和思维相同一的内容的最抽象物，一种不能被任何进一步的思想过程所废除的抽象物。没有'某物'，任何形式逻辑都是不可思议的。形式逻辑无法清洗掉它的元逻辑的基础。"① 而且，这种幻想还是一种顽疾，"同一性思想越是把事物贬低成它的种或类的实例，它也就越是错误地认为自己是没有主观的、附加的东西。"② 阿多尔诺认为，现代的海德格尔哲学不过是继黑格尔之后，传统形而上学的一种新变体而已："凡在宣扬某种绝对'第一性'之物的地方都会谈到次于它的东西，谈到和它绝对异质的东西、即它的意义上的关联物。第一哲学便和二元论走到一起来了。为了避免这一点，基础本体论必须极力不去规定对它来说什么是第一性的东西。"③

阿多尔诺对黑格尔把非同一性理解成同一性，对这种赤裸裸的"二元性"的同一性作了总结，指出这种同一性有四种含义：第一，它标志着个人意识的统一性，一个"我"在它的所有经验中都是同样的；第二，它指在一切合理的本质上同样合法的东西的即作为逻辑普遍性的思想；第三，它指第一思想对象与自身的等同；第四，在认识论上指主体和客体的和谐一致，不管它们是如何被中介的。④ 可以看到，这四点用于评价黑格尔哲学的同一性范畴是完全适当的。

对于黑格尔哲学的二元性，费尔巴哈和普列汉诺夫早有揭露。

费尔巴哈说："思维与存在同一，这个同一哲学的中心点，不是别的，只是一种上帝概念的必然结论和发挥，这种概念认为上帝的概念或本质中便包含了存在的实体。"⑤ 黑格尔的同一哲学崇拜绝对精神，崇拜至高无上的"存在"，可是，"这一种与思维没有分别的存在，一种只作为理性或属性的存在，只不过是一种被思想的抽象的存在，实际上并不是存在。因此思维与存在同一，只是表示思维与自身同一。"⑥ 在思辨哲学中，"思维与存在相对立，但是这种对立是在思维本身之内，因此思维直接毫无困难地

---

① 阿多尔诺：《否定的辩证法》，重庆出版社 1993 年版，第 132 页。

② 同上书，第 143 页。

③ 同上书，第 135 页。

④ 同上书，第 139 页注释②

⑤ 费尔巴哈：《未来哲学原理》，生活·读书·新知三联书店 1995 年版，第 41 页。

⑥ 同上书，第 42 页。

将思维与存在的对立扬弃了；因为在思维中作为存在的对立物的存在，并不是别的东西，就是思维自身。"① 费尔巴哈辛辣地讥讽道："如果是单纯的思想确定性构成了存在的本质，那么存在怎样会不同于思维呢?"② 黑格尔既然预设了前提，那么结果怎么会不让黑格尔感到满意呢。

普列汉诺夫也指出过思维和存在的非同一性。他说："实际上，唯物主义承认主体和客体的统一，而不是承认两者的同一。"③ 他高度警惕把思维与存在同一起来的倾向，认为这是唯物主义与唯心主义的原则区别："思维和存在的统一决不是也不能够是思维和存在的同一。这是区别唯物主义和唯心主义的最重大的特征之一。"④

（三）黑格尔《逻辑学》中的二元论辩证法思想

黑格尔辩证法思想受古希腊哲学影响极深，他的四卷《哲学史讲演录》中有两卷半都是关于古希腊哲学的。黑格尔特别突出柏拉图的辩证法思想在哲学史上的地位，认为在柏拉图那里才发现了真正完成的唯心主义，柏拉图首先说明了一种纯粹哲学固有的确定的方法，即具有本体论意义的辩证法——思辨辩证法。克劳斯·杜辛评价说："在黑格尔看来，柏拉图的理念论辩证法，乃是与他的思辨逻辑总体构思第一个相对应的古代理论。无论黑格尔早在耶拿时期确立的辩证法，还是后来他确立自己辩证法的独立见解，都是通过修正地采纳柏拉图的辩证法所完成的。"⑤ 黑格尔之所以对柏拉图给予如此之高的评价，说"哲学之作为科学是从柏拉图开始"⑥，是因为他认为，在柏拉图那里，形而上学的开端，也就是由巴门尼德开创的思维与存在是同一的这一原则，从尚无具体的规定性，尚未展开的抽象原则，发展成了一门科学。也就是说，在柏拉图那里，"认本质是在意识里，认本质为意识的本质。这就是说，绝对是在思想里面，而且一切实在都是思想……在一个统一里，思想既是思维，也是实在，它就是概

---

① 费尔巴哈：《未来哲学原理》，生活·读书·新知三联书店 1955 年版，第 42 页。

② 同上书，第 41—42 页。

③ 同上。

④ 黄楠森等编：《马克思主义哲学史教学资料选编》中册，北京大学出版社 1984 年版，第 561 页。

⑤ 克劳斯·杜辛：《黑格尔与哲学史》，社会科学文献出版社 1992 年版，第 50 页。

⑥ 黑格尔：《哲学史讲演录》第 2 卷，商务印书馆 1960 年版，第 151 页。

念同它的实在性在科学发展的过程中，——换言之，思想是一个科学的整体的理念。"① 黑格尔认为柏拉图通过其理念辩证法克服了"坏的唯心论"，也就是克服了那种把思想只认作是意识着的思想而与实在相对立的唯心论。

无疑，这种彻底的唯心论构成了黑格尔二元论辩证法的思想底蕴。当这种彻底的唯心论在柏拉图的学生、伟大的亚里士多德那里遭遇到"傍偟"的时候，也就是第一实体被归结为或者是个体事物或者是形式的时候，黑格尔没有任何犹豫，他坚持了绝对的、客观的唯心论原则，把主客体的思维的同一性原则贯彻到底。

同时，黑格尔的二元论辩证法也是他对主体、客体特有认识的必然结果。

首先，黑格尔认定对象即自身，意识即自我意识。在黑格尔看来，对象的感性存在是虚无的，对象的真正存在是它作为意识，作为概念、范畴的存在。

黑格尔认为，要认识客观事物的本质只有通过反思。经过反思，客观事物呈现在感觉、直观、表象中的内容才能有所改变，而且正是通过以反思为中介的改变，对象的真实本性才能呈现在意识面前。而凡是经过反思作用产生出来的就是思维的产物，所以事物的真实本性就是"我"的精神的产物，也就是说是完全自为存在着的"我"或"我"的自由的产物。他明确指出："对象，如其没有思维和概念，便是一个表象，甚至只是一个名称；在思维和概念规定中，对象才是它所是的东西。"② 因此，对对象、事物的根本看法应是："惟有通过思维对于事物和在事物身上所知道的东西，才是事物中真正真的东西，所以真正真的东西并不是在直接性中的事物，而是事物在提高到思维的形式、作为被思维的东西的时候。因此，这种形而上学认为思维及思维的规定并不是与对象陌生的东西，而毋宁是对象的本质，或者说事物与对事物的思维，——正如我们的言语也表达它们的亲属关系那样——自在自为地是一致的，思维在它的内在规定中，和事物的真正本性是同一个内容。"③

不仅如此，黑格尔还认为，对象的自在存在也是为我存在，二者是统

① 黑格尔：《哲学史讲演录》第 2 卷，商务印书馆 1960 年版，第 151 页。
② 黑格尔：《逻辑学》下卷，商务印书馆 1976 年版，第 540 页。
③ 黑格尔：《逻辑学》上卷，商务印书馆 1966 年版，第 26 页。

一的。在《精神现象学》的序言中，黑格尔就把客观事物的本质规定为意识，而且认为这种意识不仅是自在存在着的意识，更是为我存在的意识。一般人们认为，意识的对象有两种，一种是自在的对象，一种是为意识而存在的对象，前者是人们无法认识的，后者"初看起来好象只是意识对其自身的反映，不是一种关于对象的表象，而是一种关于意识对前一种对象的知识的表象"，①但黑格尔认为，当我们的认识改变了后，所谓的自在之物也随之发生了改变，对象变成了另一个对象，因此，"前一种对象在运动中改变了自己；它不复是自在，它已被意识到它只是一种只为意识的自在；而这样一来，这个自在的为意识的存在就是真实的东西，但这又等于说，这个自在的为意识的存在就是本质，或者说，就是意识的对象。这个新对象包含着对第一种对象的否定；新对象乃是关于第一种对象的经验。"②

其次，黑格尔认为，不仅对象是纯粹的思维，作为认识主体的感性的"我"实际上也是纯粹思维。逻辑学是研究纯粹理念的科学，所谓纯粹理念就是思维的最抽象的要素所形成的理念。思维有三种表现形式：第一思维是能动的普遍；第二思维是自身实现的普遍体；第三思维作为主体是能思者，存在着的能思的主体就是"我"。因此，"'我'是作为主体的思维，'我'既然同时在我的一切表象、情感、意识状态等之内，则思想也就无所不在，是一个贯串在这一切规定之中的范畴。"③

黑格尔进一步解释说："思想不但构成外界事物的实体，而且构成纯粹精神性的东西的普遍实体。"④ 我是一个完全普遍的东西，"我乃是一纯粹的'自为存在'，在其中任何特殊的东西都是被否定或扬弃了的。这种自为的我，乃是意识中最后的、简单的、纯粹的东西。我们可以说：我与思维是同样的东西，或更确定地说，我是作为能思者的思维。凡是在我的意识中的，即是为我而存在的。我是一种接受任何事物或每一事物的空旷的收容器，一切皆为我而存在，一切皆保存其自身在我中。"⑤ 所以，"我

① 黑格尔：《精神现象学》上卷，商务印书馆 1979 年版，第 61 页。
② 同上。
③ 黑格尔：《小逻辑》，商务印书馆 1980 年版，第 72 页。
④ 同上书，第 80 页。
⑤ 同上书，第 81 页。

不是单纯抽象的普遍性，而是包含一切的普遍性。"①

最后，黑格尔理所当然地推出了主体与客体是同一的、思维与存在是同一的。黑格尔明确地说："当我们把思维认为是一切自然和精神事物的真实共性时，思维便统摄这一切而成为这一切的基础了。"② 他认为，物理学与自然哲学的区别，只在于自然哲学能使我们在自然事物里意识到概念的真正形式。而一切别的内容比起逻辑思想来，都是缺乏实质的形式，只有逻辑思想才是一切事物的自在自为地存在着的根据。"如果依前此所说，认为逻辑学是纯粹思维规定的体系，那未别的部门的哲学科学，如象自然哲学和精神哲学，似乎就是应用的逻辑学，因为逻辑学是自然哲学和精神哲学中富有生气的灵魂。其余部门的哲学兴趣，都只在于认识在自然和精神形态中的逻辑形式，而自然或精神的形态只是纯粹思维形式的特殊的表现。譬如，我们试取推论来说（不是指旧形式逻辑的三段论法，而是指真正的推论），我们可以看见推论是这样的一个规定，即特殊是普遍与个别这两个极端结合起来的中项。这种推论形式，就是一切事物的普遍形式。因为一切事物都是普遍与个别结合起来的特殊。"③

黑格尔辩证法的二元性集中体现在黑格尔对推论的阐述中。马克思认为，在黑格尔关于"理性推理的阐释中，表现了他的体系的全部超验性和神秘的二元论"④。

黑格尔本人相当重视推论的作用。在他看来，一切事物都是一个推论，推论是事物的普遍存在形式，任何事物都是普遍与个别结合起来的特殊。黑格尔在《逻辑学》中说："任何理性的东西也都是一个推论。"⑤ 他抱怨说，很少有人想到理性和推论的关系，其实推论不是别的，就是概念的实现或明白发挥，换句话说，绝对即是推论，"一切事物都是一推论。一切事物都是一概念"⑥。黑格尔列举了两个推论的例子：一是概念的普遍性，通过特殊性而给予自身以外在实在性，并且再次通过否定，自身回复为个体性；二是个体事物通过特殊性提高其自身为普遍性，并且实现自身

---

① 黑格尔：《小逻辑》，商务印书馆 1980 年版，第 82 页。

② 同上书，第 81 页。

③ 同上书，第 83—84 页。

④ 《马克思恩格斯全集》第 3 卷，人民出版社 2002 年版，第 105 页。

⑤ 黑格尔：《逻辑学》上卷，商务印书馆 1976 年版，第 341 页。

⑥ 黑格尔：《小逻辑》，商务印书馆 1980 年版，第 356 页。

的同一。黑格尔总结道："现实事物是一，但同时又是它的概念的各环节之多，而推论便表示它的各环节的中介过程的圆圈式行程，通过这一过程，现实事物的概念得以实现其统一。"①

推论在黑格尔哲学中占有重要地位。辩证法其实就是概念的推论，就是绝对理念的推论。贺麟先生指出："辩证法的过渡就是推理，他（指黑格尔）把三段论式，也改造成'三一公式'（正、反、合），这就是一个推论，由正推到反，推到合，三个环节是统一的。"贺麟先生认为黑格尔的推论分四种：第一，辩证法的推论，就是矛盾的发展，也就是辩证的推移，即概念论的推论；第二，由互相推移达到对立统一，主观过渡到客观，再由客观回到主观，不断互相过渡，达到主客观的统一；第三，概念的推论，就是"三一体"，即个别、特殊、普遍三者互为中介，互为结合的统一体，三结合的"三一体"，是一包含三，三归于一；第四，理性推论，概念推论的最高点就是绝对推论，即理性推论。绝对推论（辩证法的推论）就是理念、自然、精神的"三一体"，绝对理念也就是这三者的统一，最高的和最后的统一，三者可以互相过渡，互为中介。②

在推论中，最重要的范畴是中介。马克思认为黑格尔辩证法的二元性在推论中得到充分的表现，主要是源于黑格尔对在推论中使用最为频繁、并构成推论核心的中介范畴的理解。黑格尔说："概念即是空虚的联系字'是'字的充实化。当概念同时被区分为主词与谓词两个方面，则它就被建立为二者的统一，并使二者的联系得到中介，——这就是推论。"③ 可见，黑格尔认为推论的作用就在于通过中介使对立面实现统一，"推论便表示它的各环节的中介过程的圆圈式行程，通过这一行程，现实事物的概念得以实现其统一。"④ 黑格尔说："按照推论的概念看来，真理在于通过中项来联系两个不同的事物，这中项就是两者的统一。"⑤ 黑格尔还说："所谓推论的诸式……具有一个重要的意义，这意义建立在这样的必然性上面：即每一环节作为概念规定本身都有成为全体并且成为起中介作用的

---

① 黑格尔：《小逻辑》，商务印书馆 1980 年版，第 356 页。
② 贺麟：《黑格尔哲学讲演集》，上海人民出版社 1992 年版，第 351 页。
③ 黑格尔：《小逻辑》，商务印书馆 1980 年版，第 355 页。
④ 同上书，第 356 页。
⑤ 同上书，第 362 页。

根据的必然性。"① 这与《法哲学原理》中的话如出一辙。在《法哲学原理》中，黑格尔强调："最重要的逻辑真理之一，就是作为对立面而处于极端地位的特定环节，由于它同时又是居间者，因而就不再是对立面，而是一种有机的环节。"② 马克思认为此观点揭示了黑格尔二元论辩证法的要害，所以接连引用了两次。在黑格尔看来，中介不是别的，"只是运动着的自身同一，换句话说，它是自身反映，自为存在着的自我的环节，纯粹的否定性，或就其纯粹的抽象而言，它是单纯的形成过程"③。

在推论的诸式中，每一项都可以作为中介，这使得黑格尔推论的二元性暴露无遗，其辩证法的二元性也暴露无遗。

为什么在推论的诸式中，每一项都能充当中项呢？这得溯源到黑格尔对判断的独特理解上来。在黑格尔《逻辑学》"概念论"的"主观性"一章中，主观性的发展是从概念到判断，再到推论的。黑格尔认为，判断是概念在它的特殊性中，在判断中有两个极端，即主词和谓词。通常，人们以为主词和谓词是各自独立的。主词是一实物，或者是独立的规定，而谓词不过是在主词之外的普遍规定，两者是外在的连接在一起的。但在黑格尔看来并非如此。"每一判断中都说出了这样的命题：如'个体是普遍'，或者更确切地说：'主词是谓词'（例如，上帝是绝对精神）。无疑地，个体性与普遍性，主词与谓词等规定之间也有区别，但并不因此而影响一件极为普遍的事实，即每一判断都把它们表述成同一的。"④ 黑格尔对此作了解释，他认为之所以会产生主词与谓词的同一，是因为"那联系字'是'字是从概念的本性里产生出来的，因为概念具有在它的外在化里与它自己同一的本性。"⑤ 黑格尔认为，反思关系里，事物的相互关系是"有"的关系，而不是"是"的关系，也就是说事物之间不是一种明白建立起来的同一性或普遍性，只有判断才是概念的真正的、实现了的特殊性，因为它在它的区别里仍能保持普遍性，保持同一。在《精神现象学》里，黑格尔把中介称为运动着的自身同一性、纯粹的否定性，就是从这个意义上说的。

---

① 黑格尔：《小逻辑》，商务印书馆1980年版，第363页。

② 黑格尔：《法哲学原理》，商务印书馆1961年版，第321页。

③ 黑格尔：《精神现象学》上卷，商务印书馆1979年版，第12页。

④ 黑格尔：《小逻辑》，商务印书馆1980年版，第338页。

⑤ 同上。

主词和谓词是同一的，所以，推论的各项中的主语、谓词，由于"是"的连接的缘故，也都彼此同一。既然各项都彼此同一，那么它们各自当然就既能作端项，也能作中介了。所以，黑格尔认为，推论的三式，即个体——特殊——普遍，普遍——个体——特殊，特殊——普遍——个体，它们的客观意义就在于明确表明了一切理性的东西都是一种三重形式的推论。但更重要的是，这三式表明了"推论中的每一环节都既可取得一极端的地位，同样也可取得一个起中介作用的中项的地位"①。黑格尔以逻辑学的三个部门（逻辑理念、自然、精神）为例，对此进行了说明。首先，自然可以作为中项，自然展开其自身于逻辑理念与精神的两极端之间。同时，精神作为个体性、主动性的精神，也可以作为中项，它能在自然中认识到逻辑的理论，提高自然并使之回到它的本质。最后，逻辑理念本身也可以作为中项，它是精神和自然的绝对实体，是普遍的、贯穿一切的东西。黑格尔指出，这就是绝对推论，也就是绝对理念推论的三个环节。在《精神哲学》的 575、576、577 三节中，黑格尔再次详细阐述了这三个绝对推论的环节，把它们视为绝对精神实现自己、产生自己、享受自己的过程，并以之作为《精神哲学》的结束②。

（四）马克思对黑格尔二元论辩证法的批判

对于黑格尔辩证法具有二元性的原因，马克思作了深刻的分析，认为这是黑格尔混淆真正的同一性与非同一性的结果。马克思认为，真正的同一有两种表现形式：一种本质在存在范围内的差别之间的同一性和转化为独立本质的抽象的自身同一性。至于不同本质之间的差别，则根本谈不上同一性，而是非同一性。

对于一种本质在存在范围内的差别之间的同一性，马克思举例说，如两极相通、北极和南极相互吸引、女性和男性相互吸引等就是这种同一性。因为北极和南极两者都是极，它们的本质是同一的，"北和南是一种本质的对立的规定，是一种本质在其最高发展阶段上的差别。"③

对于转化为独立本质的抽象的自身同一性，马克思举例说，抽象唯灵论和抽象唯物主义都是对物质的抽象的结果，因此，抽象的唯灵论就是抽

---

① 黑格尔：《小逻辑》，商务印书馆 1980 年版，第 364 页。
② 黑格尔：《精神哲学》，人民出版社 2006 年版，第 397—399 页。
③ 《马克思恩格斯全集》第 3 卷，人民出版社 2002 年版，第 111 页。

象的唯物主义，任何极端都是它自己的另一极端。① 马克思强调，一个概念可以抽象地把握，但它不是作为一种独立的东西而具有意义，而是作为从某种他物中得出的抽象并且仅仅作为这种抽象才具有意义，如精神就是从物质中得出的抽象。所以，概念无非是"抽象对立面，是对象，它就是从这种对象中抽象出来的，存在于这种对象的抽象中"②。对于抽象唯灵论而言，它不过是从它的对象即抽象唯物主义那儿抽象出来的。

与以上两者情况不同的是非同一性。马克思说："真正的、现实的极端是极和非极、人类和非人类"，因为它们之间是"各本质之间的差别，是两种本质之间的差别"③。

马克思总结道，"如果一种本质所存在的范围内的差别"④（指第一种同一性）没有同"转化为独立本质的抽象（当然不是从某种他物中得出的抽象，而是本来从自己本身中得出的抽象)"⑤（指第二种同一性）相混淆，也没有同"相互排斥的各种本质的现实对立面相混淆"⑥（指非同一性），那么就可以避免三重错误。这里讲的"三重错误"是专门针对黑格尔而言的，因为黑格尔混淆了同一性与非同一性的区别，把不同本质的东西，即普遍性与单一性视为同一的。马克思阐述的黑格尔的"三重错误"之间存在着递进关系：

第一重错误："因为只有极端是真理，所以任何抽象和片面性都自命为真理；结果任何一个原则都只表现为从某种他物中得出的抽象，而不表现为总体本身"⑦。这是针对黑格尔把普遍性与单一性视作同一关系而阐发的。在普遍和单一这两个极端中，单一是现实存在的，而普遍只是对单一抽象的产物，是作为抽象的意义而存在，所以单一才是真理。可在黑格尔那里，抽象的概念反而成了真理，成了决定现实事物的实体，但抽象终归是抽象，它和单一有着本质的区别。单一作为总体是不能为抽象规定所穷尽的，任何抽象都只能表述总体的某一侧面。

---

① 《马克思恩格斯全集》第 3 卷，人民出版社 2002 年版，第 111 页。

② 同上。

③ 同上。

④ 同上。

⑤ 同上。

⑥ 同上。

⑦ 同上。

第二重错误："把现实对立面的鲜明性以及这些对立面之形成为极端看作必须尽可能加以阻止的事情或有害的事情，而这种形成不外是这些对立面的自我认识，以及它们对决战的渴望"①。在单一性和普遍性之间，在现实事物和概念之间，黑格尔认为普遍性、概念是真理，单一性、现实事物不过是普遍性、概念的外化，本质上也是普遍的概念，所以两者是同一的。但实际上，两者本质上不同。不同本质的事物的对立是绝对的对立，必然要走向决战，因为真理只有一个。比如费尔巴哈证明上帝不过是人的本质的对象化的产物，是抽象的虚构，因而人在上帝这一抽象对象中达到了自我认识后，必然要取消上帝的存在。

第三重错误："企图用中介来调和它们。"② 黑格尔把抽象概念视为真理，把普遍性与单一性、概念与现实事物的绝对对立视为是不存在的、虚幻的对立，自然就会发展到用中介来调和它们，来说明它们在本质上不是对立的，而是同一的。马克思指出，对于单一性和普遍性而言，"两个极端尽管都现实地存在着并且的确就是极端，可是成为极端这一特性，却仍然只包含在其中一个极端的本质中，对于另一个极端则不具有真正现实的意义。"③ 马克思以哲学与宗教对立为例来说明这一点，他说，对哲学而言，宗教不过是作为虚幻的现实而存在，是一种抽象存在，它必然由于想成为某种现实而自行解体，所以对哲学而言，宗教不构成一个对立面。

最后，马克思对黑格尔辩证法作了一个总评："本质的真正二元性是没有的。"④

与马克思不同，黑格尔对自己关于推论、关于中介的理解心满意足，并把绝对推论即绝对理念的辩证法视为最高成果，而恰恰在这一点上，马克思找到了黑格尔神秘体系的根源，抓住了他的体系的要害——二元性。这种二元论的辩证法在黑格尔的《法哲学原理》中表现为以下四个方面。

---

① 《马克思恩格斯全集》第 3 卷，人民出版社 2002 年版，第 111—112 页。

② 同上书，第 112 页。

③ 同上。

④ 马克思随后说："关于这一点以后再详细地谈。"（《马克思恩格斯全集》第 3 卷，人民出版社 2002 年版，第 112 页）与他在此前所说的："黑格尔把普遍性和单一性看作现实的对立面，这正是他的逻辑学中的基本的二元论，关于这一点留待批判黑格尔的逻辑学时再作进一步研究。"（《马克思恩格斯全集》第 3 卷，人民出版社 2002 年版，第 110 页）正好相呼应。这一事实也可以佐证马克思认为《逻辑学》最根本的问题是二元论。

1. 制造虚幻的同一性

黑格尔认为，从家庭和市民社会到国家的发展，实际上是现实的观念把自己分为两个有限领域，然后扬弃有限性，达到自为的无限的现实的精神的结果。与国家相比，家庭和市民社会体现的是精神的单一性和特殊性，而国家则是反映在它们之中的精神的普遍性。国家是家庭和市民社会的统一，是扬弃了单一性和特殊性的普遍性。国家的实体，也就是国家的理想性、观念在国家内部的必然展开，使国家在主观上表现为政治信念，在客观上表现为政治制度。政治制度就是国家的机体，也就是各种不同的权力及其职能和活动。因此，国家实际上就是政治制度。黑格尔接着又把政治制度规定为主权。因为政治制度自身也由于概念的本性，要区分和规定自身，发展自身。政治制度的两个环节，也就是各种特殊的权力和职能，从各自孤立的角度看，它们无一不受整体的支配；从它们与运用和实现它们的个人的联系来看，它们是以外在的和偶然的方式与个体的人格联结在一起的。因此，这两个环节都不是独立和固定的，它们的最终根源在国家的统一体，即国家的主权中。因为主权正是表示，每一个特殊的领域都是受到约束的东西，即在自己的目的和行动中不是独立的东西，它必然要受到整体目的的规定和约束。紧接着，黑格尔玩起了语言游戏，牵强附会地证明主权就是君王。他先说主权最初只是一种理想性的普遍思想，只是一种主观性，可转而又说主权是一种单一性，是作为意志所具有的一种抽象的以至无根据的、能作出最后决断的自我规定而存在的，而国家也只有通过这种个体性因素才成为单一的东西。这已经够牵强了，但黑格尔还不罢休。他又说，因为真正的主观性只是作为主体才存在，人格只是作为人才存在，而由于在国家制度中，概念整体的三个环节每一个都应该有自为的现实的独特形式，所以，整体的这一绝对决定性的环节就不仅是一般的个体性，而且是现实的某一个体，即君主。这一番用一个又一个等号（是）连接起来的强词夺理的推论除了证明黑格尔从推论开始前就打定主意要把主权赋予君王这一意图外，还能怎么解释呢？

黑格尔把脱离了现实的人的人格这种抽象物作为独立的主体，并认为，人格在法人中，也就是在社会团体、区乡组织、家庭中达不到自己存在的真理性，而只有在国家制度的总体中人格才能达到自己存在的真理性，即实现自身的现实性。而国家制度作为现实的整体就是王权。"王权本身包含着总体的三个环节：国家制度和法律的普遍性，作为特殊对普遍的关系的协商，作为自我规定的最后决断环节，这种自我规定是其余一切东西的归宿，也是其余一切东西的现实性的开端。"① 黑格尔甚至说："如果没有自己的君主，没有那种正是同君主必然而直接地联系着的整体的划分，人民就是无形式的东西，无形式的东西不再是国家，不再具有只存在于自身已形成的整体中的任何一个规定，就是说，没有主权，没有政府，没有法庭，没有官府，没有等级，什么都没有。"②

马克思对此痛加批判。他指出，在君主制中，整体，即人民，从属于他们的一种存在方式，即政治制度，人民的主权和君主的主权完全是两个对立的主权概念，就如同上帝是主宰还是人是主宰这个问题一样，必然有一个是假的。在一切非民主制的国家中，国家、法律、国家制度是统治的东西，但没有真正地在统治，即"没有物质地贯穿于其他非政治领域的内容"③，也就是说政治国家就是政治制度而已，它绝非物质国家。而在民主制中，国家制度、法律、国家本身，就国家是政治制度来说，都只是人民的自我规定和人民的特定内容。所以"一切国家形式都以民主为自己的真实性，正因为这样，它们有几分不民主，就有几分不真实"④。因此，物质国家也就是家庭和市民社会，人民的现实生活与政治国家、国家制度的同一只是外在的同一、虚幻的同一。马克思认为，历史的任务就是国家制度的回归，因为"政治制度到目前为止一直是宗教领域，是人民生活的宗教，是同人民生活现实性的尘世存在相对立的人民生活普遍性的天国"⑤。在马克思看来，在政治国家中，政治领域是国家中唯一的国家领域，与其他领域处于对立的状态，它的内容和形式都是类的内容。换句话说，政治国家的内容和形式都是抽象的，政治生活就是"人民生活的经院哲学"。⑥马克思指出，国家本身的抽象只是现代才有，因为私人生活的抽象也只是现代才有。政治国家的抽象是现代的产物。"抽象的反思的对立性只是现

---

① 《马克思恩格斯全集》第 3 卷，人民出版社 2002 年版，第 27 页。

② 同上书，第 38 页。

③ 同上书，第 41 页。

④ 同上。

⑤ 同上书，第 42 页。

⑥ 同上。

代世界才有。中世纪是现实的二元论，现代是抽象的二元论。"① 政治国家和人民生活间并非像黑格尔所设计的那样存在着实体性的同一。

黑格尔认为，概念本身就包含有自然性的规定，"从纯自我规定的概念到存在的直接性，从而到自然性的这种过渡，带有纯粹思辨的性质，因此对这种过渡的认识属于逻辑哲学的范围"。② 他论证说，由于君主从本质上讲，是作为从其他一切内容中抽象出来的个体而注定享有君主的尊严，所以，这个个体也必然通过直接的自然的方式、通过自然肉体出生而注定享有君主的尊严。马克思对此评论道，这诚然是纯粹的思辨，但不是两极相逢似地，从纯粹的自我规定即从抽象到纯粹的自然性的过渡，因为抽象的唯灵论正是抽象的唯物主义，恰恰相反，这是一种所谓的"概念的过渡"，即"最彻底的矛盾被说成同一，最大的非连贯被当成连贯性"③。他说，人一出生就注定成为君主是一个经验事实，圣母马利亚的圣灵降孕是意识事实，两者都不可能成为超自然的真理；对于这类现象，不能用黑格尔的神秘主义来强行解释，只能"人类的幻想和关系来理解"。④ 相反，黑格尔却振振有词："在所谓上帝的存在这个本体论证明中，同样是绝对概念转变为存在，这种转变在近代构成观念的深度，而在现代却被当作不可理解的东西。"⑤ 对此，马克思只能用故弄玄虚来评价了。

马克思接着指出，如果王权不是被神秘主义而是被现实地理解，那么王权就不应由出生设定，而应由其他环节设定，即王权不是世袭的，而是流动的，因为王权是一种国家规定，所以，这种规定应按其他环节的内在制度轮流指派给国家的单个公民。马克思说："在理性的机体中，不可能头是铁的，而身体却是肉的。各个部分为了保存自身必须同出一源，必须具有同样的血和肉。但是世袭的君主不是同出一源，他是由另一种材料做成的。"⑥ 马克思讽刺说，在这个问题上，大自然的魔法和国家的其他部分的理性主义意志对立了起来。

在市民社会和国家的关系问题上，马克思多次嘲笑了这种荒谬的同一

---

① 《马克思恩格斯全集》第3卷，人民出版社2002年版，第43页。

② 同上书，第44页。

③ 同上。

④ 同上。

⑤ 同上书，第46页。

⑥ 同上书，第49页。

性。在黑格尔看来，市民社会和国家的第一种同一，就是区乡组织和同业公会负责人的混合选拔，也就是通常的选举和最高当局批准任命相混合的方式。马克思说，就连黑格尔本人都认为这种同一非常肤浅，因为它是个大杂烩、大混合。"这种同一有多么肤浅，对立也就有多么尖锐。"① 市民社会和国家的第二种同一，就是每个市民都有可能成为国家官员。这种同一具有非常肤浅的二元论的性质。"每个天主教徒都有成为神父的可能性（也就是使自己脱离俗人和尘世）。但是，这难道就会使僧侣不作为彼岸势力来与天主教徒对立吗？每个人都有获得另一领域的权利的可能性，这只是证明他本来的领域不具备这种权利的现实性罢了。"② 马克思诙谐地说，黑格尔在市民社会和国家间所构想的同一，是两支敌对军队的同一，这两支军队中的每一个士兵都有因"开小差"而成为"敌"军的一员的"可能性"。市民社会和国家的第三种同一就是薪俸，这是黑格尔构思出来的最高同一。马克思认为这恰好说明了市民社会与国家的非同一性本质。因为与市民社会的成员不同，只有官员的生存才得到保证。

黑格尔认为，立法权包括君主权、行政权和等级要素三个方面。普遍等级，也就是在政府中供职的等级，以普遍的东西为其本质活动的目的；私人等级则在立法权的等级要素里获得政治意义和政治效能，从而摆脱私人等级所固有的简单的整体性，或分裂成许多原子的群体性。这样，市民社会等级就和政治等级取得了同一，也就是所谓的"国家内部的现实的特殊东西才在这方面同普遍东西真正地联系起来"③。对此，马克思揭露说，只有市民等级和政治等级的分离才表现出现代的市民社会和政治社会的真正的相互关系。因此，私人等级要获得政治意义和政治效能，就必须不再是已有的样子，不再是私人等级。"这种政治行动是完完全全的变体。在这种行动中，市民社会应该完全摆脱作为市民社会、作为私人等级自身，它应该表现为自己本质中的这样一个方面，这个方面不仅与它的本质所具有的现实的市民存在毫无共同之处，而且还与它直接对立。"④ 马克思认为，黑格尔把作为人民整体存在的国家同政治国家混为一谈，他假定了市民社会各等级是政治国家的特殊化，把市民社会看作是政治社会，把市民

---

① 《马克思恩格斯全集》第 3 卷，人民出版社 2002 年版，第 62 页。

② 同上书，第 65 页。

③ 同上书，第 88 页。

④ 同上书，第 96 页。

社会说成是私人等级，这是存心选择了模棱两可的说法。马克思指出，极不相同的东西是可以联系起来的，这需要逐渐的过渡，而黑格尔的做法是通过某种"变体"的神奇作用，他"无视这条被跨越并被跳跃本身所证实的鸿沟，那是无济于事的"①。马克思进一步指出，市民社会的内部差别，即等级差别，在政治领域获得了一种不同于在市民领域中的意义，但这种主体在本质上具有不同的规定，因而实际上是双重的主体。因此这种同一必然是幻想的同一。

2. 美化中介，调和真正的极端

黑格尔不无自豪地说："最重要的逻辑观点之一就是：一个特定环节当它处在对立中时便居于极端地位，但由于它同时又是中项，因而就不再是极端，而是一种有机的环节。"他直言不讳地宣布："国家制度在本质上是一种中介体系。"②对此，马克思首先分析了等级要素这一中介。他指出，立法权包括君王要素、政府要素和等级要素。等级要素不是现实的市民社会，而是市民社会向国家派出的"代表团"。等级要素是市民社会的"政治幻想"，它获得政治意义和政治效能是它完全摆脱市民社会并与之对立的结果。因此，各等级汇集了现代国家组织的一切矛盾。它们成为各方面的中介者，因为在各方面它们都是中介物。首先，各等级是与政府相对立的人民，不过是缩小了的人民，此时它处于对立派的地位；其次，各等级是与人民相对立的政府，不过是扩大了的政府，此时它处于保守派的地位。各等级是一种混合物，它暴露出国家不是总体，而是具有二元性的东西。

在黑格尔看来，作为市民社会在政治国家、立法权中的代表，等级要素只是通过中介作用这一职能才显示出自己是一个有机的、纳入整体的东西。马克思从黑格尔的观点出发，不无嘲笑地说，君王通过市民社会的基督——行政权这个中介而与市民社会发生联系，市民社会则以自己的教士——等级代表为中介与君王联系，而且，各等级不仅连同行政权一起站在君王和市民社会之间，而且也站在整个政府和人民之间。和行政权相比，各等级为王权做事的更多，因为行政权本身就作为对立面同人民相对立。马克思讥讽道："这已使中介作用的限度达于极点了。为什么要给这些蠢驴增添新的负担呢？为什么等级要素非得在一切地方都要自我牺牲

---

① 《马克思恩格斯全集》第3卷，人民出版社2002年版，第98页。

② 同上书，第88页。

呢？难道它还得砍掉自己的一只手，而使自己不能用两只手来反抗自己的对手即立法权中的政府要素吗？"①

立法权这个中介的情况又如何呢？马克思说，立法权的要素中既有行政权，也有等级，所以它好像不必去体现中介作用，因为它本身已经体现出了中介作用。更何况黑格尔向来把等级要素连同行政权一起规定为人民和君王之间的中项，正如他把等级要素规定为市民社会同政府之间的中项一样。因此，从《逻辑学》的观点看来，合乎理性的关系即推理完成了，中介产生了。对此，马克思指出："立法权完全是用非常精明周密的方式构思出来的。这是由立法权在现代国家中所处的那种不真实的、幻想的、主要是政治的地位决定的。"② 立法权作为中项，是由"两个极端，即由王权原则和市民社会，由经验单一性和经验普遍性，由主体和谓语组成的一种混合物"③。事实上，黑格尔总是把推理理解为中项，理解为一种混合物。马克思进一步追根溯源，认为在黑格尔关于理性推理的阐述中，表现出了他体系的全部超验性和神秘的二元论。黑格尔所谓的中项，不过是像"木质的铁"一样的东西，完全掩盖了普遍性和单一性之间的本质对立。

王权的地位也十分尴尬。君王在立法权中必须充当行政权和等级要素的中项。可是，行政权是君王和等级要素的中项，而等级要素既是行政权和君王的中项，又是君王和市民社会的中项。所以，君王为了不使自己成为片面的极端，就需要行政权、等级要素、市民社会等作为它的中项，而它自己又要在这些环节中间起到中介的作用。

论述了各环节的所谓中介作用后，马克思指出，这些极端的中介作用的荒谬性完全暴露出来了，它们一会儿是极端，一会儿又成了中介，最初被规定为两个极端之间的中项，现在本身成为一个极端，而两个极端中以这个中项为中介而同另一个极端相联系的那个极端，现在又成了自己的对立极端和这个中项之间的极端。对于这种极其混乱而荒谬的状态，马克思一连用了四个比喻：首先，极端就像雅努斯有两幅面孔的头，时而现出这一面，时而现出那一面，前后两面，各不相同；其次，这就像夫妻吵架和医生居间调解，可是后来妻子不得不在医生和丈夫之间进行调解，而丈夫不得不在医生和妻子间进行调解；第三，这就像《仲夏夜之梦》中的狮子

---

① 《马克思恩格斯全集》第3卷，人民出版社2002年版，第108页。

② 同上书，第106页。

③ 同上书，第105页。

一样，大吼着我是狮子，我又不是狮子，而是史格纳；第四，这好像一群好斗之徒，每个人都想打自己的对手，同时又不得不保护自己的对手不致挨打，结果由于过分小心，他们始终没有打起来①。

对于中介作用的这种荒谬性，黑格尔却认为它是逻辑的真正体现，是逻辑的思辨奥秘，是合乎理性的关系，也就是理性推理。对此，马克思驳斥道："真正的极端之所以不能互为中介，就因为它们是真正的极端。"②他认为真正的极端之间也不需要任何中介，因为它们具有互相对立的本质，它们也没有共同点，既不相互需要，也不相互补充。

3. 颠倒主谓，用观念的神秘运动取代现实的运动

黑格尔反对把自我和对象看作不同的对立面，而认为它们在本质上、在观念上是同一的。因为在他看来，自我也好，对象也好，都是观念，是思维自身而已。正因为如此，黑格尔在《法哲学原理》中处处偷换主体，颠倒主谓，把现实的运动替换成观念的神秘运动。对此，马克思指出："黑格尔的主要错误在于：他把现象的矛盾理解为观念中、本质中的统一，而这种矛盾当然有某种更深刻的东西，即本质的矛盾作为自己的本质。"③马克思多次直言不讳地指出黑格尔的这一要害：

"整个法哲学只不过是逻辑学的补充。"④

"（黑格尔）真正注意的中心不是法哲学，而是逻辑学。哲学的工作不是使思维体现在政治规定中，而是使现存的政治规定消散于抽象的思想。哲学的因素不是事物本身的逻辑，而是逻辑本身的事物。不是用逻辑来论证国家，而是用国家来论证逻辑。"⑤

"（黑格尔）使作为观念的主体的东西成为观念的产物，观念的谓语。他不是从对象中发展自己的思想，而是按照自身已经形成了的并且是在抽象的逻辑领域中已经形成了的思想来发展自己的对象。……这是露骨的神秘主义。"⑥

各种不同的权力的命运是由"'概念的本性'预先规定好并封存在圣

① 《马克思恩格斯全集》第3卷，人民出版社2002年版，第109—110页。

② 同上书，第110页。

③ 同上书，第114页。

④ 同上书，第23页。

⑤ 同上书，第22页。

⑥ 同上书，第19页

宫（逻辑学）的神圣记录中。对象——这里指国家——的灵魂是现成的，它在对象的身体产生以前就预先规定好了，其实这种躯体只不过是一种假象。'概念'是'观念'的即圣父的圣子；它是动因，是决定性的和有辨别力的原则。"①

"重要的是黑格尔在任何地方都把观念当作主体，而把本来意义上的现实的主体，例如，'政治信念'变成谓语。而发展总是在谓语方面完成的。"②

黑格尔的这种手法几乎充斥在法哲学的每个角落，几乎每一节都是一个活生生的例子。我们以黑格尔关于国家与家庭和市民社会的关系的论述来说明这一点。

在黑格尔那里，家庭和市民社会被看作国家的概念领域，即被看作国家的有限性的领域，看作国家的有限性。国家把自己分为这些领域，并以它们为前提，以便从这两个领域的理想性中形成自为的无限的现实的精神。现实的观念、无限的现实的精神被描述成似乎是按照一定的原则和一定的意图而行动的，它把自己分为有限的领域，是为了返回自身，成为自为的存在，同时，它这样做，也是要使结果正好成为在现实中存在的那样。

马克思指出，"逻辑的、泛神论的神秘主义在这里已经很清楚地显露出来。现实的关系是这样的，对于单个人来说，国家材料的分配是以情况、任意和本身使命的亲自选择为中介的。这一事实，这种现实的关系，对思辨的思维来说只是现象。这种现实的中介不过是由现实的观念自己引起并在幕后进行的那种中介的现象。于是，一切都被颠倒了：现实性没有被说成是这种现实性本身，而被说成是某种其他的现实性；普通经验没有把它本身的精神，而是把异己的精神作为精神；现实的观念也没有把从自身中发展起来的现实，而是把普通经验作为定在"。③

马克思一语道破，这其实是观念变成了主体，而家庭和市民社会对国家的现实的关系却被理解为观念的内在的想象活动。家庭和市民社会是国家的前提，它们才是真正活动着的、现实的主体，但在思辨中这一切却是颠倒的。观念变成了主体后，现实的主体即市民社会、家庭、情况、任意

---

① 《马克思恩格斯全集》第 3 卷，人民出版社 2002 年版，第 19 页。
② 同上书，第 14 页。
③ 同上书，第 10 页。

等反倒变成了观念的非现实的、另有含义的客观因素了。

马克思接着说，"对单个人来说，国家材料的分配是以情况、任意和本身使命的亲自选择为中介的，这种情况没有被说成是真实的东西、必然的东西，没有被说成是自在自为的无条件的合理的东西，它们本身没有被冒充为合乎理性的东西。但是，另一方面，它们又被冒充为合乎理性的东西，因为它们被冒充为表面的中介，它们获得了观念的规定的意义，获得了观念的结果、观念的产物的意义"①。这真是逻辑的混乱。

马克思进一步指出，造成这种混乱的根源不在于内容，而在于黑格尔的考察方式和语言表达方式。黑格尔对现实的表述呈现为一种双重的历程：秘密的历程与公开的历程。内容包含公开的部分，而秘密的部分所关心的是在国家中重新找出逻辑概念的历程，可自身发展却恰恰是在公开的方面进行的。

4. 生搬硬套，流露出庸人气息

为了把不同本质的东西硬要表述成同一的，黑格尔除了搞逻辑神秘主义之外，还在文字表达上故弄玄虚，施展文字"障眼法"，用新的世界观来解释旧的世界观为普鲁士王权辩护。

首先，黑格尔在文字表述上故弄玄虚。对于黑格尔的这一特点，马克思提醒道，我们要注意"黑格尔文体的一个特点，这个特点随时可见，而且是神秘主义的产物"②。马克思多次揭露了黑格尔的这一做法，每一次他都详细引述黑格尔的原文，并将他的文字戏法标记出来。我们试举一例：

黑格尔说："信念从国家机体的各个不同方面取得自己特定的内容。这一机体是观念向自己的各种差别及各种差别的客观现实性的发展。由此可见，这些有差别的方面就是各种不同的权力及其职能和活动，通过它们普遍东西不断地创造自己，而且以必然的方式创造自己，因为这些差别是由概念的本性规定的；又因为这一普遍东西是自己的创造活动的前提，所以也保留着自己。这种机体就是政治制度。"③

马克思分析道：在这段文字中，黑格尔把两个主体——"机体的各个不同方面"和"机体"连接在一起，并把"有差别的方面"规定为"各种不同的权力"。但由于插入了"由此可见"这几个字，便造成了一种假

---

①　《马克思恩格斯全集》第3卷，人民出版社2002年版，第11页。

②　同上书，第16页。

③　同上书，第16—17页。

象，好像这些"各种不同的权力"是从关于机体是观念的发展这一插入的命题推导出来的。由于机体被规定为"观念的发展"，加上先讲到的观念的各种差别，于是在插进一个具体名词"各种不同权力"后，就造成一种假象，似乎特定的内容是在这里获得了发展。在"信念从国家机体的各个不同方面取得自己特定的内容"这句话之后，黑格尔不说机体，而是说这一机体。可是黑格尔接下来谈的东西是适用于一切机体的，所以说这一机体是毫无根据的。黑格尔就是通过这些文字游戏，运用假设的一些概念，如"各种不同的权力"等，把本来无法架通的从机体的一般观念通向政治制度的特定观念的桥梁硬是给架通了。

其次，用新的世界观解释旧的世界观。黑格尔说："政治上的等级要素在其固有的意义中同时还包含着过去的领域中已经存在的等级差别。"①马克思则认为，"过去的领域中已经存在的等级差别"对于政治领域不具有任何意义，如果有的话，只是具有私人的即非政治的差别的意义而已，也就是说，这种沉浸在政治领域中的差别不具有它自身而具有属于等级要素的固有的意义。马克思强调，市民的等级差别在政治领域中所获得的意义，不是产生于市民的等级差别，而是产生于政治领域。而黑格尔认为这不同的意义都属于同一主体。马克思驳斥道："这还是那一套非批判性的、神秘主义的做法，按照新世界观去解释旧世界观。"② 由于这种做法，旧世界观成了某种不幸的中间物，它的形式不符合意义，意义也不符合形式。这种非批判性和神秘主义"构成了黑格尔哲学、主要是他的法哲学和宗教哲学的奥秘"。而这实际上就是二元论的秘密。

同样的情况出现在黑格尔对私有财产的看法问题上。他在谈私法时，把私有财产的可以让渡和其对共同意志的依赖理解为私有财产的真正理想主义；但在谈论国家法时，他又认为私有财产与其他职业的无保障、利润的追逐、占有物的可变性、对国家财产的依赖等联系在一起的财产不同，它是一种光荣的、无依赖性的所有权。马克思认为，这是黑格尔从新世界观来解释旧世界观的结果，它人为地赋予私有财产以双重意义：一重意义在抽象法的"法庭"上，另一重相反的意义是在"政治国家的天堂"中。马克思痛斥道："连私法的理想主义都不能忍受，这还算什么国家！私有财产的独立性在私法中的意义竟不同于在国家法中的意义，这还算什么法

① 《马克思恩格斯全集》第 3 卷，人民出版社 2002 年版，第 102 页。

② 同上书，第 104 页。

哲学！"①

　　如何摆脱这种自相矛盾呢？马克思开出了"药方"："如果我们如实地理解意义，即把它理解为特有的规定，然后把这种意义本身变成主体，这时再比较一下：所谓从属于这种的主体是不是这种意义的真正谓语，是不是这种意义的本质和真正实现，那么我们就能最彻底地摆脱这种幻想。"②

　　最后，自觉维护王权，流露出德国庸人的气息。黑格尔在辩证法上体现出来的二元性还与他的阶级本性有着直接的联系，在这方面，他流露出德国庸人的气息。黑格尔划分篇章的原则：首先是开始，即存在或直接性，但这种存在只是自在的直接的特定概念，也就是普遍的东西；第二是进展。对最初者予以规定，也就是从普遍发展到特殊；最后是目的，普遍与特殊在目的里达到了具体的个体性，成为全体、总体，概念得以实现。③这种方法，黑格尔在他的绝大多数著作如《自然哲学》、《精神哲学》、《宗教哲学》、《法哲学原理》、《美学》、《历史哲学》等中，都作了说明和运用，而且在这些著作里基本上都有专门的一节来阐述"某某哲学的划分"。

　　以黑格尔的《宗教哲学》为例，在谈到章节分类的时候，黑格尔指出，在名副其实的科学中，只存在一种方法，也就是自我阐释的概念。他说，依据概念的诸环节，宗教的阐述可划分为三个部分："首先，我们在其普遍性中探考宗教概念，继而在其特殊性中予以探考，视之为将自身分离以及将自身区分的概念，……最终是将自身置于自身的概念、推理，即概念自其规定性之复归于自身。"④

　　在黑格尔所有的著作中只有一个例外，那就是法哲学"内部国家制度本身"这一章。黑格尔开始把这一章依次分为立法权、行政权和王权三部分，并说明第一部分立法权，即规定和确立普遍东西的权力；第二部分行政权，即把各个特殊领域和个别事件从属于普遍东西的权力；第三部分王权，即作为意志最后决断的主观性权力。但黑格尔马上强调，王权把各种有差别的权力集中于个人一身，因而它是整体即立宪君主制的顶点和开端。于是，黑格尔接下来就把王权作为开端，作为第一部分。也就是说，

①　《马克思恩格斯全集》第 3 卷，人民出版社 2002 年版，第 127 页。

②　同上书，第 104 页。

③　黑格尔：《小逻辑》，商务印书馆 1980 年版，第 424—427 页。

④　黑格尔：《宗教哲学》，中国社会出版社 2005 年版，第 36 页。

在这一章里，原本作为顶点的王权却首先作为开端出现。

马克思注意到了这一问题。他说："我们将在分别考察这种划分的论述之后再回过来谈这种划分。"① 马克思恩格斯全集中文版的编纂者说马克思后来没有完成这项工作②。实际上，马克思已经说明了这一点。当黑格尔说："君主这一概念不应当是推导出来的东西，而应当是无条件从自身开始的东西。因此，最切合这个概念的看法，就是把君主权看成以神的权威为基础的东西，因为这种看法包含着君主的绝对性。"③ 马克思指出，从某种意义上讲，任何定在都是无条件地从自身开始的，在这一点上，君主身上的虱子同君主本人没有丝毫不同。所以，对于君主，黑格尔实际上没有说出什么特别之处。马克思揭露说："但是，如果指的是君主具有某种显然不同于科学和法哲学的其他一切对象的特点，那实在是愚蠢的；要说黑格尔这一思想是正确的，那只是说'一个人—观念'是只能靠想像而不能从知性中推导出来的东西。"④ 这就是说，黑格尔之所以认为君主具有黑格尔哲学体系所有其他对象的不同特点，是唯一的例外，那只是因为这个概念为"君主"。

黑格尔在《法哲学原理》中自我承认："我们不象希腊人那样把哲学当做私人艺术来研究，哲学具有公众的即与公众有关的存在，它主要是或者纯粹是为国家服务。"⑤ 对此，马克思嘲笑说，这说明哲学在本质上也得"依赖国库"。所以，黑格尔在这里只不过做了一个正常的德国庸人应该做的事情。黑格尔调和矛盾，窒息革命的辩证法，表现出这样那样的二元性，和他的庸人特质多少是有关联的。

三、对黑格尔辩证法神秘主体的批判

1844 年 5 月底至 8 月，马克思写了《1844 年经济学哲学手稿》，第一次试图对资本主义经济制度和资产阶级政治经济学进行批判性考察，并初步阐述了自己的新的经济学、哲学观点和共产主义思想。《手稿》由三个

---

① 《马克思恩格斯全集》第 3 卷，人民出版社 2002 年版，第 27 页。
② 同上书，第 651 页。
③ 同上书，第 37 页。
④ 同上。
⑤ 黑格尔：《法哲学原理》，商务印书馆 1961 年版，第 8 页。

笔记本组成。其中，笔记本 Ⅲ 主要是对笔记本 Ⅱ 的补充，补充之二便是《对黑格尔的辩证法和整个哲学的批判》。

在《1844 年经济学哲学手稿》的序言里，马克思说："我认为，在本著作的最后一章，即对黑格尔的辩证法和整个哲学的剖析，是完全必要的。"① 在《对黑格尔的辩证法和整个哲学的批判》这一部分里，马克思原打算对"黑格尔的整个辩证法，特别是《现象学》和《逻辑学》中有关辩证法的叙述，以及最后对现代批判运动和黑格尔的关系"② 略作说明。可是马克思最终没有完成自己的预定计划，而主要是对体现在《精神现象学》中的黑格尔辩证法作了深入批判。

《黑格尔法哲学批判》的重点在于对黑格尔辩证法的神秘形式，也就是对二元论辩证法及其表现形式的批判。而《1844 年经济学哲学手稿》的核心则在于阐明黑格尔辩证法神秘形式的主体。在《1844 年经济学哲学手稿》中，马克思对黑格尔的《逻辑学》作了一定的批判，认为黑格尔的《哲学全书》以《逻辑学》，以纯粹的思辨的思想开始，而以绝对知识，以自我意识的、理解自身的哲学的或绝对的、超人的抽象精神结束，所以整整一部《哲学全书》不过是哲学精神的展开的本质，是哲学精神的自我对象化；而哲学精神不过是在它的自我异化内部通过思维理解，也就是抽象地理解自身的、异化的宇宙精神。同时，马克思也点出了《逻辑学》的实质：《逻辑学》是精神的货币，是人和自然界的思辨的、思想的价值，是外化的因而是从自然界和现实的人抽象出来的思维，即抽象思维。但这些批判在《1844 年经济学哲学手稿》里所占的篇幅不多，基本上是为批判黑格尔辩证法的神秘的主体作铺垫。

（一）马克思人本学思想的基本观点

在《1844 年经济学哲学手稿》的《对黑格尔的辩证法和整个哲学的批判》一章中，马克思站在人本学的立场上，对以施特劳斯和鲍威尔为代表的现代德国哲学表达了不满，同时高度赞扬了费尔巴哈在克服黑格尔辩证法方面的贡献，最后提出了对于黑格尔辩证法本质的理解。

首先，马克思表达了对现代德国批判的不满。他认为，现代德国批判把研究重点放在旧世界的内容上，且其批判完全拘泥于所批判的材料，结

----

① 马克思：《1844 年经济学哲学手稿》，人民出版社 2000 年版，第 4 页。

② 同上书，第 94 页。

果导致他们对于批判的方法，也就是辩证法，采取了完全非批判的态度。马克思指责施特劳斯、鲍威尔等人虽然对黑格尔的辩证法作了某种程度的改变，前者把绝对精神理解为作为抽象自然界的实体，后者则把绝对精神理解为作为抽象的人的自我意识，但从本质来说，他们的方法依然"拘泥于黑格尔的逻辑学"。马克思以鲍威尔的《基督教真相》为例作了说明。鲍威尔认为：

"自我意识设定世界，设定差别，并且在它所创造的东西中创造自身。因为它重新扬弃了它的创造物同它自身的区别，因为它只是在创造活动中和运动中才是自己本身，——这个自我意识在这个运动中似乎就没有自己的目的了。"①

"他们（法国唯物主义者）还未能看到，宇宙的运动只有作为自我意识的运动，才能实际上成为自为的运动，从而达到同自身的统一。"②

马克思指出，这些说法不仅在内容上，而且在语言上都同黑格尔辩证法没有区别，简直是在逐字逐句地重复黑格尔的观点。"自我意识"这类概念在《精神现象学》中到处皆是，鲍威尔在这方面并无新意。鲍威尔对格鲁培问的"那么逻辑学的情况如何呢？"这一问题避而不答，而是让格鲁培去问未来的批判家。马克思在辛辣地讽刺了现代德国批判的种种"丑态"后，指出现代德国批判这种"以批判的形式消逝着"的唯心主义"甚至一点也没想到现在已经到了同自己的母亲即黑格尔辩证法批判地划清界限的时候"③。马克思认为，现代德国批判对于如何对待黑格尔辩证法这一表面上看来是形式的问题而实际上是本质的问题完全缺乏认识。这是一种对自身的批判的方法持完全非批判的态度的做法。

其次，马克思高度评价了费尔巴哈在克服黑格尔辩证法方面的贡献。马克思认为，费尔巴哈从"根本"上推翻了旧的辩证法和哲学，"真正"克服了旧哲学，是"唯一"对黑格尔辩证法采取严肃的、批判的态度的人，只有他在这个领域内作出了"真正"的发现。马克思说费尔巴哈成就"伟大"、功绩"伟大"，这些赞誉之词充分体现了费尔巴哈的人本学思想在当时马克思的头脑中所引发的强烈震撼和造成的巨大影响。晚年恩格斯

① 马克思：《1844 年经济学哲学手稿》，人民出版社 2000 年版，第 94 页。

② 同上。

③ 同上书，第 95 页。

在回顾这一时期时说："那时大家都很兴奋：我们一时都成为费尔巴哈派了。"①

马克思认同费尔巴哈对黑格尔辩证法的理解：第一，黑格尔从异化出发，从实体出发，从绝对的和不变的抽象出发，即从宗教和神学出发；第二，黑格尔扬弃了无限的东西，设定了现实的、感性的、实在的、有限的、特殊的东西，这从哲学意义上讲就是对宗教和神学的扬弃；第三，黑格尔重新扬弃了肯定的东西，重新恢复了抽象、无限的东西，即重新恢复了宗教和神学。费尔巴哈把黑格尔的辩证法，也就是把否定的否定看作是哲学同自身的矛盾，看作是在否定神学之后又肯定神学的哲学。否定的否定所包含的肯定或者自我肯定、自我确证，在费尔巴哈看来，不过是"对自身还不能确信因而自身还受对立面影响的、对自身怀疑因而需要证明的肯定，即被认为是没有用自己的存在证明自身的、没有被承认的肯定"②，这种被抽象、绝对、无限所设定、规定的肯定，当然与感性确定的、以自身为根据的肯定有着本质的区别。两者是直接而非间接的对立关系。否定的否定不过是在思维中超越自身的和作为思维而想直接成为直观、自然界、现实的思维。由此，费尔巴哈证明新哲学应该从肯定的东西，即从感觉确定的东西出发。

所以，马克思认为费尔巴哈在克服黑格尔辩证法方面有三项"伟大"功绩：第一，证明了哲学不过是变成思维的并且通过思维加以阐明的宗教，不过是人的本质的异化的另一种形式和存在方式，它和宗教一样应当受到谴责；第二，创立了真正的唯物主义和实在的科学，使人与人之间的社会关系成了理念的基本原则；第三，把基于自身并且积极地以自身为根据的肯定的东西同自称是绝对肯定的东西的那个否定的否定对立起来，也就是把现实感性同纯粹理念对立起来。

最后，马克思阐述了自己对于黑格尔辩证法的见解。马克思认为，黑格尔根据否定的否定所包含的肯定方面，把否定的否定看成真正的和唯一的肯定的东西；根据否定的否定所包含的否定方面，而把否定的否定看成一切存在的唯一真正的活动和自我实现的活动，这样一来，黑格尔不过是"为历史的运动找到抽象的、逻辑的、思辨的表达"，③ 因而这种历史并不

① 恩格斯：《路德维希·费尔巴哈和德国古典哲学的终结》，人民出版社1997年版，第13页。

② 马克思：《1844年经济学哲学手稿》，人民出版社2000年版，第97页。

③ 同上。

是"作为一个当作前提的主体的人的现实历史，而只是人的产生活动，人的形成的历史"①。也就是说，现实的主体被黑格尔偷换成了抽象的思辨，主词成了谓词，谓词反倒成了"真正"的主词。

因此，马克思给自己定下了批判《精神现象学》的任务："既要说明这一运动在黑格尔那里所采取的抽象形式，也要说明这一运动在黑格尔那里同费尔巴哈在《基督教的本质》一书中所描述的同一过程的区别。"②

那么这"同一过程"在费尔巴哈那里是如何描述的呢？

首先，在费尔巴哈看来，哲学的主体是"人"。"这个哲学，并不将斯宾诺莎的实体、康德和费希特的'自我'、谢林的绝对同一性、黑格尔的绝对精神等抽象的、仅仅被思想的或被想像的本质当作自己的原则，而是将现实的或者毋宁说最最现实的本质，真正最实在的存在（Ens realissimum）：人，即最积极的现实原则当作自己的原则。这种哲学，是从思想之对立物，即从物质、实质、感觉中产生思想，并且，在通过思维过程来规定对象以前，先就与对象发生感性的、也即受动的、领受的关系。"③

其次，在费尔巴哈看来，所谓神的活动、绝对精神的活动实际上就是人的活动。依据费尔巴哈的人本学原理，主体必然与其发生本质关系的那个对象，不外是这个主体固有而又客观的本质。因此，"如果属神的活动是一种另外的、本质上另外的活动，那它怎么能够对作为其对象的我起作用，甚至就在我自身之中起作用呢？如果它本身不是属人的活动，那它怎么能够具有属人的目的，具有意欲使人改善、使人幸福的目的呢？"④ 因此，属神的活动并不有别于属人的活动。"如果将上帝规定为爱活动的存在者，规定为在道德上爱活动的、批判的存在者，规定为爱善、行善、酬善和惩恶、咎恶、咒恶的存在者，那末，这样来规定上帝的人，就只是虚伪地来否定属人的活动，这样的人其实是将属人的活动当作至高的、最现实的活动。谁让上帝像人那样地行动着，谁就等于将属人的活动解释成为属神的活动，……就使神性之概念依赖于活动之概念，依赖于属人的活动之概念。"⑤ 费尔巴哈认为，宗教的秘密就在于人使他自己的本质对象化，

---

① 马克思：《1844 年经济学哲学手稿》，人民出版社 2000 年版，第 97 页。

② 同上。

③ 费尔巴哈：《基督教的本质》，商务印书馆 1984 年版，第 15 页。

④ 同上书，第 64 页。

⑤ 同上书，第 63 页。

然后，又使自己成为这个对象化了的、转化成为主体的，即人格的本质的对象。所以，"人把自己看做对象；不过是作为一个对象的对象，即另一个存在者的对象。在这里就是如此。人是上帝的对象。……教廷把人的内心活动和具体行动当作上帝的对象，把人当作上帝的目的（因为在思想中是对象的，在行动中就是目的），把属神的活动当作人得救的手段；这样，他就又撤回了属人的活动之虚无性。"① 宗教就是这样把神的活动还给了人。

最后，在费尔巴哈看来，所谓辩证运动，即否定的否定的过程，不过是人的现实的感性活动过程，是人的自我确认的过程。"上帝本来就是人的被放弃了的、但同时又重新被人所占有的'自我'。象动脉的跳动使血液一直流送到最外面的肢体，而静脉的跳动再把血水运送回来一样，一般地，象生命依赖于心脏之不间断的收缩和舒张一样，宗教也是这样。在宗教的'收缩'中，人将自己的本质从自身之中分出，人自己驱逐自己，自己否决自己；而在宗教的'舒张'中，人又把被驱逐出去的本质重新取回心中。只有上帝，才是由自身而行为的、由自身而活动的存在者，——这是宗教斥力之作用；上帝是寓于我、伴同我、通过我、针对我、为了我而行为着的存在者，这我的得救、我的良意善行之原则，从而也就是我自己的善良的原则和本质，——这是宗教吸力之作用。"② 在收缩和舒张、吸引和排斥的过程中，人对象化自己的本质，又重新认识并确认自己的本质，这就是费尔巴哈所理解的否定之否定，也就是辩证法。

既然费尔巴哈已经提供了揭露黑格尔辩证法神秘主体的基本原则，那么，马克思就把自己批判《精神现象学》的根本目的确定为说明"在黑格尔那里还是非批判的运动所具有的批判的形式"，也就是在抽象的、逻辑的、思辨的形式下的历史运动，即黑格尔辩证法的真正主体。而要达到这一目的，"必须从黑格尔的《现象学》即从黑格尔哲学的真正诞生地和秘密开始"③，因为这一历史运动贯穿整个《精神现象学》。同时，因为黑格尔的主体不是抽象的主体，而是具体的主体，即主体—实体，所以对黑格尔辩证法神秘主体的批判实际上就是对神秘的主体—实体的批判。

---

① 费尔巴哈：《基督教的本质》，商务印书馆 1984 年版，第 63 页。

② 同上书，第 64—65 页。

③ 马克思：《1844 年经济学哲学手稿》，人民出版社 2000 年版，第 97 页。

（二）黑格尔对主体—实体的理解

黑格尔在《精神现象学》的序言里指出："实体在本质上即是主体，这乃是绝对即精神这句话所要表达的观念。"① 又说："一切问题的关键在于：不仅把真实的东西理解和表述为实体，而且同样理解和表述为主体。"②

在《精神现象学》的最后一章《绝对知识》里，黑格尔简要回顾了实体生成为主体、主体最终认识到实体即是自身的历史过程。因为他认为，"绝对知识，或知道自己为精神的精神，必须通过对各个精神形态加以回忆的道路；即回忆它们自身是怎样的和怎样完成它们的王国的组织的"③，才能揭示这些精神形态背后所隐藏的"奥秘"。黑格尔的这段回顾十分晦涩④，现简要梳理如下：

首先是意识阶段。对直接的意识而言，对象是直接的存在；对知觉意识而言，对象不过是意识的规定性，是为意识的存在；对于知性意识而言，对象就是本质、普遍性的东西。因此，意识依据这三个规定得出了对象即是它自身的结论。但黑格尔认为这还不是关于对象的纯概念的理解，意识阶段的对象没有表现为精神性的东西。

在观察的理性阶段，观察的理性沉浸于在漠不相干的事物中寻找和发现它自己，并表述为"我的存在是一事物"。黑格尔说，这个判断从表面上看是无精神性的，但按照它的概念来说却是最富于精神的东西。

于是就进展到纯粹的识见和启蒙思想阶段。此时，意识认识到"事物就是我"，事物并不是自在的东西，事物只有在关系中，只有通过我以及它与我的关系才有意义。关系构成对象唯一的本质的东西。

但是，对于事物的认识到此还没有完成，我们必须不仅按照存在的直接性和规定性来认识事物，而且也必须把事物作为本质或内在的东

---

① 黑格尔：《精神现象学》上卷，商务印书馆 1979 年版，第 15 页。

② 同上书，第 10 页。

③ 黑格尔：《精神现象学》下卷，商务印书馆 1979 年版，第 275 页。

④ 张世英认为，"绝对知识"是整个《精神现象学》中最模糊不清的一章。模糊不清的原因很多：主题的难度、立意的变化不定等等，也许更重要的是由于当时环境的困难所造成的写作和出版的仓促（参见张世英《自我实现的历程》，山东人民出版社 2000 年版，第 182 页）。本人认为，除了这些理由外，还因为他在这一章节里面经常未加提示地插入即兴的评论，且与回顾的内容混杂在一起，从而使整个回顾过程的正常节奏被打乱。

西，作为自我来认识，并由此进入到道德阶段。道德的自我意识知道它的知识是绝对的本质性，或者知道存在完全是纯粹的意志和知识。道德的自我意识就是这个纯粹意志和知识，别的东西在它看来只是非本质的存在，只具有存在的空的外壳。道德的意识作为良心知道它的特定存在本身就是它自身的这种纯粹确定性。因此，在自己的定在中确信自己的精神，它不以别的东西而只以关于自己的知识作为定在的要素。这种精神宣称它的一切行为都以义务的信念为依据。于是道德的意识成了美的灵魂。

美的灵魂是以特殊的意识形态表现出来的概念的简单统一性，就是自我确知的精神在其纯粹透明的统一性中关于它自身的知识，这种自我意识知道关于纯粹的在内在自身的这种纯粹知识就是精神，就是神的自我直观。这样一来，它把自己同它的现实化对立起来，从而成为片面的、孤芳自赏的形态。

接下来，体现在美的灵魂中的概念简单性，一方面在宗教中，一方面在行动着的精神自身中使自己得到了实现。但在宗教中的实现只是在表象形式下的实现，"只是在自在存在形式中的和解"，而后者才是在"自为存在形式中的和解"。在行动着的精神形式下，形式就是我自己，因为形式包含行动着的自身确定的精神，自我是在履行着绝对精神的生活。行动着的自身确定的精神就是简单的概念，又因为纯粹性就是绝对的抽象性或否定性，因而在概念的纯粹性中就包含着简单概念的分裂为二或表现于外。因此，行动既是概念的简单性的第一个自在存在着的分离，又是从这种分离中的回复，于是就造成了现实与行动的对立。

这时，主体与实体、自我与意识统一的时刻到来了。黑格尔分别从主体和实体的角度来分析了这统一的时刻：

从主体的角度看，在宽恕的意识中，行动和现实的对立被扬弃了，现实不再与自我意识对立。通过自我意识的现实化，无对象的自我意识被扬弃，概念的自我意识获得了普遍性的形式，这就是纯粹知识的知识。在这种纯粹的自我意识里，自我意识同时就是真实的对象，真实的对象就是自为存在着的自我。这样一来，就结束了"精神的诸形态的系列；因为在这个结合中精神达到了自我认识，精神不仅知道它自在地或按其绝对的内容说是怎样的，也不仅知道它自为地按其无内容的形式说或从自我意识方面看是怎样的，而且知道它自在和自为地是怎样的"①。

从实体的角度看，此时，对自我意识来说，现实一方面作为直接的定在，就是纯粹知识；另一方面作为特定的存在、关系的存在，就是纯粹个别的自我的知识。对立的双方，一方是在自身内存在的个别性对普遍性的不等同性，即为我存在；另一方则是在自身内存在的抽象普遍性对自我的不等同性，即自在存在。前一方通过作为本质的普遍性环节补充了自己，后一方通过作为自我的普遍性补充了自己。于是，现实成了两者的统一，也就是具体的普遍性、本质，而这正是主体。由此，意识与自我意识、实体与主体终于实现了统一，精神就作为知识的纯粹的普遍性、作为自我意识出现了。也就是说，"自我在自身内的行动即是一切本质性和一切特定存在的知识，就是关于这个主体即是实体的知识，和关于实体即是这种对于主体的行动的知识的知识"②。

通过以上晦涩的表述，黑格尔把人类的历史变成了精神的历史，把现实的、感性的主体与客体的相互作用、生成的辩证运动的历史变成了自我意识不断克服意识、主体不断克服实体并不断回归自身的历史。

总而言之，黑格尔主要表达了三重意思：

首先，自我意识的根本任务是从意识那里夺取整个实体。"最初属于自我意识的只是有关实体的各个抽象的环节；但是由于这些环节是作为纯粹的运动而继续推进自己，所以自我意识就愈益丰富其自身，一直到它从意识那里夺取了整个的实体，把实体的各个本质性的整个结构吸收到自身之内。"③

其次，自我意识夺取整个实体的过程，实际上也是实体自身由于辩证运动转化为主体的过程，是实体向自身回归的过程。"内容——而内容就是精神——自在地就是实体，因而也就是意识的对象。但是，这个本身即是精神的实体，就是它变成它自在地是那个东西的过程；而且只有作为自己回复到自己的变化过程，精神自身才真正是精神。精神自在地就是运动，就是认识的运动，——就是由自在转变为自为，由实体转变为主体，由意识的对象转变为自我意识的对象，也就是说，转变为同时又被扬弃了的对象，或者转变为概念的运动。这个运动是向自己回复的圆圈，这圆圈

---

① 黑格尔：《精神现象学》下卷，商务印书馆1979年版，第262页。

② 同上书，第265页。

③ 同上书，第267页。

以它的开端为前提并且只有在终点才达到开端。"①

最后，黑格尔总结说，所谓主体—实体的运动，实际上是主体、自我意识不断外化自己又不断扬弃对象化并最终回归自己的过程。也就是说，精神既不是自我意识退回到它的纯粹内在性里，也不是自我意识单纯地沉没到实体和它的无差别性里，而是自我的特有的运动：自我外在化它自己并自己沉没到它的实体里，同时作为主体，自我又从实体中超拔出来而深入到自己，一方面以实体为对象和内容，另一方面又扬弃对象性和内容的差别。"那从直接性超拔出来的第一个反思，就是主体自身同它的实体区别开的过程，或者是概念的自身分而为二，纯粹自我的深入自身和变化过程。由于这个区别是'我＝我'的纯粹活动，所以概念就是特定存在的必然性和上升，这个特定存在是以实体为其本质，并且是自为地持存着的。但是，特定存在的自为地持存，乃是被设定具有特定形式或规定性的概念，因而同样是概念自身的内在运动，即概念下降到简单的实体里的运动，而实体则只有作为这种否定性和经历否定运动才成为主体。——一方面，我既无须固执自我意识的形式而与实体性的对象性的形式相对立，仿佛它害怕它的外在化似的，——精神的力量不如说正是在它的外在化中始终保持其自身等同，而且作为自在自为地存在着的东西，精神把自为存在和自在存在都同样只设定为环节；另一方面，我也不是把各种差别都抛回到'绝对'的深渊里并且宣称这些差别在绝对里都是同一的那样的一个第三者；相反，知识毋宁是好象并不活动，它只是在观察那些有差别的东西是如何在它自身中运动，和如何返回到它的统一的。"②

（三）马克思对黑格尔神秘的主体—实体的批判

马克思认为，黑格尔所谓的神秘主体—实体的运动有双重错误：

第一个错误是把财富、国家权力这些同人的本质相异化的本质仅仅视为思想本质，视为抽象的哲学思维的异化。

第二个错误是把人的全部外化历史和外化的全部消除看成是抽象的、绝对的思维的生产史，即逻辑的、思辨的思维的生产史。所以，异化，也就是体现在自在和自为之间、意识和自我意识之间、客体和主体之间的对立，不过是抽象的思维同感性的现实或现实的感性在思想本身范围内的对

---

① 黑格尔：《精神现象学》下卷，商务印书馆1979年版，第268页。

② 同上书，第271页。

立。在这里，不是人的本质以非人的方式同自身对立的对象化，而是人的本质以不同于抽象思维的方式并且同抽象思维对立的对象化，并且被当作异化的、被设定的和应该扬弃的本质。前者是现实的异化，后者是黑格尔式的异化。

对于黑格尔的双重错误，马克思作了总结：

第一，对现实的人的对象化本质的占有成了纯粹的思维活动。马克思说："对于人的已成为对象而且是异己的对象的本质力量的占有，首先不过是那种在意识中、在思维中即在抽象中发生的占有，是对这些作为思想和思想运动的对象的占有。"①

第二，要求把对象世界归还给人。这种对人的本质力量的占有或对这一过程的理解，在黑格尔那里是以神秘的方式出现的。所谓把感性的世界还给人，就是指感性意识是人的感性意识，宗教、财富等是人的对象化的、异化了的现实，是客体化了的人的本质力量的异化了的现实，所以，对宗教、财富等异化形式的扬弃就是通向真正人的现实的道路。但是，在黑格尔那里，感性、宗教、国家权力等成了精神的本质，人的真正本质也成了精神，而精神的真正形式就是思维着的精神，也就是逻辑的、思辨的精神。所以，自然界的人性和历史所创造的自然界——人的产品的人性，不过是抽象精神的产品，即作为抽象精神的环节的思想本质。简而言之，"正像本质、对象表现为思想本质一样，主体也始终是意识或自我意识，或者更正确些说，对象仅仅表现为抽象的意识，而人仅仅表现为自我意识。"②

基于以上两点对黑格尔神秘的主体—实体的认识，马克思认为，在《精神现象学》中出现的异化的各种不同形式，不过是意识和自我意识的不同形式，而抽象的意识被看作自我意识的差别环节，主体—实体的运动的结果表现为自我意识和意识的同一，即绝对知识的出现。绝对知识就是仅仅在自身内部进行抽象思维的运动，也就是作为纯思想的辩证法。

由此，马克思道出了绝对精神的运动、辩证法的现实来源，即真正的主体。马克思认为，黑格尔的《精神现象学》这一著作及其最终的成果辩证法的伟大之处在于："黑格尔把人的自我产生看作一个过程，把对象化看作非对象化，看作外化和这种外化的扬弃；可见，他抓住了劳动的本

---

① 马克思：《1844 年经济学哲学手稿》，人民出版社 2000 年版，第 99 页。

② 同上书，第 100 页。

质，把对象性的人、现实的因而是真正的人理解为他自己的劳动的结果。"① 因此，马克思把辩证法规定为"作为推动原则和创造原则的否定性"，这是对人的自我产生过程、人的劳动过程在思维上的抽象的表达。

马克思进一步指出，黑格尔"把劳动看作人的本质，看作人的自我确证的本质；他只看到劳动的积极方面，没有看到它的消极的方面"②。在黑格尔那里，劳动仅仅是抽象精神的劳动，就是自我意识的自我运动，就是抽象的辩证法。马克思指责黑格尔只看到劳动的积极方面，没有看到劳动的消极方面，并从这两个方面对黑格尔辩证法展开了批判，揭开了神秘的主体—实体的面纱。

1. 马克思对黑格尔辩证法消极方面的批判

马克思从四个方面揭示了主体—实体的神秘过程，彻底揭露了黑格尔辩证法的不彻底性，也就是它的消极方面。

（1）揭示了神秘主体的秘密

在黑格尔那里，神秘的自我意识就是人，即"人＝自我"。马克思指出，自我不过是"抽象地理解的和通过抽象产生出来的人"。实际状况是，人是自我的，而不是自我是人。说人的眼睛、人的耳朵都是自我的，是指人的每种本质力量都具有自我性，自我意识是人的自然，也就是人的眼睛等的质，而不是人的自然是自我意识的质。所谓独立自存在自我，不过是被抽象化和固定化的人，是作为"抽象的利己主义者的人"，"这样的人被提升到自己的纯粹抽象、被提升到思维的利己主义。"③ 可见，人的本质的全部异化就成了自我意识的异化，对异化的对象性本质的占有就是把这种本质合并于自我意识之内。

（2）揭示了设定物性的秘密

黑格尔认为自我意识的外化设定物性。因此，所谓的物性只能是抽象的物，而不是现实的物。"物性因此对自我意识来说决不是什么独立的、实质的东西，而只是纯粹的创造物，是自我意识所设定的东西。"④ 马克思认为更神秘的是，这个被设定的物性并不证实自己，而是证实设定这一行动。设定本身成了独立的主体。设定这一行动在"一瞬间"把自己的能力

① 马克思：《1844 年经济学哲学手稿》，人民出版社 2000 年版，第 101 页。
② 同上。
③ 同上书，第 102 页。
④ 同上书，第 104 页。

作为产物——即物性——固定下来。从表面上看，设定这一行动好像就具有独立的、现实的本质的作用。马克思嘲讽说，既然设定的行为是"一瞬间"的，那么它作为主体也只能是"一瞬间"的。那么，被黑格尔弄得不可捉摸、神秘莫测的设定是什么呢？马克思还原了现实的真相：对于一个有生命的、自然的、具备并赋有对象性这些物质的本质力量的存在物来说，它一方面拥有现实的、自然的东西作为其本质的对象，另一方面它的自我外化又设定一个现实的、却以外在性的形式表现出来因而不属于它的本质的极其强大的对象世界，这是十分自然的。

马克思进一步强调，设定决不是主体，它只是拥有对象性的本质力量的主体所具有的主体性，并不是设定在设定，而是"现实的、肉体的、站在坚实的呈圆形的地球上呼出和吸入一切自然力的人通过自己的外化把自己现实的、对象性的本质力量设定为异己的对象"①。对象性的存在物必然会进行对象性的活动。马克思明确地说："它所以只创造或设定对象，因为它是被对象设定的，因为它本来就是自然界。"② 它的对象性的产物证实了它的对象性活动，证实了它的活动是对象性的自然存在物的活动。

（3）揭示了非对象性的绝对的自我意识的秘密

马克思着重阐述了他的对象性理论。他说："一个东西是对象性的、自然的、感性的，又说，在这个东西自身之外有对象、自然界、感觉，或者说，它自身对于第三者来说是对象、自然界、感觉，这都是同一个意思。"③ 马克思基本沿用了费尔巴哈的思路：太阳是植物的对象，是植物确证它的生命的不可缺少的对象，正像植物是太阳的对象，是太阳的唤醒生命的力量的表现，是太阳的对象性的本质力量的表现一样。

马克思认为，人既是直接的自然存在物，也是"人"的自然存在物，即类存在物。首先，作为自然存在物，人和动物一样，是受动的、受制约的和受限制的存在物，他的欲望的对象是作为不依赖于他的对象而存在于他之外的，但这些对象也是他所需要的对象，是表现和确证他的本质力量的不可缺少的对象。人是肉体的、有自然力的、有生命的、现实的、感性的、对象性的存在物，这表明人有现实的、感性的对象作为自己本质的即自己生命表现的对象，人也只能凭借现实的、感性的对象才能表现自己的

---

① 马克思：《1844 年经济学哲学手稿》，人民出版社 2000 年版，第 105 页。

② 同上。

③ 同上书，第 106 页。

生命。其次，作为类存在物，人必须既在自己的存在中也在自己的知识中确证并表现自身。所以，与其他的自然存在物不同，人的对象不是直接呈现出来的自然对象，直接存在着的、客观存在着的人感觉也不是人的感性、人的对象性。因此，无论是客观的还是主观的自然界，都不是直接同人的存在物相适合地存在着的。

与现实的存在物必然是对象性的存在物不同，非对象性的存在物则必然是非存在物。马克思进一步论证道：一个存在物如果在自身之外没有自己的自然界，就不是自然存在物，就不能参加自然界的生活。一个存在物如果在自身外没有对象，就不是对象性的存在物。一个存在物如果本身不是第三存在物的对象，它就没有对象性的关系，它的存在就不是对象性的存在。只要在我之外有对象存在，那么我就不会是独自存在着。对于我之外的对象而言，我就是和它不同的一个他物、另一个现实。"对这个第三对象来说，我是和它不同的另一个现实，也就是说，我是它的对象。"①

非对象性的存在实际上指的是绝对的自我意识，即黑格尔的绝对理念。这样一种存在物"本身既不是对象，又没有对象"，它必然是唯一的存在物，因而只能是非存在物。而黑格尔硬要说非存在存在，那么它当然只能是一种非现实的、非感性的，也就是仅仅在思想上、想象中的存在物，即作为纯粹理论的存在。

（4）揭示了否定之否定的秘密

否定之否定即是扬弃异化的对象，是自我意识对意识的克服。黑格尔把绝对理念、纯粹的自我意识理解为非存在物，这与他对否定之否定、扬弃的理解是一致的。在黑格尔看来，对象性本身就是人的异化了的、同人的本质即自我意识不相适应的关系。所以，克服异化的对象性本质，不仅有扬弃异化的意义，还具有扬弃对象性本身的意义，结果"人被看成非对象性的、唯灵论的存在物"②。黑格尔认为，并不是对象的一定的性质，而是它的对象性的性质本身，对自我意识而言是一种障碍和异化。之所以这么说，是因为对象本身是虚无性的东西，对象无非就是对象性这一性质本身，对象是在外化形式中的对象性。这样一来，扬弃异化就等于扬弃对象性本身，但扬弃了对象性，自我意识就必然成为非对象性的存在了。

这里还暴露出黑格尔的虚假的实证主义和虚有其表的批判主义。因为

---

① 马克思：《1844 年经济学哲学手稿》，人民出版社 2000 年版，第 106 页。

② 同上书，第 102 页。

在黑格尔看来，自我意识在自己的异在本身中就是在自身。对于自我意识而言，多种多样的精神世界是自己外化的形态，所以精神世界就成了自我意识的真正的存在。按照这个道理推论，理性在作为非理性的非理性中就是在自身，一个认识到自己在法、政治等中过着外化生活的人，反而是在这种外化生活本身中过着自己的真正的人的生活。这是何等自相矛盾和可笑！黑格尔把异化与对象化混为一谈必然导致这种可笑的结果。因此，在黑格尔那里，"否定之否定不是通过否定假本质来确证真本质，而是通过否定假本质来确证假本质或同自身相异化的本质。"① 这种否定之否定，其实是否定在人之外的、不依赖于人的对象性本质的那种假本质并使它转化为主体。

可见，否定之否定、扬弃在黑格尔那里起着一种特殊的作用：一方面，扬弃只是在思想上的扬弃，由于思想直接把自身冒充为感性的现实，从而自以为自己的活动也就是感性现实的活动，于是，这种思想上的扬弃在现实中没有触动自己的对象，却以为实际上克服了自己的对象；另一方面，由于被扬弃了的对象成了思想的一个肯定的环节，所以对象在自己的现实中也被思维看作是思维本身的自我确证。黑格尔辩证法的非批判性由此暴露无遗。

2. 马克思对黑格尔辩证法积极方面的批判

马克思进一步批判了黑格尔辩证法的积极方面，从整体上彻底揭穿了主体—实体的神性。

（1）揭示了扬弃的积极意义

扬弃是把外化收回到自身的、对象性的活动。这是在异化的形式下的关于通过扬弃对象性本质的异化来占有对象性本质的观点。马克思认为，抛开异化的外表，这种见解实际上是主张人通过消灭对象世界的异化的规定，通过在对象世界的异化存在中扬弃对象世界而现实地占有自己的对象性本质。然而，黑格尔却是在抽象的范围里把劳动理解为人的自我产生的行动，把人对自身的关系理解为人对异己存在物的关系，"把作为异己存在物的自身的实现理解为生成着的类意识和类生活。"②

马克思指出，真正的否定之否定绝不意味着舍弃对象性本身，"即决不是人的采取对象形式的本质力量的消逝、舍弃和丧失，决不是返回到非

---

① 马克思：《1844 年经济学哲学手稿》，人民出版社 2000 年版，第 110 页。

② 同上书，第 113 页。

自然的、不发达的简单状态去的贫困。恰恰相反，它们倒是人的本质的作
为某种现实东西的人的本质的现实的生成，对人来说的真正的实现。"①

（2）揭示了否定之否定的本质

否定之否定实际上就是人的生命活动的抽象形式。在黑格尔那里，自
我产生、自我对象化的运动无非是绝对的、最后的、以自身为目的的、安
于自身的、达到自己的本质的人的生命表现，也就是自我意识的生命表
现。所以，辩证法在抽象形式下就被看作是真正的人的生命。辩证法"毕
竟是人的生命的抽象、异化，所以它被看成神性的过程，然而是人的神性
的过程，——人的与自身有区别的、抽象的、纯粹的、绝对的本质本身所
经历的过程"②。

（3）揭示了神秘的主体—实体的真相

人的神性过程必须有一个承担者，有一个主体。但按照黑格尔哲学的
观点，主体最后才出现。这个主体就是绝对精神，现实的人和现实的自然
界却成了这个神秘的主体的谓语和象征，主语和谓语的关系被绝对地颠倒
了。马克思指出，"这就是神秘的主体—客体，或笼罩在客体上的主体性，
作为过程的绝对主体，作为使自身外化并且从这种外化返回到自身的、但
同时又把外化收回到自身的主体，以及作为这一过程的主体；这就是在自
身内部的纯粹的、不停息的圆圈。"③

马克思说，这样一来，现实的主体，现实的自我对象化的内容丰富
的、活生生的、感性的、具体的活动，就成为这种活动的纯粹抽象、绝对
的否定性，而这种抽象又被想象成独立的活动本身。这样，马克思就点明
了《逻辑学》的实质。他说："这种所谓的否定性无非是上述现实的、活
生生的行动的抽象的无内容的形式，所以它的内容也只能是形式的、抽动
一切内容而产生的内容。因此，这就是普遍的、抽象的，适合于任何内容
的、从而既超脱任何内容同时又恰恰对任何内容都有效的，脱离现实精神
和现实自然界的抽象形式、思维形式、逻辑范畴。"④ 所以，《逻辑学》实
际上就是独立于自然界和精神的特定概念、普遍的固定的思维形式，是人
的本质普遍异化的必然结果，因而也是人的思维普遍异化的结果，而黑格

---

① 马克思：《1844 年经济学哲学手稿》，人民出版社 2000 年版，第 113 页。

② 同上。

③ 同上书，第 114 页。

④ 同上。

尔把它们描绘成抽象过程的各个环节并且把它们连贯起来了。全部逻辑学都证明，抽象思维本身是无。

四、批判的汇流——从《神圣家族》到《德意志意识形态》

从《神圣家族》开始，马克思对黑格尔辩证法批判的两种倾向汇合到了一起。《神圣家族》和《德意志意识形态》均为马克思与恩格斯合著，因此，这两部著作的观点可以视为两人共同的观点。恩格斯曾明确指出，真正对扬弃黑格尔辩证法作出决定性贡献的是马克思，而在完成了对黑格尔辩证法的批判后，两人又作了分工：马克思主要负责社会历史领域的辩证法研究，恩格斯的主要工作是自然辩证法研究。因此，这些著作中有关对黑格尔辩证法批判的观点可以直接视作马克思的观点。为了叙述的方便，涉及这些著作中的观点时，本书不采取"马克思恩格斯认为"这样的表达形式，而直接用"马克思认为"这样的表达形式。

在《神圣家族》和《德意志意识形态》这两部著作中，马克思对黑格尔辩证法的批判明显具有综合批判的特点，也就是既对神秘的形式展开批判，又对神秘的主体展开批判。这从马克思经常交叉援引黑格尔《逻辑学》、《精神现象学》、《法哲学原理》等著作可明显地看出来。但在《神圣家族》和《德意志意识形态》这两部著作中，马克思批判黑格尔辩证法的侧重点是有所不同的。《神圣家族》主要完成了对黑格尔辩证法神秘形式的批判，但马克思对黑格尔辩证法的主体的认识还基本上停留在《黑格尔法哲学批判》和《1844 年经济学哲学手稿》的思想框架之内。他对费尔巴哈的人本学思想虽有所保留，但总体上没有真正意义上的突破。因此，在《神圣家族》中，马克思并没有完成对黑格尔辩证法的彻底批判，特别是没有完成对黑格尔辩证法神秘主体的批判。但随着研究的深入，马克思与费尔巴哈渐行渐远。《关于费尔巴哈的提纲》既宣告了实践唯物主义的诞生，又宣告了马克思与费尔巴哈的决裂。到了《德意志意识形态》时，马克思对黑格尔辩证法的批判已经完全建立在实践唯物主义的基础上了。也正是在《德意志意识形态》中，马克思完成了对黑格尔辩证法神秘主体的批判，从而完成了对黑格尔辩证法的彻底批判。

另外，这两部著作都有一个共同的特点，即都是马克思、恩格斯在论战的情况下怀着满腔激情写成的。他们写作的目的主要是为了搞清问题，至于能否出版反倒成了次要的问题，所以马克思、恩格斯在写作时经常放任思想纵横驰骋。这一倾向在《德意志意识形态》更是达到了惊人的程度。这也导致这些著作在整体上缺乏严格的逻辑性，而且其中的一些观点、议论不仅突破了细致的范围，甚至到了琐碎的地步①。这就为相关研究在材料分析上增加了许多工作量，但也为从细微处把握马克思的思想在急剧动荡时期的微妙变化提供了契机。

（一）《神圣家族》对黑格尔辩证法神秘形式的彻底批判

在《神圣家族》中，马克思对黑格尔辩证法二元性的神秘形式的批判俯拾皆是，并处处影射这种神秘的根源在于《逻辑学》。

对于普鲁士政府1842年3月永久剥夺鲍威尔在波恩大学讲学的权利一事，马克思说："批判"一定会把这一冲突"构成详细的哲学大纲。它 a priori［先验的］证明：这一切都必然是这样而不是那样地发生"②。而且"批判"一定会运用"黑格尔的逻辑证明：为什么这一切正是这样发生，为什么无论什么神都无法反对这一点"③。

当法国社会主义者说"工人创造一切，生产一切"时，"批判"却认为工人什么也没有创造，而"只有它自己的思想创造以及和任何现实都相矛盾的普遍性才是'某种东西'，甚至就是'一切'"④。

在《黑格尔法哲学批判》中，马克思曾指责黑格尔为了掩盖其二元论辩证法的致命缺陷，不惜用模糊字句把不能连续的逻辑钩连起来，玩弄文字"障眼法"⑤。在《神圣家族》中，马克思指出，"批判"为着同样的目的，干着同样的事情。他说，施加里先生用"'固然……然而……还……好像……但是……因此'，正是这些魔术般的钩子把思辨的论述之链的各个环节紧紧地连接在一起"⑥。

凭理性的批判还不够，马克思干脆对"批判"的荒谬和可笑大加

---

① 如戴维·麦克莱伦就认为马克思在某些部分的写作太过夸张了（参见戴维·麦克莱伦《青年黑格尔派与马克思》，商务印书馆1982年版，第142页）。

② 《马克思恩格斯全集》第2卷，人民出版社1957年版，第19页。

③ 同上书，第20页。

④ 同上书，第21页。

⑤ 《马克思恩格斯全集》第3卷，人民出版社2002年版，第105页。

⑥ 《马克思恩格斯全集》第2卷，人民出版社1957年版，第88页。

嘲讽：

"在抽象眼里，爱情是'来自异乡的少女'，她没有携带辩证的护照，因而被批判的警察驱逐出境。"①

"施加里先生'根据逻辑的连贯性'把女儿看做她父亲的母亲，他的这种思想同黑格尔的思辨是完全一致的。在黑格尔的历史哲学中，和在他的自然哲学中一样，也是儿子生出母亲，精神产生自然界，基督教产生非基督教，结果产生起源。"②

最后，马克思总结道，"批判"所痴恋的黑格尔哲学，其实是年老色衰、孀居无靠的"老太婆"。而这种痴恋也是虚伪的：

"然而最高的圣者也不是纯洁的！他们都是罪人，而且欠缺他们在'自我意识'面前应有的那种光荣。当圣布鲁诺午夜在孤寂的斗室中纠缠在'实体'上的时候，异教徒费尔巴哈的诱人的著作却勾引他对女人和女性美的思念。突然他的目光昏暗起来；纯粹的自我意识被玷污了，该死的情欲的幻想用淫猥的形象挑逗得批判家神魂颠倒。"③

对黑格尔辩证法二元性的批判，马克思在《神圣家族》"思辨结构的秘密"这一节中作了最集中、最深入、最精彩的论述。马克思以一般果实和苹果、梨等具体果实为例，重点说明了两个问题：一是作为独立实体的一般性是如何产生的，二是一般性与单一性的同一是如何实现的，从而彻底揭开了思辨结构的秘密。

1. 马克思揭示了一般性的独立实体的来源

马克思说，从现实的苹果、梨、草莓、扁桃等中可以抽象出"果实"这个一般的观念，然后，进一步把"果实"这个抽象观念想象成为存在于自己身外的一种独立本质，并且是苹果等现实果实的真正的本质，这样就可以站在黑格尔思辨哲学的立场上把抽象的观念——"果实"看作是苹果等现实果实的"实体"。④ 完成了这一系列的"魔法"后，就可以宣布"苹果、梨、扁桃等等是'果品'的单纯的存在形式，是它的样态"⑤。

这个结论显然是一种独断论。因为人的有限的、感性的感觉明明告诉

① 《马克思恩格斯全集》第2卷，人民出版社1957年版，第26页。

② 同上书，第214页。

③ 《马克思恩格斯全集》第3卷，人民出版社1960年版，第100页。

④ 《马克思恩格斯文集》第1卷，人民出版社2009年版，第276—277页。

⑤ 同上书，第277页。

自己，苹果不同于梨，梨不同于扁桃，但是从思辨的角度来看，这些果实之间的现实的差别反倒是非本质的、无关紧要的差别，它们只是作为它们共性的东西，也就是作为抽象"果实"的存在，即"各种特殊的现实的果实从此就只是虚幻的果实，而它们的真正的本质则是'果品'这个'实体'"①。

黑格尔断言最抽象的东西同时也是最具体的东西、最真实的东西。他认为如果从各种不同的现实的果实中得出了抽象"果实"的观念，那么这恰恰是抓住了事物的本质和核心的东西，因为"真正真的东西并不是在直接性中的事物，而是事物在提高到思维的形式，作为被思维的东西的时候"②。马克思有针对性地指出："用这种方法是得不到内容特别丰富的规定的。"③ 他举例说，如果一个矿物学家的全部学问就只有"矿物"二字，那么这个人就只是一个想象中的矿物学家而已。④

2. 马克思揭示了一般性与单一性同一的秘密

从现实的、千差万别的果实中得出"果实"的一般的抽象观念很容易，但要从这个抽象观念得出现实的、千差万别的具体的果实就困难了。要做到这一点，除非抛弃掉抽象，直接转向抽象的直接对立面——真正的现实。黑格尔意识到绝对观念既然是绝对的、无限的，它就不可能没有自己的内容，使自己成为置身于有限之外的无限，从而使绝对观念又成为一个有限之物，因为这样的无限依然是有限。所以，"果实"这个抽象需要被抛弃，但黑格尔采取了一种思辨的、神秘的方式来抛弃，导致这种抛弃在根本上看来又没有抛弃。马克思详细阐述了这一过程：

首先，对思辨的哲学家而言，"一般果实"并非是僵死的、无差别的、静止的本质，而是活生生的、自相区别的、能动的本质。

其次，不仅对我的感性的理智，而且对于"一般果实"本身而言，千差万别的普通果实是有意义的。普通果实是"统一的果实"的生命的不同表现，它们是"一般果实"本身所形成的一些结晶。也就是说，是"果实"自己确定自己为苹果、自己确定自己为梨等等。因此，苹果、梨、扁桃之间的差别其实是"果实"的自我差别，这些差别就使得各种特殊的果

---

① 《马克思恩格斯文集》第 1 卷，人民出版社 2009 年版，第 277 页。
② 黑格尔：《逻辑学》上卷，商务印书馆 1966 年版，第 26 页。
③ 《马克思恩格斯全集》第 2 卷，人民出版社 1957 年版，第 72 页。
④ 《马克思恩格斯文集》第 1 卷，人民出版社 2009 年版，第 277 页。

实作为"一般果实"过程中的千差万别的环节存在。

最后，"果实"最终就不再是无内容、无差别的统一体，而是作为总体，作为各种果实的"总体"的统一体。在这个统一体中，特殊的果实构成有机的环节的系列。"果实"在这个系列的每一个环节中都使自己作为某种定在存在，直到"果实"最后成为具体的统一。

因此，一般性与单一性的统一是这样的："这统一体把单个的果实都消溶于自身中，又从自身生出各种果实，正如人体的各部分不断消溶于血液，又不断从血液中生出一样。"①

马克思"称赞"黑格尔辩证法的"手段高强"。这是因为，对基督教而言，他们认为只有一个上帝的化身，而对于思辨哲学而言，却是有多少事物就有多少化身。这真是不折不扣的"变戏法"。

马克思明确地指出了黑格尔这种二元论"戏法"的本质，认为它不过是作为哲学家的黑格尔自己的思维活动罢了，是哲学家的异化了的思维：第一，黑格尔把"水果"当作他自己发现的规定；第二，黑格尔自己把现实事物的名称加在抽象的理智所创造的东西上，也就是加入抽象理智的公式；第三，黑格尔把自己从苹果的观念推移到梨的观念的本人的思维活动，硬说成是"果实"这个绝对主体的自身运动。

具体讲来，黑格尔思辨的迷惑性在于两点："第一，黑格尔关于用巧妙的诡辩把哲学家利用感性直观和表象从一实物推移到另一实物时所经历的过程，说成想像的理智本质本身即绝对主体本身所完成的过程。第二，黑格尔常常在思辨的叙述中作出把握住事物本身的、真实的叙述。这种思辨发展之中的现实的发展会使读者把思辨的发展当做现实的发展，而把现实的发展当做思辨的发展。"②

马克思道破天机："这种办法，用思辨的话来说，就是把实体了解为主体，了解为内部的过程，了解为绝对的人格。"③ 这就是黑格尔辩证法的基本特征。

可以说，此时马克思对黑格尔辩证法的神秘形式的批判已经基本完成，马克思在后来写作《德意志意识形态》时，在论及相关问题时，反复提示读者这些内容在《神圣家族》里早有说明。如果我们对照马克思在几

---

① 《马克思恩格斯全集》第 2 卷，人民出版社 1957 年版，第 74 页。

② 同上书，第 75—76 页。

③ 同上书，第 75 页。

年后即 1847 年写的《哲学的贫困》这一著作，就可以发现，在这方面马克思的思想一直是一致的。

首先，马克思认为黑格尔的辩证法不过是纯思维的自我运动，他说："无人身的理性在自身之外既没有可以设定自己的场所，又没有可以与之相结合的主体，所以它只得把自己颠来倒去：设定自己，把自己与自己相对立，自相结合——设定、对立、结合。"① 这里不是哲学家在思维，而是思维作为哲学家在思维。"这里看到的不是一个用普通方式说话和思维的普通个体，而正是没有个体的纯粹普通方式。"②

其次，马克思认为最纯粹的范畴不过是对现实事物抽象到底的结果，正如果实是对一切现实的感性的果实的抽象的结果一样。他说："在最后的抽象（因为是抽象，而不是分析）中，一切事物都成为逻辑范畴，这用得着奇怪吗？如果我们逐步抽掉构成某座房屋个性的一切，抽掉构成这座房屋的材料和这座房屋特有的形式，结果只剩下一个物体；如果把这一物体的界限也抽去，结果就只有空间了；如果再把这个空间的向度抽去，最后我们就只有纯粹的量这个逻辑范畴了，这用得着奇怪吗？用这种方法抽去每一个主体的一切有生命的或无生命的所谓属性，人或物，我们就有理由说，在最后的抽象中，作为实体的将是一些逻辑范畴。所以形而上学者也就有理由说，世界上的事物是逻辑范畴这块底布上绣成的花卉；他们在进行这些抽象时，自以为在进行分析，他们越来越远离物体，而自以为越来越接近，以至于深入物体。"③ 马克思甚至把在《神圣家族》中讲过的话重新讲了一遍，"哲学家和基督徒不同之处正是在于：基督徒只有一个逻各斯的化身，不管什么逻辑不逻辑；而哲学家则有无数化身。"④ 马克思反问道，既然如此，那么一切存在物，一切生活在地上和水中的东西经过抽象都可以归结为逻辑范畴，因而整个世界都湮没在抽象世界之中，即湮没在逻辑范畴的世界之中，这又有什么奇怪呢？⑤

最后，马克思直接用理性的分析来说明了黑格尔辩证法的来源。马克

---

① 《马克思恩格斯选集》第 1 卷，人民出版社 1995 年版，第 138 页。

② 同上。

③ 同上书，第 138—139 页。

④ 同上书，第 139 页。

⑤ 同上。

思认为既然可以通过抽象把一切事物变成逻辑范畴，那么，我们只要抽去各种各样的运动的一切特征，就可得到抽象形态的运动或纯粹形式上的运动，也就是运动的纯粹逻辑公式。因此，如果我们把逻辑范畴看作一切事物的实体，那么我们也就可以设想把运动的逻辑公式看作是一种绝对方法，它不仅说明每一个事物，而且本身就包含每个事物的运动①。这种绝对方法即辩证法，它无非是：

"理性一旦把自己设定为正题，这个正题、这个与自己相对立的思想就会分为两个互相矛盾的思想，即肯定和否定，'是'和'否'。这两个包含在反题中的对抗因素的斗争，形成辩证运动。'是'转化为'否'，'否'转化为'是'。'是'同时是'是'和'否'，'否'同时是'否'和'是'，对立面互相均衡，互相中和，互相抵销。这两个彼此矛盾的思想的融合，就形成一个新的思想，即它们的合题。这个新的思想又分为两个彼此矛盾的思想，而这两个思想又融合成新的合题。从这种生育过程中产生出思想群。同简单的范畴一样，思想群也遵循这个辩证运动，它也有一个矛盾的群作为反题。从这两个思想群中产生出新的思想群，即它们的合题。……正如从简单范畴的辩证运动中产生出群一样，从群的辩证运动中产生出系列，从系列的辩证运动中又产生出整个体系。"②

这一段表述与《神圣家族》中阐述一般果实与具体果实的关系的相关论述只是在表达方式上不同，在核心思想上并无本质上的差别，只不过前者显得较为抽象而后者较为感性而已。

（二）《德意志意识形态》对黑格尔辩证法神秘主体的彻底批判

完成了《神圣家族》的写作后，马克思逐渐意识到了他与费尔巴哈在本质上的分歧，并最终走向与费尔巴哈的决裂，从而在《德意志意识形态》中完成了对黑格尔辩证法的彻底批判。

1. 马克思与费尔巴哈决裂的过程

马克思与费尔巴哈在思想上的决裂分为两个阶段：一是在《神圣家族》时期对费尔巴哈有保留意见；二是以施蒂纳对费尔巴哈的批判为契机，彻底与费尔巴哈决裂。

---

① 《马克思恩格斯选集》第 1 卷，人民出版社 1995 年版，第 139 页。

② 同上书，第 140—141 页。

（1）马克思与费尔巴哈决裂的第一阶段

此时，马克思的思想总体上还处于费尔巴哈思想的笼罩之下。这一点从马克思对鲍威尔的批判可以明显看出。

鲍威尔崇尚自我意识，认为科学从来不跟某个个人或某种特定的观点打交道，因为它们是有限的东西。在科学看来，这些界限只不过是纯粹的范畴和自我意识的规定性，所以它只面向"那些有勇气上升到自我意识的普遍性的人，即那些决不想停留在这些界限以内的人"①。

马克思指出，鲍威尔讲这番话的"勇气"来自黑格尔的《精神现象学》。黑格尔在《精神现象学》中"用自我意识来代替人，因此最纷繁复杂的人类现实在这里只是自我意识的特定的形式，只是自我意识的规定性"②。由于自我意识的规定性无非是纯粹的范畴、纯粹的思想，所以，作为"思想"的我就能够在"纯思维"中扬弃并克服"思维"。这样一来，在黑格尔的《精神现象学》中，人类自我意识的各种异化形式所赖以存在的"物质的、感觉的、实物的基础"就被抛在一边。黑格尔在《精神现象学》中把实物的、感性现实世界变成了"思维的东西"，变成了自我意识的纯粹规定性，所以它当然能够把那变成了"以太般的"东西溶解在"纯思维的以太"之中，它当然能够征服这个"以太般"存在的世界。所以《精神现象学》合乎逻辑地最终用绝对知识来代替全部人类现实。

马克思深刻地指出，黑格尔之所以用知识来代替全部人类现实，是因为自我意识被看作是人的唯一存在方式，而知识又是自我意识的唯一存在方式。用《1844年经济学哲学手稿》里的话说，知识是意识的唯一的对象性关系③。这无非是《现象学》所阐述的把自我和对象变成自我意识和意识的戏法："感性确定性经历到：它的本质既不在对象里也不在自我里，它所特有的直接性既不是对象的直接性也不是自我的直接性。因为在双方面，自我所意谓的都是一种非本质的东西，并且对象和自我都是共相。"④马克思进一步指出，之所以用绝对知识来代替人类现实，是因为自我意识只知道它自己，并且不再受任何实物世界的拘束。

黑格尔的问题在于把人变成自我意识的人，而不是把自我意识变成人

① 《马克思恩格斯全集》第2卷，人民出版社1957年版，第244页。

② 同上。

③ 马克思：《1844年经济学哲学手稿》，人民出版社2000年版，第108页。

④ 黑格尔：《精神现象学》上卷，商务印书馆1979年版，第68页。

的自我意识，变成现实的人即生活在现实世界、实物世界中并受这一世界制约的人的自我意识。正如马克思所说："黑格尔把世界头足倒置起来，因此，他也就能在头脑中消灭一切界限；可是，对于坏的感性来说，对于现实的人来说，这当然丝毫不妨碍这些界限仍然继续存在。"①

针对鲍威尔在《基督教的真相》中自我意识至上的露骨的唯心主义，马克思展开了更为激烈的批判。

鲍威尔说：

"如果唯物主义的真理、自我意识的哲学已被发现，而自我意识又被认为是一切，是斯宾诺莎的实体这个谜的解答和真正的 causa sui（自身原因）……那末又何必要精神呢？又何必要自我意识呢？自我意识建立了世界，建立了差别，并且在它自己所创造的东西中创造它自身，因为它重新消除了它的创造物和它本身的差别，并且只有在创造中和在运动中才是它本身，——好像这种自我意识在这种运动中没有自己的目的似的！可是它本身就是这个运动，并在其中首次掌握了自己。"②

"法国唯物主义者的确曾把自我意识的运动看做普遍本质即物质的运动，但是他们还未能看出，宇宙的运动只有作为自我意识的运动，才能真正成为自为的运动，从而达到与本身的统一。"③

对此，马克思说，这种思辨的"创世说"在黑格尔著作中几乎可以一字不差地找到。他援引黑格尔的著作为证：

"实物性就是自我意识的异化产生的……自我意识在这种异化中把自己假定为实物，或者把实物假定为自身。另一方面，这个过程同时还包含着另一个因素，即自我意识同时又扬弃自己的这种异化和实物性，并使它们返回到自身……这就是意识的运动。"

"自我意识具有区别于它本身的内容……这种内容在其本身的差别中是自我，因为它是自我扬弃的运动……这种内容，要下个比较确切的定义，不外就是上述运动的过程本身，因为它是完成自身而且自为地作为精神来完成自身的精神。"④

对于这种荒谬的"创世说"，马克思直接引用费尔巴哈的原文来反驳：

---

① 《马克思恩格斯全集》第2卷，人民出版社1957年版，第245页。

② 同上书，第178页。

③ 同上。

④ 同上书，第179页。

"物质是精神的自我异化。所以物质本身就获得了精神和理性；但同时它又被看做不实在的、不真实的本质，因为只有从这种异化中复生的本质，即使自己摆脱了物质、摆脱了感性的本质，才称得上是完善的、具有真正形式的本质。可见，自然的、物质的、感性的世界在这里所遭到的否定，就跟被原罪所败坏的自然在神学中所遭到的否定一样。"①

这充分说明，在这一时期，从总体上说，马克思还处于费尔巴哈思想的笼罩之下。如同在《1844 年经济学哲学手稿》中一样，马克思对费尔巴哈依旧毫不吝惜赞美之辞：

"然而，到底是谁揭露了'体系'的秘密呢？是费尔巴哈。是谁摧毁了概念的辩证法即仅仅为哲学家们所熟悉的诸神的战争呢？是费尔巴哈。是谁不是用'人的意义'（好像人除了是人之外还有什么其他意义似的！）而是用'人'本身来代替包括'无限的自我意识'在内的破烂货呢？是费尔巴哈，而且仅仅是费尔巴哈。"②

"在费尔巴哈的一切天才发现之后，绝对的批判还竟敢用新的形式来为我们恢复一切陈腐的废物。"③

"人们用哲学来对抗形而上学，这正像费尔巴哈在他向黑格尔作第一次坚决进攻时以清醒的哲学来对抗醉醺醺的思辨一样。"④

"只有费尔巴哈才是从黑格尔的观点出发而结束和批判了黑格尔的哲学。费尔巴哈把形而上学的绝对精神归结为'以自然为基础的现实的人'，从而完成了对宗教的批判。同时也巧妙地拟定了对黑格尔的思辨以及一切形而上学的批判的基本要点。"⑤

以上这些评价不可谓不高，可是上述最后一段赞美却也埋下了马克思批判费尔巴哈的伏笔。

在费尔巴哈那里，"人"固然被套上了"以自然为基础的现实的人"的光环，可这个"人"却并不是现实的个体存在物，而是类存在物，而类存在物才是人的真正存在，类才是人的真正本质。究竟什么是人跟动物的根本区别呢？一般人的回答是意识，但费尔巴哈认为这是不学无术的唯物

---

① 《马克思恩格斯全集》第 2 卷，人民出版社 1957 年版，第 179 页。

② 《马克思恩格斯全集》第 3 卷，人民出版社 1960 年版，第 118 页。

③ 同上书，第 119 页。

④ 《马克思恩格斯全集》第 2 卷，人民出版社 1957 年版，第 169 页。

⑤ 同上书，第 177 页。

主义者的说法①，在费尔巴哈看来，知觉、判断这类意识很难说动物就不具备（恩格斯在自然辩证法手稿中也持这样的意见，可见费尔巴哈对马克思、恩格斯的影响之深），动物也有自我感，但它们只把个体作为自己的对象；以类为意识对象才是人与动物的最大区别。费尔巴哈认为"只有将自己的类、自己的本质性当作对象的那种生物，才具有最严格意义上的意识"②，而爱、理性、意志就是人的类本质。

　　人是类存在物，这种看法不过是用抽象的作为类的人代替了黑格尔的抽象的作为自我意识的人，实际上是"换汤不换药"。马克思此时已经不自觉地开始与费尔巴哈分道扬镳了，用恩格斯的话说，此时的马克思对费尔巴哈已经有了种种保留意见。如马克思高度重视现实与思想的关系，他说："'思想'一旦离开'利益'，就一定会使自己出丑。"③

　　马克思高度重视现实的历史进程与意识形态的关系。在分析法国大革命时期罗伯斯比尔、圣茹斯特和他们的党之所以灭亡的原因时，马克思认为，这是因为他们混淆了以真正的奴隶制为基础的古代实在论民主共和国和以被解放了的奴隶制即资产阶级社会为基础的现代唯灵论民主代议制国家。所以，他们"一方面，不得不以人权的形式承认和批准现代资产阶级社会，即工业的、笼罩着普遍竞争的、以自由追求私人利益为目的的、无政府的、塞满了自我异化的自然的和精神的个性的社会，另一方面又想在事后通过单个的人来取缔这个社会的各种生命表现，同时还想仿照古代的形式来建立这个社会的政治首脑。"④ 马克思感叹地说，这是多么巨大的错误啊！⑤

　　马克思高度重视历史与自然的关系、实践与理论的关系。他说："难道批判的批判以为，只要它从历史运动中排除掉人对自然界的理论的关系和实践关系，排除掉自然科学和工业，它就能达到即使是才开始的对历史现实的认识吗？难道批判的批判以为，它不去认识（比如说）某一历史时期的工业和生活本身的直接的生产方式，它就能真正地认识这个历史时期

---

① 费尔巴哈：《基督教的本质》，商务印书馆 1984 年版，第 31 页注释①。
② 同上书，第 29 页。
③ 《马克思恩格斯全集》第 2 卷，人民出版社 1957 年版，第 108 页。
④ 同上书，第 156 页。
⑤ 同上。

吗?"① 马克思指出"批判的批判"把历史同自然科学和工业分开，认为历史的发源地不在尘世的粗糙的物质生产中，从而把自身置于"天上的云雾中"。

马克思高度关切现实的、有血有肉有情感的、处于实践中的人。他说："法国人和英国人的批判并不是什么在人类之外的、抽象的、彼岸的人格，它是那些作为社会积极成员的个人所进行的真正的人类活动，这些个人也是人，同样有痛苦，有感情，有思想，有行动。"② 马克思强调批判与实践的关系，认为批判不仅是理论的，更是实践的。他称赞法国人和英国人的批判"贯穿着实践，他们的共产主义是这样一种社会主义，在这里面他们提出了显明的实际措施，这里面不仅体现着他们的思维，并且更主要的是体现着他们的实践活动。因此，他们的批判是对现存社会的生动的现实的批判，是对'颓废'原因的认识。"③

以上这些就是恩格斯所说的种种批判性的保留意见。不过，马克思当时并没有明确意识到他与费尔巴哈的这种分歧。

（2）马克思与费尔巴哈决裂的第二阶段

在《神圣家族》中，马克思虽然对费尔巴哈虽有所保留，但并未将两人的分歧上升到原则的高度。这时候施蒂纳的《唯一者及其所有物》深深触动了马克思。最早认识到施蒂纳的理论价值的不是马克思而是恩格斯，是恩格斯写信提醒马克思要注意这个人的思想。

1844 年 10 月，施蒂纳的《唯一者及其所有物》在莱比锡出版，同年 11 月下旬，马克思将《神圣家族》交付出版社。正在这个时候，恩格斯读到了施蒂纳的著作。施蒂纳的著作显然给恩格斯带来了强烈的震撼，他立即在 1844 年 11 月 19 日写给马克思。在信中，恩格斯认为，对于施蒂纳提出的"原则里的正确东西，我们也必须吸收"④。这里谈及的"正确的东西"就是"当施蒂纳摒弃了费尔巴哈的'人'，摒弃了起码是《基督教的本质》里的'人'时，他就是对的"⑤。

恩格斯进一步指出："费尔巴哈的'人'是从上帝引申出来的，费尔

---

① 《马克思恩格斯全集》第 2 卷，人民出版社 1957 年版，第 191 页。

② 同上书，第 135 页。

③ 同上。

④ 《马克思恩格斯全集》第 27 卷，人民出版社 1972 年版，第 12 页。

⑤ 同上。

巴哈从上帝进到'人',这样,他的'人'无疑还戴着抽象概念的神学光轮。达到'人'的真正道路是与此完全相反的。我们必须从'我',从经验的、肉体的人出发,不是为了象施蒂纳那样陷在里面,而是为了从这里上升到'人'。只要'人'的基础不是经验的人,那末他始终是一个虚幻的形象。简言之,如果要使我们的思想,尤其是要使我们的'人'成为某种真实的东西,我们就必须从经验主义和唯物主义出发;我们必须从个别物中引申出普遍物,而不要从本身中或者象黑格尔那样从虚无中去引申。"①

恩格斯同样指出了施蒂纳存在的问题:"他还是从唯心主义的抽象概念跳到了唯物主义的抽象概念,结果一无所获"②。

施蒂纳对费尔巴哈的批判无疑是致命的。施蒂纳指责费尔巴哈所给予人的解放只不过是神学意义上的解放,他说:"'人'是今天的神,而对人的敬畏已经取代了老的对神的敬畏"③。他认为:"人的宗教只是基督教宗教的最后的变形。"④

针对费尔巴哈说:"人的本质是人的最高本质;最高本质尽管被宗教称之为神并当作客观的本质来对待,但在实际上,它却是人自己的本质,因而世界历史的转折点在于而今之后对人来说不再是神作为神,而应是人作为神。"⑤ 对此,施蒂纳回答说:"最高本质无疑是人的本质,但恰恰是因为最高本质是他的本质而不是他自己,这样我们究竟是在他之外看到它并看作'神',或者在他之中发现它并称之为'人的本质'或称为'人'就完全是一样的了。……它住在天国之中也住在我们之中;我们这些可怜虫就只不过是它的'住所',而如若费尔巴哈要摧毁它的天国的'住所',它就被迫带着全部家当到我们这里来,这样我们——它的尘世的住所,将有人满之患。"⑥

施蒂纳进一步指出:"在消灭了信仰之后,费尔巴哈以为驶入了意想的爱的安全港湾……然而实际上只是神变了,爱仍旧保留下来:在那里是

---

① 《马克思恩格斯全集》第 27 卷,人民出版社 1972 年版,第 12—13 页。

② 同上书,第 14 页。

③ 麦克斯·施蒂纳:《唯一者及其所有物》,商务印书馆 1989 年版,第 199 页。

④ 同上书,第 189 页。

⑤ 同上书,第 34 页。

⑥ 同上书,第 34—35 页。

对超人的神的爱；在这里，则是对人的神的爱，对作为神的人的爱。那么就是对我来说，人是神圣的。……在此大家不是又有了牧师了吗？谁是他们的神？人？什么是神的东西？人的东西！这样无疑就是将宾词变成了主词，并且是不说'神是爱'，而说'爱是神圣的'；不说'神变成了人'，而说'人变成了神'等等。这恰恰只是一种新的宗教。……费尔巴哈充其量只是将主词和宾词对调，并突出后者而已。"①。

施蒂纳嘲笑"类"说："人们曾经这样地探寻一个更完全的概念，它要确实完全表达出你是什么，而由于这一概念是你的真正的本性，因此它包含有你的行为的一切法则。在'人'那里达到了种的最完善的东西。作为犹太人你是太渺小了，并且犹太人的事并非是你的任务；成为一个希腊人、一个德国人是不够的。而成为一个人，然后你就有了一切；要把人的天职变成你的天职。……于是我知道了，期待于我的是什么，这样就可以撰写新的教义问答了。又再度是主语从属于谓语，个人从属于一般；又再度确保了观念的统治权并为一个新的宗教奠定了基础。这是在宗教范围内、特别是基督教范围内的一种进步，然而并非是超越它的一步。"②

施蒂纳确实抓住了费尔巴哈的要害。所以，针对马克思也一度流露出的对"类"的迷恋这一事实，特别是马克思在公开的出版物《论犹太人问题》中的相关提法，施蒂纳当然可以刻薄地说"有人发明和提出了要求：我必须成为一个'真正的类存在'"。③ 因为马克思在《论犹太人问题》中正是把人成为类存在物视为人解放的标志："只有当现实的个人把抽象的公民复归于自身，并且作为个人，在自己的经验生活、自己的个体劳动、自己的个体关系中间，成为类存在物的时候，只有当人认识到自身'固有的力量'是社会力量，并把这种力量组织起来因而不再把社会力量以政治力量的形式同自身分离的时候，只有到了那个时候，人的解放才能完成。"④

无疑，施蒂纳对费尔巴哈的批判对马克思产生了极大的震动。麦克莱伦曾指出了两点表现：一是在《德意志意识形态》中，马克思和恩格斯以四分之三的篇幅来批判施蒂纳，视他为当时社会主义最危险的敌人；二是

---

① 麦克斯·施蒂纳：《唯一者及其所有物》，商务印书馆 1989 年版，第 63 页。

② 同上书，第 197 页。

③ 同上书，第 188 页。

④ 《马克思恩格斯全集》第 3 卷，人民出版社 1960 年版，第 189 页。

在《德意志意识形态》中，马克思和恩格斯以前所未有的方式将他们自己与费尔巴哈区别开来，这就表明他们默默接受了施蒂纳对费尔巴哈的批判，修正了对费尔巴哈的观点①。

应该说麦克莱伦的观点是正确的，否则确实难以理解马克思在《德意志意识形态》中所表现出来的非同寻常之处：在《马克思恩格斯全集》中文版第 3 卷中，《德意志意识形态》共 630 页，其中批判施蒂纳就占了 415 页，不仅篇章显得极不对称，而且马克思不厌其烦地对施蒂纳极力挖苦，这在马克思的著作中可以说是绝无仅有的。仅举一例就可见一斑：

"这时，神圣的理发师布鲁诺骑着他的驴子——批判——安详地向他们走来，他头上戴着一个理发师的铜盆；圣桑乔（按：指施蒂纳）提着长矛向他奔去；圣布鲁诺滚下驴来，铜盆掉在地上（这就是在这里，在宗教会议上，我们看见他没有戴着铜盆的缘故），他溜走了，'因为他就是批判者本身'。圣桑乔很高兴地拾起曼布里诺的头盔。堂吉诃德（按：指施里加）说，它和理发师的铜盆一模一样，桑乔回答说：'这个著名的宝物，这个有'怪影'的头盔，一定落到一个什么人手里过，那人不晓得它的真正价值，就把它的半个熔化了，还有半个他打成了这件东西，就是你说像一个理发师的铜盆的。但是不管它在凡人眼里是什么，我是知道它的价值的，这种变化对我来说没有什么关系。'"②

事实上，马克思在读到施蒂纳的著作后，随即在 1845 年春季所写的《关于费尔巴哈的提纲》中就宣告了他与费尔巴哈的决裂。耐人寻味的是，包含着大量赞誉费尔巴哈之辞的《神圣家族》也在这个春天，即 2 月 24 日左右在法兰克福出版了。看来出版的速度远远赶不上马克思思想突飞猛进的转变速度。在《关于费尔巴哈的提纲》中，马克思批判说，费尔巴哈虽然不满意黑格尔式的抽象的思维而喜欢直观，但他把感性不是看作实践的、人的感性的活动。马克思特别批判了费尔巴哈的"类"概念：

"费尔巴哈把宗教的本质归结于人的本质。但是，人的本质不是单个人所固有的抽象物，在其现实性上，它是一切社会关系的总和。费尔巴哈没有对这种现实的本质进行批判，因此他不得不：（1）撇开历史的进程，把宗教感情固定为独立的东西，并假定有一种抽象的——孤立的——人的个体。（2）因此，本质只能被理解为'类'，理解为一种内在的、无声的、

---

① 戴维·麦克莱伦：《青年黑格尔派与马克思》，商务印书馆 1982 年版，第 137—138 页。
② 《马克思恩格斯全集》第 3 卷，人民出版社 1960 年版，第 265 页。

把许多个人自然地联系起来的普遍性。"①

这也决定了马克思在《德意志意识形态》里的主要任务是清算费尔巴哈的人本学，确立抽象的人的现实基础，并在这一新的唯物主义基础上展开对鲍威尔、施蒂纳等人的批判。

2. 马克思对黑格尔辩证法神秘主体的新唯物主义解释

在《德意志意识形态》中，马克思对黑格尔辩证法的神秘形式、二元性的辩证法也作了批判，但相关批判在全书所占的分量不多，几乎是一笔带过。仅在批判鲍威尔攻击费尔巴哈这一节时有一次略长的表述：

"'一般个性'——这或者是'一般'胡说，或者是个性的抽象概念。因此，在个性这个概念的'概念'中，包含着'对自己加以限制'。而个性'由于自己的普遍本质'，接着就立即加上了包含在它的概念的'概念'中的这个限制，而且在个性重新把这个限制消灭后，才知道'正是这个本质'才是'个性的内在自我区别的结果'。因此，这种奥妙的同语反复的全部伟大结果也就是在思维中的人的自我区别这种久已驰名的黑格尔的戏法。"②

可以看出，与《神圣家族》中的果实比喻相对比，这已经简略多了。因为此时马克思的工作重心已经转移，确立新唯物主义的基础成了紧迫的任务。而思辨辩证法的形式本身，由于在《神圣家族》里已有详细的阐述，所以就无须在这一著作中重复了：

"在此，我们看到，这一套老相识的批判的批判，虽已在'神圣家族'中被详尽地刻画过，但是好像什么事情也没有发生过似的，它又原原本本地以种种招摇撞骗的姿态重新出现在我们面前了。我们对此无需感到惊奇，因为我们这位圣者自己在第140页上就抱怨说'神圣家族''断绝了批判进一步发展的一切可能性'。圣布鲁诺怀着极大的愤懑责难'神圣家族'的作者，说他们利用蒸发的化学过程，把鲍威尔的批判从它的'液体'聚集态变成了'结晶'态。"③

《德意志意识形态》一开头就表明，费尔巴哈不再在马克思心中具有以往的特殊地位了，他和鲍威尔、施蒂纳等青年黑格尔派被划入了一类。用恩格斯晚年的话说："施特劳斯、鲍威尔、施蒂纳、费尔巴哈，就他们

---

①　《马克思恩格斯选集》第1卷，人民出版社1995年版，第56页。

②　《马克思恩格斯全集》第3卷，人民出版社1960年版，第94页。

③　同上书，第107页。

没有离开哲学这块土地来说，都是黑格尔哲学的分支。"① 这一段话与几十年前他们合著的《德意志意识形态》论费尔巴哈一章中所作的结论一模一样："德国的批判，直至它最近所作的种种努力，都没有离开过哲学的基地。这个批判虽然没有研究过自己的一般哲学前提，但是它谈到的全部问题终究是在一定的哲学体系即黑格尔体系的基地上产生的。"② 马克思认为，虽然他们每一个人都断言自己超出了黑格尔哲学，但这恰恰表明他们没有一个人试图对黑格尔体系进行全面的批判。

在《1844 年经济学哲学手稿》和《神圣家族》中，马克思曾把费尔巴哈算作真正批判了黑格尔哲学的人，现在则把他划入了与鲍威尔等人一类的货色。马克思说："起初他们还是抓住纯粹的、未加伪造的黑格尔的范畴，如'实体'和'自我意识'，但是后来却用一些比较世人的名称如'类'、'唯一者''人'等等，使这些范畴世俗化。"③ 这里提到的"类"、"人"都是费尔巴哈使用的范畴，马克思把它们归入庸俗唯心主义之列，并把费尔巴哈的范畴和施蒂纳使用的范畴"唯一者"归为一类。恩格斯在 1846 年 10 月 18 日写给马克思的信中说："在长时间的内心抗拒之后，我终于强迫自己把费尔巴哈的破烂货读了一遍，我发觉，在我们的批判（按：指《德意志意识形态》）中无法涉及这些东西。"④ 这封信真实反映了马克思和恩格斯当时对费尔巴哈的厌恶之情。

恩格斯的提醒，施蒂纳的刺激，使马克思清楚地认识到，必须和费尔巴哈哲学彻底划清界限，阐明自己的新唯物主义的基础和主张。因此，在《德意志意识形态》中，我们看到了马克思这样的思路：一开始就批判费尔巴哈，阐明新唯物主义的基本特征和主张，然后再用这一新的理论观点重点批判施蒂纳，从而彻底奠定了新唯物主义的"王座"地位，而费尔巴哈为唯物主义戴上的"王冠"已被打落在地。至于对鲍威尔和各种德国社会主义的批判都不是这一著作的重点所在。

在《关于费尔巴哈的提纲》中，马克思指出，费尔巴哈的根本缺点在于他只是把人看作感性对象，而不是看作感性活动，因而他对对象、现实、感性只作了直观的理解，而不是从实践上去理解。在《德意志意识形

---

① 《马克思恩格斯选集》第 4 卷，人民出版社 1995 年版，第 241 页。

② 《马克思恩格斯选集》第 1 卷，人民出版社 1995 年版，第 64 页。

③ 同上。

④ 《马克思恩格斯全集》第 27 卷，人民出版社 1972 年版，第 63 页。

态》中，马克思的批判则更具体、更全面了：

"诚然，费尔巴哈比'纯粹的'唯物主义者有很大的优点：他承认人也是'感性对象'。但是，他把人只看作是'感性对象'，而不是'感性活动'，因为他在这里也仍然停留在理论的领域内，没有从人们现有的社会联系，从那些使人们成为现在这种样子的周围生活条件来观察人们——这一点且不说，他还从来没有看到现实存在着的、活动的人，而是停留于抽象的'人'，并且仅仅限于在感情范围内承认'现实的、单个的、肉体的人'，也就是说，除了爱与友情，而且是观念化了的爱与友情以外，他不知道'人与人之间'还有什么其他的'人的关系'。他没有批判现在的爱的关系。可见，他从来没有把感性世界理解为构成这一世界的个人的全部活生生的感性活动。"①

费尔巴哈没有完成对黑格尔辩证法的批判，黑格尔的神秘主体只是被转换成了作为"类"存在的抽象的人，而真正的主体，也就是现实的人类活动、现实的人类历史还根本不在费尔巴哈的视野之内。

在《德意志意识形态》第一卷中，马克思开宗明义地阐述了在黑格尔那里是神秘的绝对精神、在布鲁诺那里是神秘的自我意识、在费尔巴哈那里是抽象的类存在的人的现实基础是什么。《德意志意识形态》要解决的就是这个问题。马克思一开始就把这个问题抛了出来，并解释得如此令人信服，这标志着新唯物主义的基础已经奠定起来。

马克思指出，任何考察总是有前提的。对黑格尔辩证法神秘主体的批判也是在一定的前提下进行的，但这一前提是现实的前提，是现实的人和人的生活。他说："这种考察方法不是没有前提的。它从现实的前提出发，它一刻也不离开这种前提，它的前提是人，但不是处在某种虚幻的离群索居和固定不变状态中的人，而是处在现实的、可以通过经验观察到的、在一定条件下进行的发展过程中的人。只要描绘出这个能动的生活过程，历史就不再像那些本身还是抽象的经验论者所认为的那样，是一些僵死的事实的汇集，也不再像唯心主义者所认为的那样，是想象的主体的想象活动。"②

马克思进一步指出，我们开始要谈的前提不是任意提出的，不是教条，而是一些只有在想象中才能撇开的现实前提。这是一些现实的个人，是他们的活动和他们的物质生活条件，包括他们已有的和由他们自己的活动创造出来的物质生活条件。因此，这些前提可以用纯粹经验的方法来确认："全部人类历史的第一个前提无疑是有生命的个人的存在。因此，第一个需要确认的事实就是这些个人的肉体组织以及由此产生的个人对其他自然的关系。……任何记载都应当从这些自然基础以及它们在历史进程中由于人们的活动而发生的变更出发。……可以根据意识、宗教或随便别的什么来区别人和动物。一当人开始生产自己的生活资料的时候，这一步是由他们的肉体组织所决定的，人本身就开始把自己和动物区别开来。人们生产自己的生活资料，同时间接地生产看自己的物质生活本身。"① 很明显，这段话是针对费尔巴哈说的。我们在这里看到的已经不是费尔巴哈所说的那种抽象的、作为"类"的人，而是有血有肉、在历史中存在和活动着的人。

马克思认为，人的存在就是人的活动，而人最根本的活动就是人的物质生产活动，有什么样的生产方式，就有什么样的人；同样地，有什么样的人，也就有着什么样的生产方式，两者是一而二、二而一的。他说："人们用以生产自己的生活资料的方式，首先取决于他们已有的和需要再生产的生活资料本身的特性。这种生产方式不应当只从它是个人肉体存在的再生产这方面加以考察。它在更大程度上是这些个人的一定的活动方式，是他们表现自己生活的一定方式、他们的一定的生活方式。个人怎样表现自己的生活，他们自己就是怎样。因此，他们是什么样的，这同他们的生产是一致的——既和他们生产什么一致，又和他们怎样生产一致。因而，个人是什么样的，这取决于他们进行生产的物质条件。"②

马克思由此阐明了历史的真正主体，也就是辩证法的真正主体。他说："可见，事情是这样的：以一定的方式进行生产活动的一定的个人，发生一定的社会关系和政治关系。经验的观察在任何情况下都应当根据经验来提示社会结构和政治结构同生产的联系，而不应当带有任何神秘和思辨的色彩。社会结构和国家总是从一定的个人的生活过程中产生的。但是，这里所说的个人不是他们自己或别人想象中的那种个人，而是现实中的个人，也就是说，这些个人是从事活动的，进行物质生产的，因而是在一定的物质的、不受他们任意支配的界限、前提和条件下活动着的。"③

---

① 《马克思恩格斯选集》第 1 卷，人民出版社 1995 年版，第 66—67 页。

② 同上书，第 68 页。

③ 同上书，第 71—72 页。

　　既然主体已经明确了，既然新唯物主义的出发点是从事实际活动的人，而且从这些人的现实生活过程中还可以描绘出这一生活过程在意识形态上的反射和反响的发展，甚至人们头脑中的模糊幻象也是他们的可以通过经验来确认的、与物质前提相联系的物质生活过程的必然升华物。那么，道德、宗教、形而上学和其他意识形态，以及与它们相适应的意识形式便不再保留独立性的外观了。所谓思想、观念、意识的生产最初是直接与人们的物质活动，与人们的物质交往，与现实生活的语言交织在一起的。人们的想象、思维、精神交往在这里还是人们物质行动的直接产物。"意识在任何时候都只能是被意识到了的存在，而人们的存在就是他们的现实生活过程。如果在全部意识形态中，人们和他们的关系就像在照相机中一样是倒立成像的，那么这种现象也是从人们生活的历史过程中产生的，正如物体在视网膜上的倒影是直接从人们生活的生理过程中产生的一样。"①

　　最后，马克思作了总结："在思辨终止的地方，在现实生活面前，正是描述人们实践活动和实际发展过程的真正的实证科学开始的地方。"② 真正的主体找到了，思辨哲学终结了。

　　那么，黑格尔的辩证法前途如何呢？马克思说："关于意识的空话将终止，它们一定会被真正的知识所代替。对现实的描述会使独立的哲学失去生存环境，能够取而代之的充其量不过是从对人类历史发展的考察中抽象出来的最一般的结果的概括。这些抽象本身离开了现实的历史就没有任何价值。"③

　　黑格尔的思辨辩证法应该被彻底抛弃吗？马克思作了否定的回答。他认为思辨辩证法作为思维方法，依然有其特有的作用，应该在扬弃的前提下发挥它应有的作用："它们只能对整理历史资料提供某些方便，指出历史资料的各个层次的顺序。但是这些抽象与哲学不同，它们绝不提供可以适用于各个历史时代的药方或公式，相反，只是在人们着手考察和整理资料——不管是有关过去时代的还是有关当代的资料——的时候，在实际阐述资料的时候，困难才开始出现。这些困难的排除受到种种前提的制约，这些前提在这里是根本不可能提供出来的，而只能从对每个时代的个人的

①《马克思恩格斯选集》第1卷，人民出版社1995年版，第72页。

②　同上书，第73页。

③　同上书，第73—74页。

现实生活过程和活动的研究中产生。"①

　　关于思辨辩证法的作用，马克思在写作《资本论》时曾作了详细的说明。本文在后面有专门的章节进行分析。

　　到这里为止，马克思将黑格尔那里的神秘主体讲清楚了。意识、意识形态与现实生活的关系是如此明了，以至于接下来的章节对黑格尔辩证法以及对打着青年黑格尔派的形形色色旗号出现的黑格尔辩证法的批判，都只是对此作的补充和注释。

　　马克思批判了费尔巴哈作为类的、抽象的人。他指出，"费尔巴哈的错误不在于他说出了这一事实，而在于他以唯心主义的方式使之独立化了，没有把它看作是历史发展的一定的、暂时的阶段的产物。"②

　　马克思认为，对黑格尔辩证法的彻底批判不是简单的主谓颠倒的问题，而是把黑格尔辩证法的神秘主体置身于新唯物主义的基础之上的问题。他说："宗教本身既无本质也无王国。在宗教中，人们把自己的经验世界变成一种只是在思想中的、想像中的本质，这个本质作为某种异物与人们对立着。这决不是又可以用其他概念，用'自我意识'以及诸如此类的胡言乱语来解释的，而是应该用一向存在的生产和交往的方式来解释的。这种生产和交往的方式也是不以纯粹概念为转移的，就像自动纺机的发明和铁路的使用不以黑格尔哲学为转移一样。如果他真的想谈宗教的'本质'即谈这一虚构的本质的物质基础，那末，他就应该既不在'人的本质'中，也不在上帝的宾词中去寻找这个本质，而只有到宗教的每个发展阶段的现成物质世界中去寻找这个本质。"③

　　在这个时候，《1844年经济学哲学手稿》中异化劳动的真正根源也找到了，这就是分工。马克思认为，分工说明，只要人们还处在自然形成的社会中，只要特殊利益和共同利益之间还有分裂，只要分工还不是出于自愿，而是自然形成的，那么人本身的活动对人来说就成为一种异己的、同他对立的力量，这种力量压迫着人，而不是人驾驭着这种力量。他说："原来，当分工一出现之后，任何人都有自己一定的特殊的活动范围，这个范围是强加于他的，他不能超出这个范围：他是一个猎人、渔夫或牧人，或者是一个批判的批判者，只要他不想失去生活资料，他就始终应该

　　①　《马克思恩格斯选集》第1卷，人民出版社1995年版，第71—74页。

　　②　《马克思恩格斯全集》第3卷，人民出版社1960年版，第97页。

　　③　同上书，第170页。

是这样的人。……社会活动的这种固定化，我们本身的产物聚合为一处统治我们、不受我们控制、使我们的愿望不能实现并使我们的打算落空的物质力量，这是迄今为止历史发展的主要因素之一。受分工制约的不同个人的共同活动产生了一种社会力量，即扩大了的生产力。因为共同活动本身不是自愿地而是自然形成的，所以这种社会力量在这些个人看来就不是他们自身的联合力量，而是某种异己的、在他们之外的强制力量。关于这种力量的起源和发展趋向，他们一点也不了解；因而他们不再能驾驭这种力量，相反地，这种力量现在却经历着一系列独特的、不仅不依赖于人们的意志和行为反而支配人们的意志和行为的发展阶段。"①

　　马克思还揭露了布鲁诺神秘的绝对意识的真正主体和产生的现实根源。他指出，布鲁诺与黑格尔如出一辙，黑格尔以歪曲的形式反映现实冲突的抽象的和神秘的词句，在布鲁诺看来就是现实冲突本身。"因此，在他看来，一方面，现实的人以及他们对于从外表上看是独立在外而和他们对立的他们自己的社会关系的现实意识都非实有，实有的只是自我意识这种赤裸裸的抽象词句，正如现实的生产都非实有，实有的只是这种自我意识的已经独立化的活动一样；另一方面，现实的自然界和现实存在的社会关系都非实有，实有的只是这些关系的一切哲学范畴或名称归结而成的赤裸裸的哲学词句，即实体。"② 所以，布鲁诺跟黑格尔一样，把思想、观念、现存世界在思想上的独立化的表现当作这个现实世界基础，自我意识和实体成了布鲁诺变戏法的道具，这依然是在思辨的基础上解决思辨的问题。

　　马克思从实践唯物主义、从思辨辩证法的现实的主体出发，批判了施蒂纳目空一切、唯我独尊的"唯一者"。他认为，施蒂纳对于个人身上所发生的、产生意识变化的物质变化和社会变化等一概不管，可"事情恰恰相反，只要他不再用他的幻想的眼镜观察世界，他就得考虑这一世界的实际的相互关系，研究和顺应这些关系。只要他摧毁了他所赋予世界的幻想的形体性，他就会在自己的幻想之外发现世界的真实的形体性。"③

　　马克思指出，施蒂纳实际上抄袭了黑格尔的体系，因为"不言而喻，人们的观念和思想是关于自己和关于人们的各种关系的观念和思想，是人

---

① 《马克思恩格斯选集》第 1 卷，人民出版社 1995 年版，第 85—86 页。
② 《马克思恩格斯全集》第 3 卷，人民出版社 1960 年版，第 93 页。
③ 同上书，第 126 页。

们关于自身的意识，关于一般人们的意识（因为这不是仅仅单个人的意识，而是同整个社会联系着的单个人的意识），关于人们生活于其中的整个社会的意识。人们在其中生产自己生活的并且不以他们为转移的条件，与这些条件相联系的必然的交往形式以及由这一切所决定的个人的关系和社会的关系，当它们以思想表现出来的时候，就不能不采取观念条件和必然关系的形式，即在意识中表现为从一般人的概念中、从人的本质中，从人的本性中、从人自身中产生的规定。"①

马克思认为，人们是什么，人们的关系是什么，这种情况反映在意识中就是关于人自身、关于人的生存方式或关于人的逻辑规定的观念。与此相反，以黑格尔为代表的思想家们却假定观念和思想支配着迄今的历史，假定这些观念和思想的历史就是迄今存在的唯一的历史，他们设想现实的关系要顺应人自身及其观念的关系，亦即顺应逻辑规定，他们把人们关于自身的意识的历史变为人们的现实历史的基础，总之，他们把意识、观念、圣物、固定观念的历史称为"人"的历史并用这种历史来偷换现实的历史。其中"圣麦克斯比他的所有前辈高明之处就在于：他对这些观念、甚至在它们同它们所由产生的现实生活任意脱离的情况下，也毫无所知；他的一无所有的创造只是说明：他抄袭了黑格尔的思想体系，但对他所抄袭的东西毫无所知。由此可以看出，他是如何把具有唯一者形态的现实个人的历史同他关于人的历史的幻想对立起来的。"②

---

① 《马克思恩格斯全集》第 3 卷，人民出版社 1960 年版，第 200 页。

② 同上。

第二章　马克思辩证法思想发展的逻辑进程

马克思辩证法思想的发展呈现出三个明显的历史阶段：自我意识辩证法阶段、人本学辩证法阶段、实践辩证法阶段。在自我意识辩证法阶段，马克思深受鲍威尔的影响，崇尚自我意识，但对感性事物态度的不同，特别是费尔巴哈哲学的崛起，最终使两人分道扬镳。马克思一时成了"费尔巴哈派"，其辩证法思想也转入人本学辩证法阶段。随着马克思与恩格斯开始合作，加上施蒂纳批判费尔巴哈哲学的强烈刺激，马克思与费尔巴哈在对自然以及现实历史的观点上的根本分歧越来越明显地暴露出来，马克思清算了自己思想中的人本学残余，最终与费尔巴哈决裂，确立了实践辩证法的基本观点，奠定了实践唯物主义方法论的根基。

一、自我意识辩证法阶段

马克思的自我意识辩证法思想突出反映在他的早期文献《博士论文》即《德谟克利特的自然哲学与伊壁鸠鲁的自然哲学的差别》中。

马克思的这篇早期作品写于 1840 年下半年至 1841 年 3 月底。他写作的直接目的是为了尽快完成在耶拿大学的学业，通过博士论文答辩。18 年后，马克思透露了他写作博士论文的另一个目的，即找出伊壁鸠鲁哲学的内在结构。1858 年 5 月 31 日马克思在致拉萨尔的信中说："十八年前我曾对容易理解得多的哲学家——伊壁鸠鲁进行过类似的工作，也就是说，根据一些残篇阐述了整个体系。不过，我确信这个体系，赫拉克利特的体系也是这样，在伊壁鸠鲁的著作中只是'自在地'存在，而不是作为自觉的体系存在。即使在那些赋予自己的著作以系统的形式的哲学家如斯宾诺莎那里，他的体系的实际的内部结构同他自觉地提出的体系所采用的形式是完全不同的。"[①] 这个内在结构，在当时马克思看来，就是自我意识哲学，

---

① 《马克思恩格斯全集》第 29 卷，人民出版社 1972 年版，第 540 页。

也就是自我意识辩证法。

（一）鲍威尔哲学思想对马克思的影响

此时的马克思深受鲍威尔自我意识哲学的影响。马克思当过鲍威尔的学生，1839 年夏，马克思听过鲍威尔的《以赛亚书》的课程。马克思虽然比鲍威尔小 9 岁，可是两人建立了密切的私人关系。马克思是鲍威尔家的常客，以致鲍威尔后来还不无眷恋地怀念过两人一起漫步柏林街头的日子。

马克思的博士论文是在鲍威尔的催促下写的，他告诉了马克思有关获得博士和各种学术的手续，要求马克思尽快写完论文并投入到反对普鲁士专制制度的哲学斗争中。鲍威尔想把马克思弄进波恩大学，并准备和马克思、费尔巴哈等人一起办一个神学—哲学杂志。这些计划后来因为鲍威尔被逐出波恩大学而作罢。

鲍威尔推崇自我意识，他指责黑格尔对神学的批判造成了一种错觉，也就是好像"除了自我意识之外，还存在普遍性、实体"①。鲍威尔认为，起先自我、主体表现为实体，但随后实体也就随之变成了自我，即主体。所以，他得出结论说："很清楚，黑格尔只是暂时承认这种实体关系的有效性，认为它只表现在运动的那一瞬间，而在运动中自我意识是以有限的形式出现的。实体只不过是瞬息即逝的火焰。而'自我'则在这火焰里把自己的局限性和有限性烧掉。运动的完成并不是实体，而是自我意识；自我意识是真正无限的，它本身包含着作为自己本质的、实体的普遍性。"②也就是说，"实体为自我牺牲了自己，并为自我所吸收"③，因而最终的、唯一的存在只能是自我意识。他说："人的自我意识成了一切，成了普遍的力量；原来所谓归因于实体的普遍性，现在应归因于人的自我意识。"④历史的发展也应归功于自我意识，"世界和历史的唯一力量是自我意识，历史除了是自我意识的变异和发展之外没有任何别的意义"⑤。就连上帝鲍威尔也没放在眼里，对于绝对的、至高无上的自我意识而言，上帝也应该

---

① 转引自兹维·罗森《布鲁诺·鲍威尔和卡尔·马克思》，中国人民大学出版社 1984 年版，第 76 页。

② 同上书，第 77 页。

③ 同上书，第 86 页。

④ 同上书，第 86—87 页。

⑤ 同上书，第 87 页。

是被打倒的偶像。"对哲学来说，上帝是无生命的，只有自我意识才活着，在创造、在行动，它就是一切。"①

在鲍威尔看来，自我意识是历史发展的决定性力量，所谓历史就是自我意识的发展过程。自我意识是自因，它的本质就是自我发展，这种自我发展不可能有任何终极形式。一旦自我意识在一种形式、一种实体中得到实现，那么，这种形式、这种实体就会成为发展的阻碍，从而必须被一种更高的形式取代。在自我发展中，自我意识创造了世界；同时在这个创造活动中，自我意识也实现了自我认识。

有鉴于此，兹维·罗森认为，在《德谟克利特的自然哲学和伊壁鸠鲁的自然哲学的差别》中，马克思"利用了鲍威尔争取自由自我意识斗争的口号，……即把人的自我意识变成人的行为的最高价值和规范"②。这一见解是正确的。马克思在这篇博士论文中体现出来的辩证法，从根本上来说就是自我意识的辩证法。

（二）《博士论文》中自我意识辩证法的特征

马克思的自我意识辩证法有两个明显的特征：一是极力推崇自我意识；二是充分体现黑格尔思辨辩证法的原则。第一个特征是受鲍威尔影响的结果。第二个特征则是因为马克思虽然从表面上把黑格尔的绝对精神的思辨辩证法改造成了自我意识辩证法，但并未脱离黑格尔哲学的窠臼，所以自我意识辩证法从本质上讲与黑格尔的思辨辩证法并无二致。关于这一点，马克思在《1844 年经济学哲学手稿》中曾有明确的说明。在那里，他指责鲍威尔等人没有对黑格尔辩证法采取真正批判的态度，依然是"新瓶装旧酒"。这种指责当然也适用于 1840 年左右的马克思本人。

1. 极力推崇自我意识

马克思在其博士论文的扉页上说，这篇论文是献给他未来的岳父路德维希·封·威斯特华伦先生的。在献词中，马克思痛斥怀疑理念存在的人，直言不讳地表达了唯心主义的坚定立场：

唯有这种"理想主义才知道那能唤起世界上一切心灵的真理；他从不

---

① 转引自兹维·罗森《布鲁诺·鲍威尔和卡尔·马克思》，中国人民大学出版社 1984 年版，第 87 页。

② 兹维·罗森：《布鲁诺·鲍威尔和卡尔·马克思》，中国人民大学出版社 1984 年版，第 183 页。

在倒退着的幽灵所投下的阴影前面畏缩，也不被时代上空常见的浓云迷雾所吓倒，……理想主义不是幻想，而是真理。"①

为了强调精神的作用，马克思还将原稿中"精神和自然，乃是您所信赖的伟大神医"中的"自然"删去，只写"精神，乃是您所信赖的伟大神医"②。

在马克思看来，真正的唯心主义、理想主义就是自我意识哲学：

"哲学，只要它还有一滴血在它那个要征服世界的、绝对自由的心脏里跳动着，它就将永远用伊壁鸠鲁的话向它的反对者宣称：'渎神的并不是那抛弃众人所崇拜的众神的人，而是同意众人关于众神的意见的人。'"③

"渎神的"人就是视自我意识至高无上的人。马克思通过希腊神话中的英雄人物普罗米修斯之口来表达这一思想。普罗米修斯反对一切天上和地下的神灵，"这些神不承认人的自我意识具有最高的神性。不应该有任何神同人的自我意识相并列。"④ 所以普罗米修斯无所畏惧地承认："老实说，我痛恨所有的神。"⑤

整个《博士论文》贯穿了自我意识哲学，因为这是马克思自我意识辩证法的第一原则。

2. 自我意识辩证法的黑格尔哲学底蕴

马克思在《博士论文》中处处表现出他对黑格尔哲学的欣赏。比如，在《博士论文》的序言中，马克思提到了他的一位朋友科本的著作《腓特烈大帝和他的反对者》，认为这本书对于伊壁鸠鲁、斯多葛和怀疑论三派哲学与希腊生活的关系有"较深刻的提示"。科本在 1840 年出版的《腓特烈大帝和他的反对者》的第 39 页写道："伊壁鸠鲁主义、斯多亚主义和怀疑主义是古代有机体的神经系统、肌肉系统和内脏系统，它们的直接的自然的统一决定了古代的美和道德，它们也随着古代的衰亡而瓦解。"⑥ 而黑格尔在《精神现象学》中认为，有机实体的内在实体是单一的灵魂，是共相，它体现在单一的本质元素里，就是感受性、激动性和再生性；它的外

---

① 《马克思恩格斯全集》第 40 卷，人民出版社 1982 年版，第 187 页。
② 同上书，第 187 页。
③ 同上书，第 189 页。
④ 同上书，第 190 页。
⑤ 同上书，第 189 页。
⑥ 《马克思恩格斯全集》第 1 卷，人民出版社 1995 年版，第 1003 页。

在实体则存在于有机物的存在里，表现为形体。"感受性相当于神经系统，激动性相当于肌肉系统，再生性相当于个体保存和种属保存的内脏系统。"① 在《自然哲学》中，黑格尔在论述"动物有机体"的形态系统时说："概念的这三个环节（指感受性、应激性、再生性）不仅在自身是具体的要素，而且在三个系统——神经系统、血液系统和消化系统——中都具有其实在性。"② 所以，马克思在这里赞赏科本的理解"较为深刻"，实际上是赞赏他对黑格尔哲学的理解，赞赏他像黑格尔一样达到了对事物的概念式地把握。

再如，马克思认为，"原子不外是抽象的、个别的自我意识的自然形式"③，自我意识的辩证运动就体现为原子的辩证运动。同时，马克思还提醒人们注意伊壁鸠鲁哲学的特点，即他喜欢把概念的不同规定表达为不同的独立的存在。他说："正如原子是他的原理一样，他的认识方式本身也是原子论的。在他那里，发展的每一环节，立即就转变成固定的、仿佛被空虚的空间从与整体的联系中分离开来的现实。每个规定都采取了孤立的个体性的形式。"④ 马克思的这段话暴露了他浓厚的黑格尔哲学的色彩，即认为事物的真实存在是它的概念存在，马克思提醒人们要从伊壁鸠鲁的形象化的表述中看到概念的本质。

又如，马克思在《博士论文》中还有一段直接概述黑格尔辩证法观点的文字：

"在有限的自然里，必然性表现为相对的必然性，表现为决定论。而相对的必然性只能从真实的可能性推演出来，这就是说，有一系列的条件、原因、根据等等，那种必然性是通过这些东西的中介的。真实的可能性就是相对必然性的显现。"⑤

这一段话实际上就是对黑格尔《小逻辑》的 147、148、149 等三节的概述：147 节讲，真实的可能性就是必然性；148 节讲，必然性有三个环节，即条件、实质、活动；149 节讲，凡是必然的事物，都是通过一个他物而存在的，这个他物则分裂为起中介作用的根据、实质、活动。这是马

---

①　黑格尔：《精神现象学》上卷，商务印书馆 1979 年版，第 179 页。

②　黑格尔：《自然哲学》，商务印书馆 1986 年版，第 500 页。

③　《马克思恩格斯全集》第 40 卷，人民出版社 1982 年版，第 233 页。

④　同上书，第 226 页。

⑤　马克思：《博士论文》，人民出版社 1961 年版，第 13 页。

克思在《博士论文》中深受黑格尔思辨辩证法的影响的又一例证。并且，这里已经不是化用而是直接概述了。

不仅如此。马克思说："时间之在现象世界，正如原子概念之在本质世界，即它是一切确定的定在之抽象、消灭和向自为存在的回返。"① 黑格尔则说："一切事物并不是在时间中产生和消逝的，反之，时间本身就是这种变易，即产生和消逝，就是现实存在着的抽象，就是产生一切并摧毁自己的产物的克洛诺斯。"② 可见，对于时间的看法，两个人的观点简直如出一辙。

马克思自我意识辩证法所包含的黑格尔思辨辩证法的底蕴具体表现为以下五点：

（1）坚持自我意识的运动是自否定

马克思指出，伊壁鸠鲁的原子概念中包含两个因素：纯粹物质性和纯粹形式性。"伊壁鸠鲁以原子按照直线的运动表述了原子的物质性，那末他乃是以原子离开直线的偏斜运动实现了原子的形式规定；并且他是把这些相反的规定看成直接相反的运动的。"③ 马克思引卢克莱修的话说，偏斜运动打破了"命运的束缚"，实现了原子形式的规定性，实现了原子的自由。马克思总结说："偏离运动是在它（按：指原子）胸怀中的某种东西，这东西是可以对外力作斗争并和它对抗的。"④ 这无非是指出原子偏斜运动的原因是自因。

对于某些人对自因的不理解，马克思作了反驳。如西塞罗说，如果认为原子的偏斜是没有原因发生的，那么，这对于一个物理学家来说再也不会有比这种说法更可耻的事了。这是因为西塞罗所指的原因是物理学上的原因，这种观点是要把原子的偏斜运动拖回到决定论的圈子里，而偏斜运动由于是原子自因的结果，所以它恰恰是要超越决定论的。马克思说："追问这种规定性的原因，因而也就是追问使原子成为原理的原因，——这一个问题，对于那认为原子为一切事物的原因，而它本身没有原因的人来说，显然是毫无意义的。"⑤ 因此，当原子实现自身的规定性，即具有偏

---

①　马克思：《博士论文》，人民出版社 1961 年版，第 37 页。

②　黑格尔：《自然哲学》，商务印书馆 1986 年版，第 48 页。

③　马克思：《博士论文》，人民出版社 1961 年版，第 20 页。

④　同上。

⑤　同上。

斜运动的规定性以前，它还没有完成。原子自己就是自己的原因。

马克思特别批评了德谟克里特，认为他没有注意到原子的观念的方面，因而也就不理解自因。"按照观念的方面，在斥力里，一切与他物的关系都被否定了，而运动被设定为自我规定。"① 马克思还引用亚里士多德的话来论证自己的观点："如果每一个元素都是被迫而为另一元素所推动，那末必然的，每一个元素都是被强迫而为另一元素所推动之外，还有一种自然的运动；而这个最初的运动必定不是强迫的，而是自然的运动。不然就会发生永无止境的递进。"②

在黑格尔那里，从本质论向概念论的过渡，正是从必然向自由的过渡。概念、绝对理念的基本特征正是自由，也就是自运动、自否定。"自由就是概念的同一性。……在概念中，自由王国打开了。"③ 黑格尔解释说："概念不仅是灵魂，而且是自由的、主观的概念，它是自为的，并且因此具有人格……但它又同样不是进行排除的个别性，而就其本身来说，是普遍性和认识，并且在它的他物中以它自己的客观性为对象。……它是哲学的唯一对象和内容。因为它自身包含全部规定性，并且它的本质就在于通过它的自身规定或说特殊化，而回归到自身。"④ 这一说法正是马克思对原子偏斜运动的黑格尔式的注解。

（2）坚持反思的观点

反思这一范畴在黑格尔那里具有重要地位。特别是在黑格尔构建其庞大的哲学体系过程中，反思范畴的地位和作用相当于否定、中介等核心范畴。在《逻辑学》下卷中，整个第一章都是对于反思的阐述。黑格尔把反思看作是理解和把握本质论的枢纽。正因为此范畴十分重要，所以黑格尔对其含义的论述也从多方面加以展开。贺麟先生对之有过总结，认为它至少有六层含义：（1）反思或后思；（2）反映；（3）返回；（4）反射；（5）假象；（6）映现或表现⑤。其实"反思"这个概念最基本的含义是"反映"。黑格尔自己在《小逻辑》里讲："反映或反思这个词本来是用来讲光的，当光直接式地射出，碰在一个镜面上时，又从这个镜面上反射回

① 马克思：《博士论文》，人民出版社 1961 年版，第 24 页。

② 同上。

③ 黑格尔：《逻辑学》下卷，商务印书馆 1976 年版，第 245 页。

④ 同上书，第 529 页。

⑤ 黑格尔：《小逻辑》，商务印书馆 1980 年版，第 xxi 页。

来，便叫做反映。"① 马克思《博士论文》对黑格尔思辨辩证法反思范畴的继承在《时间》的一章里表现得最为明显。

马克思首先批判德谟克里特把时间规定为"永恒的"，认为这实际上是取消了时间。德谟克里特规定时间为"永恒"的目的，是为了把发生、消灭等时间性的东西从原子中排除掉，从而把时间与时间性的东西对立起来，把概念与实体对立起来。这样，绝对化的、永恒的时间概念本身就表明：不是一切事物都有起源、有开始的环节的。对于这种非辩证的观点的后果，马克思认为，当我们把实体当作时间性的东西时，也就同时把时间实体化了，这是一个必然的双向过程。如果硬要把时间与时间性的东西绝对对立起来，硬要否认时间的实体化，那么时间概念就只有存在于主体的自我意识之中。"从本质世界中排除掉的时间，被移置到进行哲学思考的主体的自我意识中去，而与世界本身毫不相干了。"②

对于时间在德谟克里特那里的命运，马克思是不满意的。但对于伊壁鸠鲁的时间观点，马克思则予以认可。马克思认为，在伊壁鸠鲁看来，时间是现象的绝对形式，是偶性之偶性，是自身反映的变化，是作为变换的变换。可以看出，在这里，马克思对伊壁鸠鲁时间观点的阐述完全是黑格尔式的。也就是说，在马克思看来，时间是现象的绝对的、纯粹的自身反映。

马克思接下来对时间的分析则完全因袭了黑格尔关于"建立的反思"的观点。黑格尔说："由于反思是作为回归那样的直接性，它就是建立；这就是说，当前并没有一个他物，既没有反思从那里出来，也没有反思回到哪里去的那样一个他物；所以反思只是作为它自己的回归或否定物。"③这就是说，"建立的反思"是现象自身的反思，是把现象建立为现象，是现象否定自身并向本质的回归。马克思认为，组合是自然的被动形式，时间则是自然的主动形式。正是时间"把现象从本质分离开来，并且当现象回返本质时，把现象建立为现象"④。马克思说道："时间之在现象世界，正如原子概念之在本质世界，即它是一切确定的定在之抽象、消灭和向自

---

① 黑格尔：《小逻辑》，商务印书馆1980年版，第242页。

② 《马克思恩格斯全集》第40卷，人民出版社1982年版，第230页。

③ 黑格尔：《逻辑学》下卷，商务印书馆1976年版，第17页。

④ 马克思：《博士论文》，人民出版社1961年版，第37页。

为存在的回返。"① 这里，马克思显然把时间看作是现实世界的自身反思，通过这一反思，通过时间，现实世界证明自己，并把自己建立为现象，建立为与本质不同并反映本质的东西，即时间性的东西。"在伊壁鸠鲁那里，现象才被理解为现象，这就是说，才被理解为本质的异化，这异化本身是在它的现实性里显现为这样的异化的。"②

在论证时间与人的感性的同一性时，马克思同样因袭了黑格尔的观点，即认为"他物反映"与"自身反映"是同一的。马克思说，既然时间是现象的自身反映，变换的变换，那么现象在人的感官中的反映，即感性的知觉就"可以正当地被当作具体自然的真实标准"③。这里很明显，现象的自身反映即时间和现象的他物反映即感性知觉这两者在马克思看来是同一的。至于为什么同一，马克思没有解释，因为在他看来相关的证明早在黑格尔那里就完成了。马克思接着把时间规定为感性知觉的抽象形式，而人的感性则是形体化了的时间。两者也是相互反映的。最后，马克思索性亮出了其方法的黑格尔"底牌"："偶性的偶性、自身反映的变化都被规定为时间。偶性之在感性知觉里的反映以及偶性自身的反映，因而就被设定为同一种东西。"④

（3）认为对象即自身

在分析伊壁鸠鲁的原子偏斜运动时，马克思指出，在考察原子偏斜运动时可以发现，原子作为一个定在要受到另一个定在的规定，并且原子对于他物的一切关系的否定必须实现，必须得到肯定的设定，而这种运动"之可以发生，只有由于那和原子有关系的定在不是别的东西，而只是它自身"⑤。马克思进一步指出，原子本身就是自己的唯一的客体，原子既是自身又是客体，所以众多原子只能自己和自己发生关系。从空间上看，它们只能自己和自己相遇，因而当与他物发生关系时，它们在这种关系中的每一个相对性存在都被否定了，因为对象即是自身。

马克思说："真正讲来，那直接存在着的个别性只有当它和一个他物

① 马克思：《博士论文》，人民出版社 1961 年版，第 37 页。

② 同上。

③ 同上书，第 38 页。

④ 同上。

⑤ 同上书，第 22—23 页。

发生关系，而这个他物又是它本身时，它才是按照它的概念实现了的。"①他物作为直接存在的对立形式只是表面现象。马克思推而广之，认为一个人只有当和他发生关系的另一个人不是一个不同的存在，而是他本身，即不是精神而是一个个别的人的时候，这个人才停止其为一个自然的产物，而确证自己是作为人的存在。而对象即自身的原因在于对象来源于自身，是自身运动的结果。人要作为人自己的唯一对象性的客体，他就必须在自身内打破他的相对的存在、欲望的力量和单纯自然的力量，把自己的人的本质设定为自己的对象，因为排斥是自我意识的根本属性。

因为对象就是自身，设定对象就是取消对象的设定。在关于原子的质的讨论中，马克思说，在伊壁鸠鲁那里，由于有了质，原子就获得了同它的概念相矛盾的存在，也就是设定了外在化的、同它自己的本质相区别的存在。但设定同时也是取消设定。如一方面伊壁鸠鲁认为原子有体积、形状、重量三个特质，另一方面又取消了这三个特质的规定：

首先，原子有体积。但实际上原子不可能具有任何的体积，否则就可以设想有一种大到足以让人的肉眼可以直接看到的原子，但是并没有这样的原子。因此，原子又没有体积。

其次，原子有形状。但"原子的抽象的个别性就是抽象的自身等同"②，因而原子也就没有形状。抽象个别性的对立面即原子形状的差别也就是不可规定的，但不可规定不等于说是无限的。原子的形状决非像莱布尼茨所言的那样即天地间绝没有两个相同的东西，否则就会有无限大的原子，从而造成无限的差别，也就否定了差别的无限。一个形状如果和另一个形状没有差别，形状也就消失了。

再次，原子有重量。重心是构成原子主要规定性的观念的个别性，这种观念的个别性在表象领域里的存在就是重量。可是原子本身就是这种个别性，就是实体性的重心，重量只是作为不同的重而存在的，也只有"和其他事物有差别的、因而亦即外在化了的并且具有物质的原子才有重量"③，所以，原子本身是没有重量的。因此，伽桑第称赞伊壁鸠鲁，说他纯粹通过理性的指导而不通过实验就证明了不同重量的物体在下落时速度是一样的。

---

① 马克思：《博士论文》，人民出版社1961年版，第23页。

② 同上书，第29页。

③ 同上。

这种情况类似于黑格尔所说的，外在化就是外在化的扬弃："自我意识所以认识到对象的这种虚无性，一方面，是由于它外在化它自己；因为它〔自我意识〕正是在这种外在化过程里把自身建立为对象，或者说把对象——为了自为存在的不可分割的统一——建立为它自身。另一方面，这里同时还包含另一环节，即自我意识又同样摒弃了这种外在化和对象性，并把这种外在化和对象性收回到它自身中，因而它在它的异在本身里就是在它自己本身里。"①

（4）坚持否定只是观念上的否定

在《1844 年经济学哲学手稿》中，马克思特别批判了黑格尔用观念上的否定来取代现实中的否定。他说，在黑格尔的法哲学中，扬弃了的私法等于道德，扬弃了的道德等于家庭，扬弃了的家庭等于市民社会，扬弃了的市民社会等于国家，扬弃了的国家等于世界历史，可是，在现实中，私法、道德、家庭、市民社会、国家等依然存在着。之所以会产生如此奇特的现象，是因为"思维自以为直接就是和自身不同的另一个东西，即感性的现实，从而认为自己的活动也是感性的现实的活动，所以这种思想上的扬弃，在现实中没有触动自己的对象，却以为实际上克服了自己的对象"②。

但在《博士论文》中，马克思所持的正是这种观点。

马克思在评论原子的偏斜运动时指出，抽象的个别性要实现自身的概念即它的形式规定、纯粹的自为存在，就必须"把它从和它相对立的定在中抽象出来"③，因为"为了真正地克服这种定在，抽象的个别性就必须把它加以观念化，而这仅仅是一般性的东西才能做的事"④。可见，对定在的否定就是对定在的抽象，就是把定在观念化，使定在成为一般性的东西，成为观念的存在。

马克思在《博士论文》的注释里说："当意志从阿门塞斯的阴影王国里走出来，转而面对着那世界的、并没有意志而呈现着的现实时，一个本身自身的理论的精神，将会变成实践的力量……不过，哲学上的实践本身就是理论的。实践是一种批判，它在本质上来衡量个别存在，从理念上来

① 黑格尔：《精神现象学》下卷，商务印书馆 1979 年版，第 258 页。

② 马克思：《1844 年经济学哲学手稿》，人民出版社 2000 年版，第 111 页。

③ 马克思：《博士论文》，人民出版社 1961 年版，第 21 页。

④ 同上。

衡量特殊的现实。"① 这一段和马克思后来批判黑格尔所承认的劳动只是精神的劳动如出一辙："黑格尔唯一知道并承认的劳动是抽象的精神的劳动。"②

（5）发展是自我意识的圆圈式的运动，是绝对的自由

这一点在马克思评论伊壁鸠鲁的《星辰》一章时表现得特别明显。

伊壁鸠鲁对于星辰的结论是："因为天体的永恒性会扰乱自我意识的宁静，一个必然的、不可避免的结论，就是它们并不是永恒的。"③ 马克思认为这里看似是矛盾的。因为，在天体中一切由于原子发展而形成的形式与质料之间、概念与存在之间的矛盾都解除了，在天体中一切必要的规定性都实现了："天体是永恒的和不变的；它们的重心是在它们自身之内，不在它们外面；它们的唯一行动就是运动，并且为虚空的空间所分离开，它们脱离直线而偏斜，形成一个斥力和引力的体系，在这个体系内，它们同样保持着它们的独立性，最后它们并从它们自身中创造出时间，作为它们显现的形式。因此，天体就是成为现实的原子。"④ 可见，在星辰中，对立面实现了统一，形成了一个完整的圆圈。所以，马克思说："伊壁鸠鲁必定会看见他的原理的最高存在，看见他的体系的最高峰和终结点。"⑤ 可是，这样一来，矛盾出现了，既然在天体中伊壁鸠鲁的原则实现了，他为什么又要反对、打碎这种现实呢？

马克思对此展开了分析："整个伊壁鸠鲁的自然哲学是如何地贯穿着本质和存在、形式和物质的矛盾。在天体系统里，物质在自身内接受了形式，在自身内包括了个体性，因而获得它的独立性。但是在这一点后，它也就不再作为抽象自我意识的肯定"⑥。因为在原子的世界里和在现象的世界里一样，形式与质料是对立面，彼此斗争着，一个规定性扬弃着另一个规定性。作为形式的抽象的自我意识和作为物质的抽象的质料彼此都是对方的对象性存在，马克思说："在这种矛盾里，抽象的、个体的自我意识

① 马克思：《博士论文》，人民出版社1961年版，第84页。
② 马克思：《1844年经济学哲学手稿》，人民出版社2000年版，第101页。
③ 马克思：《博士论文》，人民出版社1961年版，第44页。
④ 同上书，第45页。
⑤ 《马克思恩格斯全集》第40卷，人民出版社1982年版，第239页。
⑥ 同上书，第240页。

感觉到它的本性对象化了"①，所以抽象的质料就是抽象自我意识的肯定性存在。但随着质料同形式在天体中的和解，质料便不再是抽象的个别性，而是具体的个别性了，成了一种独立的东西了。

马克思指出，在天体学说中，伊壁鸠鲁哲学的真实原理是，抽象的、个别的自我意识就不再隐藏在物质的"伪装"中了，不再作为原子的形式而与原子的质料纠缠，它要通过消灭独立了的自然的现实性——天体来实现抽象的可能性——自由，也就是要实现那种"可能的东西也可以成为不可能；可能的东西的反面也是可能的"②的规定性——自由。一言以蔽之："只要作为原子和现象的自然是在表示着个别的自我意识和它的矛盾，则自我意识的主观性只以物质自身的形式而出现；反之，当主观性成为独立的东西、自我意识在自身中反映自身之时，则它便在它自己特有的形态下作为独立的形式和物质相对立。"③

马克思总结说，星辰学说表现了伊壁鸠鲁自然哲学的灵魂，即自我意识是绝对性和自由，它一定要打碎作为自己定在的暂时性存在。所以，凡是否定个别自我意识的宁静的，就不会是永恒的。因此，伊壁鸠鲁一旦发现自然的实在性，一旦在天体中发现了独立的、不可破灭的物质，一旦发现天体的永恒性和不变性被群众的信仰、哲学的判断、感官的见证所证明，他就一定要把这种自然拉回到地上，让它成为变化消逝的事物。用黑格尔的话说是这样的：

"哲学的每一个部分都是一个哲学全体，一个自身完整的圆圈。但哲学的理念在每一部分里只表达出一个特殊的规定性或因素。每个单一的圆圈，因它自身也是整体，就要打破它的特殊因素所给它的限制，从而建立一个较大的圆圈。因此，全体便有如许多圆圈所构成的大圆圈。这里面每一圆圈都是一个必然的环节，这些特殊因素的体系构成了整个理念，理念也同样表现在每一个别环节之中。"④

对黑格尔而言，一切实体、实存都是暂时性的存在，它们必然要为绝对精神所克服，并被证明为作为暂时性存在的存在。

---

① 马克思：《博士论文》，人民出版社 1961 年版，第 46 页。
② 《马克思恩格斯全集》第 40 卷，人民出版社 1982 年版，第 241 页。
③ 马克思：《博士论文》，人民出版社 1961 年版，第 47 页。
④ 黑格尔：《小逻辑》，商务印书馆 1980 年版，第 56 页。

（三）马克思对鲍威尔自我意识辩证法的批判

在马克思信奉自我意识哲学时，他也表现出了与鲍威尔的差异。这种差异体现在他与鲍威尔对待感性的不同态度上，特别是在《时间》一章中。与鲍威尔把感性看作实体、看作是自我意识必须和迟早要清除的对象相比，马克思对感性却充满了尊重与赞美。

马克思认为，在伊壁鸠鲁那里，时间是现象的绝对形式，是偶性之偶性。因为偶性是一般实体的变化，偶性之偶性无非是作为自身反映的变换，因此，时间就是变换本身。时间却是"永恒地吞噬着现象并给它打上依赖性和非本质性烙印的本质之火"①。正是时间把现象建立为现象。

在马克思看来，人的感性知觉与时间具有同等重要的地位，两者在本质上是同一的。按照伊壁鸠鲁哲学的表述习惯，纯概念的规定一定要以某种自然存在的形式出现。既然时间是感性知觉的抽象形式，而感性世界的变易性作为变易性、感性世界的变换作为变换、现象的自身反映这些构成时间概念的东西都在被意识到的感性里有单独的存在，那么，人的感性就是形体化的时间，感性知觉就是时间的源泉和时间本身。"偶性之在感性知觉里的反映以及偶性自身的反映，因而被设定为同一种东西。"②

既然如此，通过感性知觉，自然界就把自己作为现象世界表现了出来，并在现象世界中体验到了自身。"事物的这些形式不断地从它们里面涌现出来，侵入到感官，并且恰恰借此而使客体显现出来。因此，自然在听觉中听到了它本身，在嗅觉中嗅到了它本身，在视觉中看见了它本身。"③马克思由此称赞人的感性的伟大作用："人的感性就是一个媒介，通过这个媒介，犹如通过一个焦点，自然的种种过程得到反映，并且点燃了现象界之光。"④

马克思认为，既然时间是作为变换的变换、作为现象的自身反映，那么，"显现着的自然界就可以正当地被设定为客观的，那感性的知觉就可以正当地被当作具体自然的真实标准。虽说原子，自然的基础，只有通过

---

① 《马克思恩格斯全集》第40卷，人民出版社1982年版，第231页。
② 马克思：《博士论文》，人民出版社1961年版，第38页。
③ 同上书，第38—39页。
④ 同上书，第39页。

理性才看得见。"① 这里，马克思虽有所保留，但也肯定地认为自然界的客观性是正当的，感性知觉作为真实标准是正当的。

最后，马克思认为："事物的时间性和事物对感官的显现，被选定为本身同一的东西。"② 同时，"感性的自然也只是客观化了的、经验的、个别的自我意识，而这就是感性的自我意识。"③ 因此，"感官就是在具体自然中的唯一标准，正如抽象的理性在原子世界中那样。"④ 这种对感性价值的充分肯定与鲍威尔的旨趣是大相径庭的。

随着费尔巴哈哲学的崛起，马克思对鲍威尔的自我意识哲学进行了反思，并坚决地将它抛弃了。

在《1844 年经济学哲学手稿》里，马克思认为鲍威尔的自我意识哲学骨子里还是黑格尔的那堆"破烂"，并没有对黑格尔辩证法进行真正的批判。而在《神圣家族》中，马克思则揭了鲍威尔自我意识哲学的老底，给予了无情的批判。

马克思说，鲍威尔所谓的自我意识只不过是提升为自我意识的实体，是作为实体的自我意识，于是，自我意识就从人的属性变成了独立的主体。"这是一幅人脱离自然的形而上学的神学漫画。"⑤ 马克思指出，自我意识的本质不是人，而是理念，因为理念的现实存在就是自我意识。自我意识是人化了的理念，因而它是无限的。人的一切属性就这样神秘地变成了想象的"无限的自我意识"的属性。

马克思认为，黑格尔的哲学体系包含三个因素：斯宾诺莎的实体、费希特的自我意识以及前两个因素在黑格尔那里的必然的矛盾的统一，即绝对精神。第一个因素是被形而上学地改装了的、脱离人的自然。第二个因素则是被形而上学地改装了的、脱离自然的精神。第三个因素就是被形而上学地改装了的以上两个因素的统一，即现实的人和现实的人类。而所谓的施特劳斯和鲍威尔关于实体和自我意识的争论，无非是在黑格尔的思辨范围之内的争论：

"施特劳斯和鲍威尔两人十分彻底地把黑格尔的体系应用于神学。前

---

① 马克思：《博士论文》，人民出版社 1961 年版，第 38 页。
② 《马克思恩格斯全集》第 40 卷，人民出版社 1982 年版，第 233 页。
③ 同上。
④ 马克思：《博士论文》，人民出版社 1961 年版，第 39 页。
⑤ 《马克思恩格斯全集》第 2 卷，人民出版社 1957 年版，第 176 页。

者以斯宾诺莎主义为出发点，后者则以费希特主义为出发点。他们两人都就上述两个因素之中的每一个因素在黑格尔那里由于另一个因素的渗入而被歪曲这一点批判了黑格尔，可是他们使每一个因素都获得了片面的、因而是彻底的发展。因此，他们两人在自己的批判中都超出了黑格尔哲学的范围，但同时他们两人都继续停留在黑格尔思辨的范围内，而他们之中无论哪一个都只是代表了黑格尔体系的一个方面。"①

马克思认为鲍威尔不过是抓住了黑格尔哲学的一个方面，他不仅在吃黑格尔的"残羹冷炙"，而且在哲学上比黑格尔走得更远。黑格尔哲学有着双重的不彻底性：一是他宣布哲学是绝对精神的定在，同时又不肯宣布现实的哲学家就是绝对精神；二是他仅仅在表面上把作为绝对精神的绝对精神变成历史的创造者。在黑格尔看来，绝对精神只是事后才通过哲学家意识到自身是具有创造力的世界精神，所谓绝对精神创造历史的行动也只是发生在哲学家的意识、见解或观念中，只是发生在思辨的想象中。可是，鲍威尔"克服"了黑格尔哲学的这种不彻底性：

首先，他宣布批判是绝对精神，而他自己是批判。批判的因素被排斥于群众之外，同样地，群众的因素也被排斥于批判之外。

接着，鲍威尔又取消了黑格尔的另一种不彻底性："如果说黑格尔精神只是 post festum［事后］在幻想中创造历史，那末，鲍威尔先生则和他以外的其他群众相反，他是有意识地在扮演世界精神的角色；他现在就已经戏剧性地对待这批群众，而且在沉思熟虑之后却故意发明历史和实现历史。"于是，改造社会的事业被归结为批判的批判，即批判自身的大脑活动。

不仅如此！"批判、已经体现出来的批判即布鲁诺先生及其伙伴对待群众的态度，实际上就是现代的唯一的历史态度。现代的全部历史都归结为这两个方面在相互关系上的运动。所有的对立面都消溶在这一批判的对立面中了。"②

这些批判是在马克思深受费尔巴哈影响时写的，它意味着马克思否定了鲍威尔的自我意识哲学，抛弃了自我意识辩证法，转入人本学辩证法的阶段。

---

① 《马克思恩格斯全集》第 2 卷，人民出版社 1957 年版，第 176—177 页。

② 同上书，第 109 页。

二、人本学辩证法阶段

之所以称为人本学辩证法阶段，是因为此时马克思服膺费尔巴哈哲学，而费尔巴哈的哲学就是人本学。

（一）费尔巴哈人本学对马克思的影响

费尔巴哈哲学如此吸引马克思，是因为他恢复了唯物主义的"第一个创始人"培根的传统，使得"物质带着诗意的感性光辉对人的全身心发出微笑"[①]。费尔巴哈认为，唯心论不是别的，就是理性的或理性化了的有神论，而新哲学即未来形而上学的任务则是"将上帝现实化和人化，就是说：将神学转变为人本学，将神学溶解为人本学"[②]。他指出，新哲学诚然也以理性作为基础，但是所谓理性的神圣性的本质乃是人的本质。新哲学并不是以无本质、无色彩、无名称的理性为基础，而是以"饱饮人血"的理性为基础的。因此，"如果旧哲学说：只有理性的东西才是真实的和实在的东西，那么新哲学则说：只有人性的东西才是真实的实在的东西；因为只有人性的东西才是有理性的东西；人乃是理性的尺度。"[③]

费尔巴哈高度重视人。在他看来，既然上帝的本质不是别的，只是摆脱了自然限制的人的本质，那么绝对唯心论的本质也就不是别的，只是摆脱了主观性的理性限制、摆脱了一般感性或对象性的主观唯心论的本质。而"新哲学将人连同作为人的基础的自然当作哲学唯一的，普遍的，最高的对象——因而也将人本学连同生理学当作普遍的科学。"[④] 总之，在费尔巴哈看来，新哲学的主体就是"人"。"这个哲学，并不将斯宾诺莎的实体、康德和费希特的'自我'、谢林的绝对同一性、黑格尔的绝对精神等抽象的、仅仅被思想的或被想像的本质当作自己的原则，而是将现实的或者毋宁说最最现实的本质，真正最实在的存在（Ens realissimum）：人，即最积极的现实原则当作自己的原则。这种哲学，是从思想之对立物，即从物质、实质、感觉中产生思想，并且，在通过思维过程来规定对象以前，

---

① 《马克思恩格斯全集》第 2 卷，人民出版社 1957 年版，第 163 页。

② 费尔巴哈：《未来哲学原理》，生活·读书·新知三联书店 1955 年版，第 3 页。

③ 同上书，第 74 页。

④ 同上书，第 77 页。

先就与对象发生感性的、也即受动的、领受的关系。"①

　　费尔巴哈从人本学的立场出发强调，真理并不存在于思维之内，并不存在于自为的认识之内。真理只是人的生活和本质的总体。他指出，思维与生活是统一的，与存在是统一的。费尔巴哈说道"将心情最主要的，最高的对象——人当作理智最主要的，最高的对象的新哲学，便规定了头脑和心情，思维与生活的合理的同一。"②"思维与存在的统一，只有在将人理解为这个统一的基础和主体的时候，才有意义，才有真理。"③

　　可见，与贬低人的唯心主义相比，与敌视人的机械唯物主义相比，费尔巴哈的哲学是那样与众不同。他用机智的哲学思辨、优美的文学词句重新把"人"放置在历史舞台的中心，使唯物主义重新登上了哲学的"王座"。费尔巴哈达到了他的目的，即"提倡精神水疗法；教导人运用和利用自然理性之冷水"④，这种冷水是"心灵和视觉十分有效的药品。冷水可以使眼目清亮。人们看到清澈的水，心里是多么欢喜啊！这种视觉上的水浴，可以多么促使精神焕发，理智清明啊！"⑤ 马克思为这种哲学思想所倾倒。

　　费尔巴哈在马克思的思想中投下的"震撼弹"威力是如此巨大，以致这个时期的马克思对费尔巴哈毫不吝惜赞美之词。在《1844年经济学哲学手稿》中，马克思说费尔巴哈从"根本"上推翻了旧的辩证法和哲学，"真正"克服了旧哲学，是"唯一"对黑格尔辩证法采取严肃的、批判的态度的人，只有他在这个领域内作出了"真正"的发现。马克思认为费尔巴哈成就"伟大"、功绩"伟大"⑥。在《神圣家族》中，马克思同样的赞美更多。他称费尔巴哈的发现是"天才"式的。

　　费尔巴哈对马克思的影响即使在几年后马克思正式与费尔巴哈决裂的《关于费尔巴哈的提纲》中也有淡淡的影子。马克思在这一宣告新唯物主义诞生的《关于费尔巴哈的提纲》的最后一条，即第11条中说："哲学家们只是用不同的方式解释世界，而问题在于改变世界。"⑦ 无独有偶，费尔

①　费尔巴哈：《基督教的本质》，商务印书馆1984年版，第15页。

②　费尔巴哈：《未来哲学原理》，生活·读书·新知三联书店1955年版，第78页。

③　同上书，第74页。

④　费尔巴哈：《基督教的本质》，商务印书馆1984年版，第6页。

⑤　同上。

⑥　《马克思恩格斯文集》第1卷，人民出版社2009年版，第199页。

⑦　同上书，第506页。

巴哈在宣告未来形而上学这一新哲学的诞生的《未来哲学原理》的最后一条，即第 65 条中说："从前各种改造哲学的企图，只是在方式上或多或少地与旧哲学有所不同，而不是在种类上与旧哲学有所不同。而一种真正的新哲学，即适合于人类和未来的需要的，独立的哲学，其不可缺少的条件则在于它之在本质上与旧哲学不同。"① 可以看出，马克思的话语在表达形式上明显是对费尔巴哈的化用。

（二）马克思对人本学辩证法的理解

费尔巴哈确实对黑格尔辩证法抱有鄙夷的态度。马克思在 1868 年回忆说："德国的先生们（反动的神学家除外）认为，黑格尔的辩证法是条'死狗'。就这方面说，费尔巴哈是颇为问心有愧的。"② 恩格斯也认为费尔巴哈没有克服黑格尔哲学，而只是将它当作无用的东西"抛在一边"。但这不意味着费尔巴哈那里没有辩证法。在《1844 年经济学哲学手稿》中，马克思曾经说过，费尔巴哈重新解释了黑格尔的辩证法，是"唯一对黑格尔辩证法采取严肃的、批判的态度的人；只有他在这个领域内作出了真正的发现，总之，他真正克服了旧哲学。"③ 当然，马克思的这一评价从费尔巴哈哲学实际达到的高度来看有些过头了，但如果费尔巴哈那里根本就没有辩证法思想，马克思的这一评价在当时也是无论如何不可能作出的。事实上，费尔巴哈在指出黑格尔辩证法的荒谬性后，转而对辩证法作了人本学的演绎，提出了人本学意义上的辩证法。而对于这种费尔巴哈式的辩证法马克思并未完全认同，基于其一贯的怀疑一切、绝不盲从的性格，马克思对费尔巴哈的人本学辩证法作了双重改动（之所以说是改动而不是改造，是因为此时马克思的思想总体上还处于费尔巴哈的人本学的笼罩之下，谈不上根本性的变革，这从马克思不时遭受鲍威尔和施蒂纳的攻击就可见一斑）：一是重新解释了费尔巴哈的"类"；二是重新解释了费尔巴哈的人本学辩证法。

1. 马克思对"类"概念的重新解释

在《未来哲学原理》中，费尔巴哈认为，人是类存在物，因而是自由的存在物，是普遍的实体。他说："人并不是一种特殊的实体，如同动物

① 费尔巴哈：《未来哲学原理》，生活·读书·新知三联书店 1955 年版，第 80 页。

② 《马克思恩格斯全集》第 32 卷，人民出版社 1975 年版，第 18 页。

③ 马克思：《1844 年经济学哲学手稿》，人民出版社 2000 年版，第 96 页。

那样，而是一种普遍的实体，因而并不是一种有限制的，不自由的实体，而是一种不受限制的，自由的实体；因为普遍性，无限制性，自由是不可分割的。而且这种自由也不是存在于一种特殊的能力，意志之内，同样情形，这种普遍性也不是存在于一种特殊的思维能力，理性能力之内——这种自由，这种普遍性是越出它的整个本质之外的。"①

但人是类存在物并不是因为人有意识。在究竟什么是人跟动物的根本区别的问题上，一般的回答是意识。费尔巴哈则认为这是不学无术的唯物主义者的说法②，因为动物也具有知觉、判断这类意识。动物有自我感，但它们只把个体作为自己的对象，以类为意识对象才是人与动物的最大区别。"只有将自己的类、自己的本质性当作对象的那种生物，才具有最严格意义上的意识"③。

费尔巴哈认为，爱、理性、意志就是人的类本质。"在人里面形成类、即形成本来的人性的东西究竟是什么呢？就是理性、意志、心。一个完善的人，必定具备思维力、意志力和心力。思维力是认识之光，意志力是品性之能量，心力是爱。理性、爱、意志力，这就是完善性，这就是最高的力，这就是作为人的人底绝对本质，就是人生存的目的。"④

费尔巴哈强调，人的思维不过是人的本质的必然结果和属性。人与动物不同，决不只是因为人有思维，人的整个本质都与动物不同。也就是说，人的类意识、精神生活是人的现实的类生活的产物。他说："如果一种官能超出了特殊性的限制，超出了需要对它的束缚，那它就上升到具有一种独立的，理论的意义和地位了。普遍的官能就是理智，普遍的感性就是精神性。甚至于最低等的官能如嗅觉和味觉，在人中间也上升为精神的行动，科学的行动。"⑤

马克思认同费尔巴哈关于人是类存在物的看法。他说："人是类存在物，不仅因为人在实践上和理论上都把类——他自身的类以及其他物的类——当作自己的对象；而且因为——这只是同一种事物的另一种说法——人把自身当作现有的、有生命的类来对待，因为人把自身当作普遍

---

① 费尔巴哈：《未来哲学原理》，生活·读书·新知三联书店1955年版，第76页。
② 费尔巴哈：《基督教的本质》，商务印书馆1984年版，第31页注释①。
③ 同上书，第29页。
④ 同上书，第31页。
⑤ 费尔巴哈：《未来哲学原理》，生活·读书·新知三联书店1955年版，第77页。

的因而也是自由的存在物来对待。"①

马克思也认同类意识是对现实的类存在的反映。他说，作为类意识，人确证自己的现实的社会生活，并且只是在思维中复现自己的现实存在；反之，类存在则在类意识中确证自己，并且在自己的普遍性中作为思维着的存在物自为地存在着。"我的普遍意识不过是以现实共同体、社会存在物为主动形式的那个东西的理论形式，……因此，我的普遍意识的活动——作为一种活动——也是我作为社会存在物的理论存在。"②

但马克思在人的本质的规定上与费尔巴哈不一致。他认为，人的类本质是"自由的有意识的活动"③。为什么这样说呢？马克思认为，"一个种的整体特性、种的类特性就在于生命活动的性质"④，而人的生命活动就是劳动，就是生产活动。这一点源自马克思对黑格尔的自我意识的理解，他说黑格尔抓住了劳动的本质，"把对象性的人、现实的因而是真正的人理解为他自己的劳动的结果"，"人作为现实的类存在物即作为人的存在物的实现：只有通过下述途径才有可能：人确实显示出自己的全部类力量——这又只有通过人的全部活动、只有作为历史的结果才有可能。"⑤

马克思强调，人正是通过实践创造对象世界，改造无机界，才证明了自己是有意识的类存在物。就是说，人是"这样一种存在物，它把类看作自己的本质，或者说把自身看作类存在物。"⑥

2. 马克思对费尔巴哈人本学辩证法的重新解释

对于"类"的不同解释，导致在对辩证法的理解上，马克思与费尔巴哈也有了差别。

在费尔巴哈看来，辩证法不过是一种认识活动。他不了解辩证法与人的真正的活动即劳动实践的关系，所以黑格尔那里的思辨活动，在费尔巴哈这里转变成了感性直观活动、自我认识活动。

在前面的章节中，我们曾详细列举过费尔巴哈相关辩证法思想的论述，这里就不再重复。我们发现，费尔巴哈对辩证法的表述，并不是对现

① 马克思：《1844 年经济学哲学手稿》，人民出版社 2000 年版，第 56 页。
② 同上书，第 84 页。
③ 同上书，第 57 页。
④ 同上。
⑤ 同上书，第 101 页。
⑥ 同上书，第 57 页。

实的人的实践活动的辩证运动的表述,而是对人的认识,或者准确地说是对直观认识活动的表述。所谓对立面的统一,所谓否定之否定,实际上是自我在对象中认识到了自己,因而原来的人与对象的对立,最终通过认识、通过直观,变成了人与自身的统一。"'自我'之必须有'你'的秘密——乃是这样一个真理:没有一个实体,不管是人,是上帝,或者是精神,或是'自我',凡单独的本身都不是一个真正的、完善的、绝对的实体。真理和完善只是各个本质上相同的实体的结合和统一。哲学最高和最后的原则,因此就是人与人的统一。一切本质关系——各种不同的科学原则——都只是这个统一的各种不同的类型和方式。"① 在费尔巴哈看来,辩证法不过是自我对话。"真正的辩证法并不是寂寞的思想家的独白,而是'自我'和'你'之间的对话。"② 可见,在黑格尔那里的思维运动、思辨辩证法,在费尔巴哈这里变成了人的内在生活,是人和自己的对话。"人的内在生活,是对他的类、他的本质发生关系的生活。人思维,其实就是人跟自己本人交谈、讲话。没有外在的另一个个体,动物就不能行使类的职能;而人,即使没有另一个人,仍旧能够行使思维、讲话这种类职能,因为,思维、讲话是真正的类的职能。人本身,既是'我',又是'你';他能够将自己假设成别人,这正是因为他不仅把自己的个体性当作对象,而且也把自己的类、自己的本质当作对象。"③

费尔巴哈没有觉察到自己对黑格尔辩证法的理解存在问题,同时,他又过于迷信感性直观,以致有的时候,他对黑格尔辩证法竟作出大胆、轻浮、肤浅的解释。如对立面的统一,在他看来就是思维抽象掉对象或主体的结果。费尔巴哈说道:"没有比指出对立属性的统一更容易的事了,人们只须抽去这些对立属性的对象或主体就行了。对象消灭了,对立物之间的界限也就随着消灭了,这样,对立物便成了无根据无依靠的东西,于是立刻消失了。"④ 那么,矛盾是什么呢?费尔巴哈的回答是"时间":"将对立的或矛盾的特性以一种适合实际的方式统一于同一实体中的中介,只是时间。"⑤ 这种回答充分说明了费尔巴哈对黑格尔辩证法的理解是何等的

---

① 费尔巴哈:《未来哲学原理》,生活·读书·新知三联书店 1955 年版,第 80 页。
② 同上书,第 79 页。
③ 费尔巴哈:《基督教的本质》,商务印书馆 1984 年版,第 30 页。
④ 费尔巴哈:《未来哲学原理》,生活·读书·新知三联书店 1955 年版,第 70 页。
⑤ 同上。

荒谬！

与费尔巴哈不同，马克思虽然坚持人本学的基本观点，但在对黑格尔辩证法的理解上却与费尔巴哈旨趣大异。

马克思认为，所谓神秘的自我意识的辩证运动，不过是作为类存在物的人的生命活动的抽象反映。马克思指出，在黑格尔《精神现象学》中的异化的各种不同形式，只是意识和自我意识的不同形式，而抽象的意识则是自我意识差别的环节，主体—实体的运动的结果表现为自我意识和意识的同一，即绝对知识的出现。绝对知识就是仅仅在自身内部进行抽象思维的运动，也就是作为纯思想的辩证法。而在黑格尔那里，自我意识就是人，意识就是对象、实体，所以自我意识扬弃意识回归自身的过程也就是人扬弃对象回归自身的过程。这样一来，马克思就道出了绝对精神的运动、辩证法的现实来源。他说，黑格尔的《精神现象学》这一著作及其最终成果辩证法的伟大之处在于："黑格尔把人的自我产生看作一个过程，把对象化看作非对象化，看作外化和这种外化的扬弃；可见，他抓住了劳动的本质，把对象性的人、现实的因而是真正的人理解为他自己的劳动的结果。"①　因此，马克思把辩证法规定为"作为推动原则和创造原则的否定性"，这无非是对人的自我产生过程、人的劳动过程所作的思维上的抽象的表达。"在黑格尔看来，自我产生、自我对象化的运动，作为自我外化和自我异化的运动，是绝对的因而也是最后的、以自身为目的的、安于自身的、达到自己本质的人的生命表现。因此，［这个运］动在其抽象形式上，作为辩证法，被看成真正人的生命；而因为它毕竟是人的生命的抽象、异化，所以它被看成神性的过程，然而是人的神性的过程，——人的与自身有区别的、抽象的、纯粹的、绝对的本质本身所经历的过程。"②

马克思总结说，黑格尔所谓的否定之否定的扬弃运动，也就是把外化收回到自身的、对象性运动，实质上是"在异化之内表现出来的关于通过扬弃对象性本质的异化来占有对象性本质的见解；这是异化的见解，它主张人的现实的对象化，主张人通过消灭对象世界的异化的规定、通过在对象世界的异化存在中扬弃对象世界而现实地占有自己的对象性本质。"③

综上所述，由于马克思在这一时期坚守费尔巴哈人本学的基本原则，

---

① 马克思：《1844 年经济学哲学手稿》，人民出版社 2000 年版，第 101 页。

② 同上书，第 113 页。

③ 同上书，第 112 页。

认为人是现实的、感性的类存在物，所以马克思的辩证法是人本学性质的。同时，又由于马克思改变了在费尔巴哈那里的对辩证法的认识，抛弃了作为感性直观和思维对话式的虚假辩证法，因而在一定程度上批判地继承了黑格尔辩证法中最富于生命力的部分，所以，马克思的辩证法无疑又具有真正意义上的辩证性质。这也就意味着马克思进入了人本学辩证法阶段。

（三）人本学辩证法的表现

马克思的人本学辩证法集中体现在《1844 年经济学哲学手稿》的异化劳动理论和共产主义理论中。

1. 体现在异化劳动理论中的人本学辩证法

人本学辩证法有其人本学的前提，它设定了人有绝对的、固有的、永恒的本质。在这一点上，无论是费尔巴哈把它设定为理性、爱和心，还是马克思把它设定为自由自觉的活动，其本质都是一样的。因此，辩证法即否定的否定就表现为人对象化自己的本质，然后重新占有对象，占有自己的本质，并确认自己的本质的过程。如果人的这种类生活无法实现，那就意味着不幸，因为人的自由无法得到实现，人的命运被外在的必然性和偶然性主宰着。

马克思以私有财产为例来说明人的类本质、类活动在工业社会中的遭遇。他认为，私有财产就是人的异化了的对象性的存在。私有财产包含劳动和资本的关系[①]。人外化了自己的本质，把自己变成了私有财产的感性的存在，却最终无法扬弃它即无法回归自身、重新占有自己的本质[②]。这直接导致了四大后果：

第一，人和自己的劳动产品相异化。马克思认为，劳动产品是固定在某个对象中的物化的劳动，是劳动的对象性存在、劳动的现实化。可是，在资本主义社会中，劳动的现实化却变成了工人的非现实化。"对象化表现为对象的丧失和被对象奴役，占有表现为异化、外化。"[③] 结果就是劳动所生产的对象即劳动的产品变成了一种异己的存在物，变成了一种不依赖于生产者的力量同劳动者相对立。这样，劳动的现实化成了非现实化，对

---

① 《马克思恩格斯全集》第 3 卷，人民出版社 2002 年版，第 288 页。

② 同上书，第 303 页。

③ 马克思：《1844 年经济学哲学手稿》，人民出版社 2000 年版，第 52 页。

象化成了对象的丧失，连劳动本身也变成了工人要"通过最大的努力和极不规则的中断"才能加以占有的对象。① 这表明"工人对自己的劳动的产品的关系就是对一个异己对象的关系"②。

于是，"物的世界的增值同人的世界的贬值成正比"③：工人生产的财富越多，他就越贫穷；工人创造的商品越多，他就越变成廉价的商品；工人的产品越完美，他自己就越畸形；工人创造的对象越文明，他自己就越野蛮。同时，劳动越有力量，工人就越无力；劳动越机巧，工人就越愚笨，越成为自然界的奴隶。

这样，工人就在两方面成为了自己对象的奴隶："首先，他得到劳动的对象，也就是得到工作；其次，他得到生存资料。因此，他首先是作为工人，其次是作为肉体的主体，才能够生存。这种奴隶状态的顶点就是：他只有作为工人才能维持自己作为肉体的主体，并且只有作为肉体的主体才［能］是工人。"④

第二，人和自己的劳动相异化。劳动产品与人相异化的根源在于人的劳动本身就与人相异化了，异化产品不过是异化劳动的结果。马克思指出，首先，劳动对人来说成了外在的东西。工人在劳动中不是肯定自己，而是否定自己；不是感到幸福，而是感到不幸；不是自由地发挥自己的体力和智力，而是使自己的肉体受折磨、精神受摧残。因此，工人在劳动的时候不自在，不劳动的时候才愉快。其次，劳动成了满足劳动以外的需要的手段。工人的劳动不是自愿的劳动，而是被迫的强制劳动。这种外在的劳动，使人的劳动成了一种自我牺牲和自我折磨。最后，这种外在劳动表明，工人的劳动不属于他自己，而属于别人；他在劳动中也不属于自己，而属于别人。马克思悲愤地说，这种异化劳动使"动物的东西成为人的东西，而人的东西成为动物的东西"⑤，就是说，人在运用动物机能时才觉得自己是在自由活动，而在运用人的机能时反倒觉得自己是个动物。

第三，人和自己的类本质相异化。通过改造对象世界的活动，人证明自己是类存在物。人的生产活动正是人的能动的类活动，通过这种生产，

---

① 《马克思恩格斯全集》第 3 卷，人民出版社 2002 年版，第 268 页。
② 马克思：《1844 年经济学哲学手稿》，人民出版社 2000 年版，第 52 页。
③ 同上书，第 51 页。
④ 同上书，第 53 页。
⑤ 同上书，第 55 页。

自然界表现为人的作品和人的现实，劳动对象是人的类生活的对象化。人不仅在精神中使自身二重化，而且在现实中也使自身二重化，人只有在他创造的对象世界中直观自身，才能确证自身。但异化劳动从人那里夺去了人的类生活，从而把自主、自由的人类劳动变成了维持人类肉体生存的手段，随着类生活的改变即类生活成为对意识而言的手段，人的类本质也成了对人来说的异己的本质，成了外在的、陌生的本质。正如马克思所言，异化劳动"使人自己的身体，同样使在他之外的自然界，使他的精神本质，他的人的本质同人相异化"①。

第四，人同人相异化。马克思认为，人与自身的关系，只有通过人与他人的关系才得到实现和确证。当人同自身相对立时，他就同他人相对立了，因为凡是适用于人与自己的劳动、与自己的劳动产品和与自身的关系的东西，也都适用于人与他人、与他人的劳动和劳动对象的关系。马克思追问，如果劳动产品不属于我，那么它属于谁？如果我的活动不属于我，那么它属于谁？回答是：它决不属于神，也不属于自然，而只能属于人自身。如果它不属于工人，那么它一定属于工人以外的他人，因为"只有人自身才能成为统治人的异己力量"②。如果人把自己的活动看作一种不自由的活动，那么他就是把这种活动看成了替他人服务、受他人支配、处于他人强迫和压制之下的活动。

2. 体现在共产主义理论中的人本学辩证法

马克思的人本学辩证法还体现在他对共产主义的理解上。在这里，"扬弃"范畴充满了人性的光辉。

马克思认为，共产主义是对私有财产即人的自我异化的真正扬弃。与之相反的共产主义有三种。一种是粗陋的共产主义，这种共产主义不过是想把自己设定为"积极共同体"的私有财产的表现形式，所谓共同性只是劳动的共同性以及由共同的资本所支付的工资的平等的共同性。"关系的两个方面被提高到想像的普遍性：劳动是为每个人设定的天职，而资本是共同体的公认的普遍性和力量。"③ 另外两种共产主义则是具有政治性质的共产主义即民主的或专制的共产主义以及主张废除国家但仍处于异化的影响下的共产主义。马克思认为，这两种共产主义虽然认识到了共产主义是

---

① 马克思：《1844 年经济学哲学手稿》，人民出版社 2000 年版，第 58 页。

② 同上书，第 60 页。

③ 同上书，第 80 页。

人向自身的复归，是对人的自我异化的扬弃，但由于不了解私有财产的本质，不了解人的需要所体现的人的本性，这些共产主义依然受私有财产的束缚。

马克思认为，"物质的、直接感性的私有财产，是异化了的人的生命的物质的、感性的表现"①，私有财产的运动即生产和消费是迄今为止的全部生产运动的感性展现，是人的实现和人的现实。宗教、家庭、国家、法、道德、科学、艺术等都是生产的特殊方式，并受生产的普遍规律的支配。因此，对异化的扬弃必然包括两个方面：扬弃现实生活的异化和扬弃意识领域的异化。于是，对私有财产的扬弃就是人从宗教、家庭、国家等向人自己的社会存在的全面的复归。

马克思进一步指出，对私有财产的积极的扬弃是"为了人并且通过人对人的本质和人的生命、对象性的人和人的作品的感性的占有"②，不能把这种扬弃理解为简单的占有、拥有或理解为直接的、片面的享受。在私有制下，扬弃正是被片面地理解为单纯的占有：一个对象，只有当它作为资本而存在，或者被人直接占有，被吃、喝、住等的时候才属于人。③"一切肉体的和精神的感觉都被这一切感觉的单纯异化即拥有的感觉所代替。"④与此相反，真正的扬弃是人以全面的方式，是人作为总体的人，占有自己的全面的本质。马克思说，人与世界的所有的人的关系，包括视觉、听觉、嗅觉、触觉、思维、直观、情感、愿望、活动、爱等等，人的个体的一切器官，都是通过自己的对象性关系，也就是通过自己和对象的关系而占有对象，占有人的现实。⑤

马克思总结道："因此，对私有财产的扬弃，是人的一切感觉和特性的彻底解放。"⑥

正是基于上述理解，马克思对共产主义作了新的规定。他认为："共产主义是私有财产即人的自我异化的积极的扬弃，因而是通过人并且为了人而对人的本质的真正占有。因此，它是人向自身的、社会的、合乎人性

①　马克思：《1844年经济学哲学手稿》，人民出版社2000年版，第82页。

②　同上书，第85页。

③　《马克思恩格斯全集》第3卷，人民出版社2002年版，第303页。

④　马克思：《1844年经济学哲学手稿》，人民出版社2000年版，第85页。

⑤　《马克思恩格斯全集》第3卷，人民出版社2002年版，第303页。

⑥　马克思：《1844年经济学哲学手稿》，人民出版社2000年版，第86页。

的人的复归，这种复归是完全的、自觉的并且是在以往发展的全部财富的范围内生成的。这种共产主义，作为完成了的自然主义＝人道主义，而作为完成了的人道主义＝自然主义，它是人和自然界之间、人和人之间的矛盾的真正解决，是存在和本质、对象化和自我确证、自由和必然、个体和类之间的斗争的真正解决。它是历史之谜的解答，而且知道自己就是这种解答。"①

马克思一言以蔽之："共产主义是作为否定的否定的肯定，因此，它是人的解放和复原的一个现实的、对下一段历史发展来说是必然的环节。共产主义是最近将来的必然的形式和有效的原则。"②

以上论述表明，按照马克思的共产主义理论，从现在通往未来共产主义的辩证运动是建立在人有着先天的、固有的、永恒的类本质即自由自觉的活动的基础上的，因而这种辩证运动的前进过程同时又表现为向人的类本质的回归过程，异化的道路也就成了扬弃异化的道路。在这里，马克思所有的论述都离不开自我外化、自我扬弃、返回自身的逻辑框架。虽然马克思的这一思想与黑格尔辩证法有重要区别，自我意识变成了现实的、作为类存在的人，但类本质的人依然是抽象的人，因而马克思在这里并没有真正地摆脱黑格尔自我意识纠缠。这就像施蒂纳批判费尔巴哈时所说的那样，人驳倒了上帝，却又把类存在的人奉为了新的上帝。

（四）马克思与费尔巴哈的思想分歧

在《1844年经济学哲学手稿》一书中，马克思虽对费尔巴哈有诸多肯定，但也埋下了日后分手的伏笔。在前文中我们已经论述了马克思与费尔巴哈在类本质及辩证法上的分歧，下面进一步论述两人在自然观上的根本分歧，这一分歧是马克思走向实践唯物主义的重要契机之一。

虽然马克思在《1844年经济学哲学手稿》中对费尔巴哈毫无保留地多次给予了高度评价，如称赞费尔巴哈伟大而谦虚，视其著作是继黑格尔的《现象学》和《逻辑学》之后包含着真正理论革命的唯一著作，说"费尔巴哈是惟一对黑格尔辩证法采取严肃的、批判的态度的人；只有他在这个领域内作出了真正的发现，总之，他真正克服了旧哲学"③，但马克

---

① 马克思：《1844年经济学哲学手稿》，人民出版社2000年版，第81页。
② 同上书，第93页。
③ 同上书，第96页。

思对于费尔巴哈的思想并未亦步亦趋，而是对他的唯物主义观点有所保留，并在某些问题上阐发了自己的独立见解。这集中表现于马克思在自然观上与费尔巴哈的分歧，它充分体现了马克思怀疑一切、决不盲从的理论风格和人格特点。

马克思与费尔巴哈在自然观上的分歧，集中体现在对自然的本质与人的本质的关系的不同看法上。马克思认为自然的本质与人的本质具有统一性，而费尔巴哈则主张自然的本质与人的本质是两种根本不同的本质。

费尔巴哈在《宗教的本质》中明确地指出：“至于那异于人的本质，不依靠人的本质的实体，亦即那不具人的本质、人的特性、人的个性的实体，真正说来，不是别的东西，就是自然。”① 这里显然是把自然的本质与人的本质看作是两种完全不同的东西。

既然如此，为什么还有人会把自然的本质看成是人自己的本质，把自然人格化呢？费尔巴哈认为这完全是由于人自己的误会。在《基督教的本质》中，费尔巴哈在阐明自己人本学的重要原理即主体的本质通过对象呈现、对象的本质就是主体固有而客观的本质这一思想的同时，也强调：“如果这个对象是若干同类而不同种的个体所共有的，那末，它就至少像它按照不同的特点分别成为这些个体的对象那样地成为这些个体固有而又客观的本质。”② 也就是说，对象的本质即主体的本质这一原理是有条件的，这一原理所陈述的对象的本质并非是对象自身的真正的本质，而是对象呈现给主体的本质，也就是主体的本质在对象中的倒影。费尔巴哈说：“每个行星都在它自己的太阳中映射出它自己的本质。”③ 在《未来哲学原理》一书中，同样的说明是用上帝与光的例子来阐发的。费尔巴哈指出，在上帝这个对象那里，对象自身与人的对象之间的区别是没有的，因为上帝是人特有的对象，所以上帝的本质就是人的本质。而光则不同，光不仅是人的对象，也是其他动植物和无机物的对象。为了了解光是什么，费尔巴哈提醒我们：“不只要观察光给我们的印象和对我们的作用，而且还要观察光给那些与我们不同的，其他的实体的印象和对于它们的作用。”④ 之所以如此，是因为“对象与我们的对象”即“实际上的对象与我们的思维

① 费尔巴哈：《宗教的本质》，商务印书馆1999年版，第1页。
② 费尔巴哈：《基督教的本质》，商务印书馆1984年版，第33页。
③ 同上。
④ 费尔巴哈：《未来哲学原理》，生活·读书·新知三联书店1955年版，第9页。

和观念中的对象"是有区别的。自然呈现给我们的本质，并不是自然自身的本质，而只是我们自己的本质，但我们往往误以为它们是自然本身的本质。这是因为，人"把一个自然对象在他自己身上所激起的那些感觉，直接看成了对象本身的一些性态。……因此人们不由自主地、不知不觉地……将自然本质弄成了一个心情的本质，弄成了一个主观的、亦即人的本质。"①

由此可见，在黑格尔那里以异化的形式消除了的人与自然的对立，在费尔巴哈这里又重新顽强地确立了起来。

与费尔巴哈的观点不同，马克思认为自然的本质与人的本质之间具有统一性，并把它表述为"自然的人的本质"和"人的自然的本质"。马克思把自然视作人的无机身体，视为人的组成部分、延长的肢体，并认为人和自然不是处于外在的联系之中，而是处于内在的交互作用中。马克思指出，人"把整个自然界……变成人的无机的身体。……自然界是人为了不致死亡而必须与之处于持续不断的交互作用过程的、人的身体。所谓人的肉体生活同精神生活同自然界相联系，不外是说自然界同自身相联系，因为人是自然界的一部分"②。

马克思毫不讳言"自然界的人性和历史所创造的自然界——人的产品——的人性"。他还指出，今后自然科学与人的科学将是一门科学，自然科学与哲学将结合起来。自然对象的本质也就是人自身的本质，而自然对象的本质"只有在关于一般自然界的科学中才能获得它们的自我认识"，所以，自然科学与人的科学显然是同一科学。马克思总结道："自然界的社会的现实和人的自然科学或关于人的自然科学，是同一个说法。"③

导致马克思与费尔巴哈在自然观上产生分歧的更为深刻的原因，还应该追溯到他们对黑格尔哲学的理解、特别是对辩证法的理解上。前文中我们对此有过探讨，下面将对此加以更为深入的分析。

费尔巴哈揭开了黑格尔哲学的神秘面纱，指出了其哲学的神学本质，点亮了通往感性、现实的人的方向，这无疑是对思辨哲学的沉重打击。马克思在《1844 年经济学哲学手稿》中将费尔巴哈对黑格尔辩证法的批判归纳为三点：第一，黑格尔从异化出发，从绝对的和不变的抽象出发，也就是从宗

---

① 费尔巴哈：《宗教的本质》，商务印书馆 1999 年版，第 34 页。

② 马克思：《1844 年经济学哲学手稿》，人民出版社 2000 年版，第 56—57 页。

③ 同上书，第 90 页。

教和神学出发；第二，黑格尔扬弃了无限的东西，设定了现实的、感性的东西；第三，黑格尔重新扬弃了肯定的东西，重新恢复了抽象的东西，也就是重新恢复了神学。在费尔巴哈看来，黑格尔辩证法不过是哲学自身的矛盾，是黑格尔用来在否定神学之后重新恢复神学的伎俩。费尔巴哈对黑格尔辩证法的本质的理解无疑是深刻的。在《1844 年经济学哲学手稿》中，马克思沿着费尔巴哈的思路，进一步发挥了自己的见解，认为哲学是人的本质的普遍异化的表现，绝对精神、自我意识就是人的本质的异化。而所谓神秘的自我意识通过克服意识的对象来认识自身的过程，无非是人通过现实的感性对象来认识自己的本质、自己的所有特殊的感性力量的过程。

　　费尔巴哈不仅从根本上厌恶黑格尔的辩证法，而且对辩证法的具体规律也不屑一顾。但在这一点上，费尔巴哈却谈不上深刻，而只剩下肤浅了。既然辩证法在费尔巴哈看来不过是黑格尔维系其神秘体系的魔杖，辩证法的具体规律本身又荒唐可笑，那么他将黑格尔的思辨辩证法彻底抛弃，自创一套对话式的人本学辩证法，直接投入感性、投入直观的怀抱，就是理所应当的，可以理解的。但也正因如此，费尔巴哈无法做到对黑格尔哲学的真正扬弃，而只能是简单的否定。这方面的缺陷是费尔巴哈沉溺于感性直观不能自拔的深层次内因。

　　与费尔巴哈不同，马克思自始至终对黑格尔辩证法的合理内核给予高度评价。在《1844 年经济学哲学手稿》中，马克思把辩证法视为黑格尔《现象学》的最后成果，也就是"作为推动原则和创造原则的否定性"[①]。他认为，黑格尔把人的自我产生看作一个过程，把对象化看作非对象化，看作外化和这种外化的扬弃，从而用唯心主义的方式抓住了劳动的本质，把对象性的人、现实的因而是真正的人理解为他自己的劳动的成果。因此，黑格尔辩证法不过是人的本质普遍异化的必然结果，是对人的本质活动即感性对象化活动的抽象表达。

　　在费尔巴哈那里，作为直观对象的自然的本质与人是格格不入的。对马克思而言，结论正好相反，因为从辩证法的角度来理解物性（自然、对象的本质），物性就不再是与意识无关的存在，而是自我意识的外化，是为意识的存在，而且由于辩证运动，意识还将"扬弃这种外化和对象性，同样也把它们收回到自身，因此，它在自己的异在本身中就是在自身"[②]。

---

　　①　马克思：《1844 年经济学哲学手稿》，人民出版社 2000 年版，第 101 页。

　　②　同上书，第 103 页。

意识通过一番否定之否定发现，物性原来是意识设定的物性，对象的本质不是别的，正是意识自身的本质，物性与意识原来是统一的。在黑格尔那里，意识就是以异化形式存在的人，因此，意识与物性的统一实际上就是人与自然的统一。费尔巴哈抛弃辩证法，不理解感性实践，热衷于感性直观，因而既无法了解真正的人类的现实生活，也无法了解真正的感性自然，并在主观上把人与自然分隔开来。与费尔巴哈不同，由于有了对黑格尔辩证法的深刻理解，马克思在理论批判中牢牢把握了从感性活动来理解感性事物的基调，意识到人的劳动对象——自然不是与人无关的异己存在物，而是人的无机身体、人的作品、对象性的人的存在，突破了人与自然、自由与必然、自为存在与自在存在的对立，认识到它们的有机统一。

由此可见，正是对黑格尔哲学、特别是对黑格尔辩证法的不同理解，使得马克思在自然观上得出了与费尔巴哈完全不同的结论。这也表明，马克思日后对费尔巴哈人本学的超越在他还深受费尔巴哈影响的时候就已经埋下了伏笔。

三、实践辩证法阶段

在上一章最后一节中，我们曾详细考察了马克思与费尔巴哈决裂的过程，论述了从《神圣家族》到《德意志意识形态》中相关思想的发展。因此，在本节中，我们对马克思相关转变的历程不再复述，而是提供一些新的资料对这一历程略作补充说明。在马克思看来，辩证法的主体实际上是人类现实的实践活动，辩证法的形式即辩证法的一般规律实际上是对人类现实的实践活动抽象，是人类社会历史发展的产物。由此，马克思辩证法思想的发展进入了实践辩证法阶段。

（一）人本学辩证法中的实践辩证法雏形

首先，还在《1844年经济学哲学手稿》时期，马克思就对现实历史、现实的资本主义工业社会予以了高度关注，并敏锐地认识到了意识形态与经济社会运动的关系。

在论述人本学辩证法的过程中，马克思的思想中实际上已经具有了一定的实践辩证法雏形。虽然他总体上还坚持整个历史运动的过程是人由自由自觉的劳动到异化劳动，再回复到自由自觉的劳动的过程，但是在分析私有财产时，马克思提出的一些新观点已经非常接近实践辩证法了。

比如，在谈到劳动和资本的关系时，马克思认为，这两者的关系是辩证的。他说，私有财产是真正的类活动或作为类存在物的人的活动的异化的、外化的形式，"这种物质的、直接感性的私有财产，是异化了的人的生命的物质的、感性的表现。"① 私有财产包括劳动和资本。劳动和资本的关系是：

第一，二者直接的或间接的统一。起初，资本和劳动是统一的；后来，它们虽然分离和异化，却作为积极的条件而互相促进和互相推动。

第二，二者的对立。它们互相排斥；工人知道资本家是自己的非在，反过来也是这样；每一方都力图剥夺另一方的存在。

第三，二者各自同自身对立。资本＝积累劳动＝劳动。作为这样的东西，资本分解为自身和自己的利息，而利息又分解为利息和利润。资本家的彻底牺牲。他沦为工人阶级，正像工人——但只是例外地——成为资本家一样。劳动是资本的要素，是资本的费用。因而，工资是资本的牺牲。

劳动分解为自身和工资。工人本身是资本、商品。

敌对性的相互对立。②

可以看出，这里对资本与劳动的辩证关系的论述与马克思后来在《1857—1858 年政治经济学手稿》中的相关论述是基本一致的，它实际上已经接近了实践辩证法的表述，虽然它披着"异化"的外衣。

其次，马克思认为，正是劳动生产了人的关系。马克思强调，人不仅生产劳动产品，而且还生产人与人的关系。人同自身和自然界的任何自我异化，都表现在他使自身和自然界跟另一些与他不同的人所发生的关系上，这是一种必然的相互反映的关系。比如，体现在宗教上的自我异化就必然表现在世俗的人对僧侣或基督的关系上。但在实践中，在现实的世界中，自我异化只有通过与他人的实践的、现实的关系才能表现出来。"异化借以实现的手段本身就是实践的。因此，通过异化劳动，人不仅生产出他对作为异己的、敌对力量的生产对象和生产行为的关系，而且还生产出他人与他的生产和他的产品的关系，以及他与这些他人的关系。正像他把他自己的生产变成自己的非现实化，变成对自己的惩罚一样，正像他丧失掉自己的产品并使它变成不属于他的产品一样，他也生产出不生产的人对

---

① 马克思：《1844 年经济学哲学手稿》，人民出版社 2000 年版，第 82 页。

② 同上书，第 72 页。

生产和产品的支配。正像他使他自己的活动同自身相异化一样，他也使与他相异的人占有非自身的活动。"①

　　人在劳动中不仅生产产品及产品与产品的关系，而且生产人与产品的关系，更生产人与人的关系。如果去掉这些论述里人戴着的"类存在物"这顶大帽，这不正是实践辩证法吗？

　　再次，马克思指出，宗教、法、道德等是生产的特殊形式。他说，私有财产的运动即生产和消费，是"迄今为止全部生产的运动的感性展现，就是说，是人的实现或人的现实。宗教、家庭、国家、法、道德、科学、艺术等等，都不过是生产的一些特殊的方式，并且受生产的普遍规律的支配。"② 这些内容，不正是实践辩证法的表达吗？其所说明的不正是上层建筑与现实生产的关系吗？只不过马克思为这种运动添加了异化劳动的语境而已。

　　这几点新的材料只是对上一章相关内容的补充。它们进一步表明，通过与恩格斯的合作，同时在施蒂纳相关著作的外在刺激下，马克思的实践辩证法思想终于"破茧而出"，彻底挣脱了费尔巴哈人本学的束缚。

（二）实践辩证法主体的确立

　　马克思在《关于费尔巴哈的提纲》中表述了他对实践辩证法主体的理解：

　　"从前的一切唯物主义（包括费尔巴哈的唯物主义）的主要缺点是：对对象、现实、感性，只是从客体的或者直观的形式去理解，而不是把它们当作感性的人的活动，当作实践去理解，不是从主体方面去理解。因此，和唯物主义相反，能动的方面却被唯心主义抽象地发展了，当然，唯心主义是不知道现实的、感性的活动本身的。费尔巴哈想要研究跟思想客体确实不同的感性客体：但是他没有把人的活动本身理解为对象性的活动。"③

　　这段话清楚地说明了两点：第一，所谓感性、现实、对象，实际上是感性的、现实的、对象性的实践活动；第二，历史的真正的主体是现实的人的活动。

---

① 马克思：《1844 年经济学哲学手稿》，人民出版社 2000 年版，第 60 页。

② 同上书，第 82 页。

③ 《马克思恩格斯选集》第 1 卷，人民出版社 1995 年版，第 54 页。

　　在上一章第四节中，我们已经详细阐明了马克思最终把黑格尔的神秘主体置换成了人们的现实历史生活。现实的人的社会历史活动是辩证的，黑格尔的思辨辩证法也就最终转换成了实践辩证法。关于这一过程，我们不再详述。《德意志意识形态》标志着马克思实践辩证法主体思想的确立。具有独立的类本质，过着类生活的人不再被马克思视为辩证法的真正的主体，真正的主体是对象性的、人的有意识的、能动的实践活动，亦即人们的现实的生产方式。生产方式包括两个方面的内容，即生产力和生产关系。马克思说道："人类活动的一个方面——人改造自然。另一个方面，是人改造人。"① 正如在马克思在《1844 年经济学哲学手稿》中所指出的，不仅人与自然存在着能动的实践关系，人与人之间也存在着能动的实践关系。这种曾经在"异化"的幕后所作的表述现在终于走到了台前。

　　具体讲来，生产方式这一范畴是从人类历史发展的四个基本方面中提炼出来的。马克思认为，人类历史发展包括四个基本方面：

　　第一，物质资料的生产。也就是人们为了生存而对衣、食、住等方面的物质生活资料的生产。马克思指出，一切人类生存的第一个前提，也就是一切历史的第一个前提是"人们为了能够'创造历史'，必须能够生活。但是为了生活，首先就需要吃喝住穿以及其他一些东西。因此第一个历史活动就是生产满足这些需要的资料，即生产物质生活本身"②。马克思认为，这种历史活动是一切历史的一种基本条件，人们单是为了生活就必须每天去完成它。③

　　第二，新的需要的产生。也就是"已经得到满足的第一个需要本身、满足需要的活动和已经获得的为满足需要而用的工具又引起新的需要，而这种新的需要的产生是第一个历史活动。"④

　　第三，生命的生产。也就是为了繁衍种族而进行的人口生产。"每日都在重新生产自己生命的人们开始生产另外一些人，即繁殖。这就是夫妻之间的关系，父母和子女之间的关系，也就是家庭。"⑤

　　第四，社会关系的生产。马克思指出，生命的生产，"无论是通过劳

---

① 《马克思恩格斯选集》第 1 卷，人民出版社 1995 年版，第 88 页。

② 同上书，第 79 页。

③ 同上。

④ 同上。

⑤ 同上书，第 80 页。

动而达到的自己生命的生产，或是通过生育而达到的他人生命的生产，就立即表现为双重关系；一方面是自然关系，另一方面是社会关系；社会关系的含义在这里是指许多个人的共同活动，至于这种活动在什么条件下，用什么方式和为了什么目的而进行，则是无关紧要的。"①

实践辩证法主体确立的标志性证据是马克思彻底弄清了"类"的来源、"异化"产生的原因，而这在《1844 年经济学哲学手稿》中还是模糊不清的。

首先，马克思弄清了"类"的来源。马克思说，哲学家们在不愿屈从于分工的个人身上看到了他们名之为"人"的那种理想，他们把我们所阐述的整个发展过程看作是"人"的发展过程，从而把"人"强加于迄今每一历史阶段中所存在的个人，并把他描述成历史的动力。"这样，整个历史过程被看成是'人'的自我异化过程，实质上这是因为，他们总把后来阶段的普通个人强加于先前阶段的个人并且以后来的意识强加于先前的个人。由于这种本末倒置的做法，即一开始就撇开现实条件，所以就可以把整个历史变成意识的发展过程了。"② 马克思认为，说人是类存在物，是哲学家强加于人的结果，是不折不扣的先验论。他说："个人的这种发展是在历史地前后相继的等级和阶级的共同生存条件下产生的，也是在由此而强加于他们的普遍观念中产生的，如果用哲学的观点来考察这种发展，当然就很容易设想，在这些个人中，类或人得到了发展，或者这些个人发展了人；这样设想，是对历史莫大的侮辱。这样一来，就可以把各种等级和阶级看作是普遍表达方式的一些类别，看作是类的一些亚种，看作是人的一些发展阶段。"③

其次，马克思弄清了哲学家把现实的人看作非人的原因。他指出，哲学家们关于现实的人不是人这一荒谬的判断，只是"实际上存在于人们的关系和要求之间的普遍矛盾在抽象范围之内的最普遍最广泛的表达"。这一抽象命题的荒谬形式同资产阶级社会的极端化的荒谬的关系完全符合。"但是，哲学家们宣布人们是非人的，这并不是因为人们不符合于人的概念，而是因为人的概念在这些人那里不符合真正的人的概念，或者是因为

① 《马克思恩格斯选集》第 1 卷，人民出版社 1995 年版，第 80 页。

② 同上书，第 130 页。

③ 同上书，第 118 页。

他们没有关于人的真正的意识。"①

最后，马克思弄清了"异化"产生的原因。他认为"异化"产生的一般原因在于，人类到现在为止的生产力一直是有限的生产力，它无法满足整个社会的需要。受这种生产力的制约，人们的发展只能具有这样的形式：一些人靠另一些人来满足自己的需要，因而只有少数人获得了发展的垄断权，而多数人却不得不经常地为满足最迫切的需要而进行斗争，因而在新的革命的生产力产生以前，他们暂时失去了任何发展的可能性。马克思说道："这里所谓'非人的东西'同'人的东西'一样，也是现代关系的产物；这种'非人的东西'是现代关系的否定面，它是没有任何新的革命的生产力作为基础的反抗，是对建立在现有生产力基础上的统治关系以及跟这种关系相适应的满足需要的方式的反抗。'人的'这一正面说法是同某一生产发展的阶段上占统治地位的一定关系以及由这种关系所决定的满足需要的方式相适应的。同样，'非人的'这一反而说法是同那些想在现存生产方式内部把这种统治关系以及这种关系中占统治地位的满足需要的方式加以否定的意图相适应的，而这种意图每天都由这一生产发展的阶段不断地产生着。"②

而"异化"产生的根本原因则是分工。马克思认为，分工说明，只要人们还处在自然形成的社会中，就是说，只要特殊利益和共同利益之间还有分裂，即只要分工还不是出于自愿、而是自然形成的，那么人本身的活动对人来说就成为一种异己的、同他对立的力量，这种力量压迫着人，而不是人驾驭着这种力量。马克思说："原来，当分工一出现之后，任何人都有自己一定的特殊的活动范围，这个范围是强加于他的，他不能超出这个范围：他是一个猎人、渔夫或牧人，或者是一个批判的批判者，只要他不想失去生活资料，他就始终应该是这样的人。……社会活动的这种固定化，我们本身的产物聚合为一处统治我们、不受我们控制、使我们的愿望不能实现并使我们的打算落空的物质力量，这是迄今为止历史发展的主要因素之一。受分工制约的不同个人的共同活动产生了一种社会力量，即扩大了的生产力。因为共同活动本身不是自愿地而是自然形成的，所以这种社会力量在这些个人看来就不是他们自身的联合力量，而是某种异己的、在他们之外的强制力量。关于这种力量的起源和发展趋向，他们一点也不

① 《马克思恩格斯全集》第 3 卷，人民出版社 1960 年版，第 505 页。

② 同上书，第 508 页。

了解；因而他们不再能驾驭这种力量，相反地，这种力量现在却经历着一系列独特的、不仅不依赖于人们的意志和行为反而支配人们的意志和行为的发展阶段。"①

（三）　实践辩证法形式的确立

辩证法的一般形式即辩证法的一般规律，也就是人们熟知的质量互变规律、对立统一规律和否定之否定规律。实践辩证法的形式与辩证法的一般形式是同一的。马克思阐明了辩证法的一般规律与人类现实的实践活动的关系，并在自己的著作中多次运用辩证法的一般规律来分析和说明问题。

1. 辩证法的一般规律是人类实践活动的抽象形式

辩证法的一般规律是恩格斯明确界定的，他说：

"辩证法的规律是从自然界和人类社会的历史中抽象出来的。辩证法的规律无非是历史发展的这两个阶段和思维本身的最一般的规律。它们实质上可归结为下面三个规律：

量转化为质和质转化为量的规律；

对立的相互渗透的规律；

否定的否定的规律。"②

恩格斯的这一表述应该说基本符合马克思的原意。在马克思看来，辩证法的一般规律从狭义上说是对实践辩证法抽象的结果，从广义上是对自然辩证法、历史辩证法、思维辩证法抽象的结果。

在《1844年经济学哲学手稿》中，马克思认为，否定之否定规律实际上就是人的生命活动的抽象形式。马克思指出，在黑格尔那里，自我产生、自我对象化的运动无非是绝对的、最后的、以自身为目的的、安于自身的、达到自己的本质的人的生命表现，也就是自我意识的生命表现。所以，辩证法在抽象形式下被看作是真正的人的生命。辩证法"毕竟是人的生命的抽象、异化，所以它被看成神性的过程，然而是人的神性的过程，——人的与自身有区别的、抽象的、纯粹的、绝对的本质本身所经历的过程"③。

---

① 《马克思恩格斯选集》第1卷，人民出版社1995年版，第85—86页。

② 《马克思恩格斯选集》第4卷，人民出版社1995年版，第310页。

③ 马克思：《1844年经济学哲学手稿》，人民出版社2000年版，第113页。

　　马克思进一步指出，这一过程必须有一个承担者、一个主体。但按照黑格尔哲学的观点，主体在最后才出现，这个主体就是绝对精神，而现实的人和现实的自然界不过是这个神秘的主体的谓语和象征。主语和谓语的关系被绝对地颠倒了。马克思指出，"这就是神秘的主体—客体，或笼罩在客体上的主体性，作为过程的绝对主体，作为使自身外化并且从这种外化返回到自身的、但同时又把外化收回到自身的主体，以及作为这一过程的主体；这就是在自身内部的纯粹的、不停息的圆圈。"[①]

　　马克思指出，这样一来，现实的主体，现实的自我对象化的内容丰富的、活生生的、感性的、具体的活动，就成为这种活动的纯粹抽象、绝对的否定性，而这种抽象又被想象成独立的活动本身。这样，马克思就点明了逻辑学的实质。马克思强调："这种所谓的否定性无非是上述现实的、活生生的行动的抽象的无内容的形式，所以它的内容也只能是形式的、抽动一切内容而产生的内容。因此，这就是普遍的、抽象的，适合于任何内容的、从而既超脱任何内容同时又恰恰对任何内容都有效的，脱离现实精神和现实自然界的抽象形式、思维形式、逻辑范畴。"[②] 可见，《逻辑学》实际上是独立于自然界和精神的特定概念、普遍的固定的思维形式，是人的本质普遍异化的必然结果，因而也是人的思维普遍异化的结果。全部《逻辑学》都证明，抽象思维本身是"无"。

　　这表明，所谓辩证法的一般规律无非是对人的现实的对象性的实践活动的抽象的结果，也就是对实践辩证法的抽象的结果。同时，由于实践辩证法是自然辩证法、历史辩证法、思维辩证法的统一，所以辩证法的一般规律在广义上也可以看作是对自然、社会、思维运动的辩证规律的概括。

　　2. 辩证法的一般规律是人类社会历史发展的产物

　　辩证法的一般规律的产生与抽象的劳动的范畴的产生有相似之处。马克思认为，"比较简单的范畴可以表现一个比较不发展的整体的处于支配地位的关系或者一个比较发展的整体的从属关系，这些关系在整体向着以一个比较具体的范畴表现出来的方面发展之前，在历史上已经存在。在这个限度内，从最简单上升到复杂这个抽象思维的进程符合现实的历史过程。"[③] 但是，"这个十分简单的范畴，在历史上只有在最发达的社会状态

---

① 马克思：《1844 年经济学哲学手稿》，人民出版社 2000 年版，第 114 页。

② 同上。

③ 《马克思恩格斯选集》第 2 卷，人民出版社 1995 年版，第 20 页。

下才表现出它的充分的力量。它决没有历尽一切经济关系。"① 所以，"比较简单的范畴，虽然在历史上可以在比较具体的范畴之前存在，但它在深度和广度上的充分发展只能属于一个复杂的社会形式，而比较具体的范畴在一个比较不发展的社会形式中也可以有比较充分的发展。"②

马克思以抽象的劳动这个范畴为例来加以说明。劳动似乎是一个十分简单的范畴。它在这种一般性上——作为劳动一般——的表象也是古老的。但是，"在经济学上从这种简单性上来把握的'劳动'，和产生这个抽象简单的那些关系一样，是现代的范畴。"③

马克思分析道："对任何种类劳动的同样看待，以各种现实劳动组成的一个十分发达的总体为前提，在这些劳动中，任何一种劳动都不再是支配一切的劳动。所以，最一般的抽象总是产生在最丰富的具体发展的场合，在那里，一种东西为许多东西所共有，为一切所共有。这样一来，它不再只是在特殊形式上才能加以思考了。另一方面，劳动一般这个抽象，不仅仅是各种劳动组成的一个具体总体的精神结果。对任何种类劳动的同样看待，适合于这样一种社会形式，在这种社会形式中，个人很容易从一种劳动转到另一种劳动，特定种类的劳动对他们来说是偶然的，因而是无差别的。在这里，劳动不仅在范畴上，而且在现实中都成了创造财富一般的手段，它不再是同具有某种特殊性的个人结合在一起的规定了。在资产阶级社会的最现代的存在形式——美国，这种情况最为发达。所以，在这里，'劳动'、'劳动一般'、直截了当的劳动这个范畴的抽象，这个现代经济学的起点，才成为实际上真实的东西。"④ 所以"这个被现代经济学提到首位的，表现出一种古老而适用于一切社会形式的关系的最简单的抽象，只有作为最现代的社会的范畴，才在这种抽象中表现为实际上真实的东西。"⑤

马克思总结道，劳动这个例子令人信服地表明："哪怕是最抽象的范畴，虽然正是由于它们的抽象而适用于一切时代，但是就这个抽象的规定性本身来说，同样是历史条件的产物，而且只有对于这些条件并在这些条

---

① 《马克思恩格斯选集》第 2 卷，人民出版社 1995 年版，第 21 页。

② 同上。

③ 同上书，第 22 页。

④ 同上。

⑤ 同上。

件之内才具有充分的适用性。"①

辩证法的一般规律的产生与劳动范畴的产生类似。因为在资本主义工业社会，人的现实的历史活动、思维活动以及自然本身的活动都从属于资本的运动、资本的增值，它们各自运动的特殊性对资本而言毫无意义，资本只是从它们能否为自己增值的普遍意义上看待它们。就像资本把一切物质、精神的事物都看成是商品一样，它也把一切物质的、精神的运动都看作资本生产、增值的运动。因此，同人们得出一般劳动一样，人们同样可以得出一般的运动。

马克思在《德意志意识形态》中详细描述了一般运动的来源：

"一切存在物，一切生活在地上和水中的东西，只是由于某种运动才得以存在、生活。例如，历史的运动创造了社会关系，工业的运动给我们提供了工业产品，等等。

正如我们通过抽象把一切事物变成逻辑范畴一样，我们只要抽去各种各样的运动的一切特征，就可得到抽象形态的运动，纯粹形式上的运动，运动的纯粹逻辑公式。因此，如果我们把逻辑范畴看作一切事物的实体，那么我们也就可以设想把运动的逻辑公式看作是一种绝对方法，它不仅说明每一个事物，而且本身就包含每个事物的运动。"②

马克思只是没有点明，人们之所以能够得出一般的运动、运动的一般，这完全是资本主义工业时代的必然结果。而在马克思看来，运动的一般就是方法，即辩证法的一般规律。

3. 马克思对辩证法的一般规律的运用

马克思在自己的著作中多次运用辩证法的一般规律来分析和说明问题。鉴于东西方的一些学者刻意否定辩证法的一般规律的存在，并把它视为恩格斯背叛马克思哲学的证据，因此，我们有必要对马克思的相关观点略作说明。由于马克思运用辩证法的一般规律的地方实在太多，因此，我们仅就马克思对"三大规律"的运用各举两例。

（1）马克思对质量互变规律的运用

"每一种有用物，如铁、纸等等，都可以从质和量两个角度来考察。"③

"中世纪的行会力图用强制的办法防止手工业师傅变为资本家，限定

---

① 《马克思恩格斯选集》第2卷，人民出版社1995年版，第23页。

② 《马克思恩格斯选集》第1卷，人民出版社1995年版，第139页。

③ 马克思：《资本论》第1卷，人民出版社1975年版，第48页。

每个师傅可以雇用的劳动者的人数不得超过一个极小的最高限额。货币或商品的所有者，只有当他在生产上的最低限额大大超过了中世纪的最高限额时，才真正变为资本家。在这里，也象在自然科学上一样，证明了黑格尔在他的《逻辑学》中所发现的下列规律的正确性，即单纯的量的变化到一定点时就转化为质的区别。"①

（2）马克思对对立统一规律的运用

"正如分工产生出密集、结合、协作、私人利益的对立或阶级利益的对立、竞争、资本积累、垄断、股份公司，——全都是对立的统一形式，而统一又引起对立本身。"②

"穆勒只是在他绝对找不到其他出路的时候，才求助于这种方法。但是他的基本方法与此不同。在经济关系——因而表示经济关系的范畴——包含着对立的地方，在它是矛盾，也就是矛盾统一的地方，他就强调对立的统一因素，而否定对立。他把对立的统一变成了这些对立的直接等同。"③

（3）马克思对否定之否定规律的运用

"从资本主义生产方式产生的资本主义占有方式，从而资本主义的私有制，是对个人的、以自己劳动为基础的私有制的第一个否定。但资本主义生产由于自然过程的必然性，造成了对自身的否定。这是否定的否定。这种否定不是重新建立私有制，而是在资本主义时代的成就的基础上，也就是说，在协作和对土地及靠劳动本身生产的生产资料的共同占有的基础上，重新建立个人所有制。"④

"垄断和竞争的真正关系如下：

正题：竞争前的封建垄断。

反题：竞争。

合题：现代垄断；它既然以竞争的统治为前提，所以它就是封建垄断的否定，同时，它既然是垄断，所以就是竞争的否定。

因此，现代垄断，资产阶级的垄断就是综合的垄断，是否定的否定，

---

① 《马克思恩格斯全集》第23卷，人民出版社1972年版，第342—343页。

② 《马克思恩格斯全集》第46卷上，人民出版社1979年版，第105页。

③ 《马克思恩格斯全集》第26卷，人民出版社1972年版，第91页。

④ 马克思：《资本论》第1卷，人民出版社1975年版，第831—832页。

是对立面的统一。它是纯粹的、正常的、合理的垄断。"①

　　需要指出的是，实践辩证法是包含自然辩证法、历史辩证法、思维辩证法在内的有机的统一整体，具有丰富的内涵。关于这方面的内容，我们将在最后一章详细论述。

---

① 《马克思恩格斯选集》第 1 卷，人民出版社 1995 年版，第 175 页。

第三章　马克思实践辩证法的基本要素

辩证的否定是扬弃。因此，对黑格尔辩证法的批判和对它的继承是研究马克思实践辩证法思想的两个同等重要的问题。前一个问题我们已经在第一章中作了详细的阐述和分析。本章将着重探讨马克思对黑格尔辩证法的合理内核的继承问题。

马克思对黑格尔辩证法曾进行过深入的批判，但他也充分肯定了黑格尔辩证法的合理内核，并决心在改造黑格尔辩证法的过程中继承这一合理内核。相反，如果马克思全面否定了黑格尔，他就不会自称是黑格尔的学生，他也就没有理由认为费尔巴哈应该为全面否定黑格尔哲学而感到问心有愧了①。恩格斯晚年也说过，马克思是把黑格尔辩证法的合理内核拯救出来并作出天才贡献的唯一的人。

关于马克思对黑格尔辩证法的继承问题，如对质量互变、对立统一、否定之否定等三大规律的继承，对原因和结果、必然和偶然、抽象和具体等若干范畴的继承，对思维辩证法的继承等，学者们已经讨论得很多了。本章在这些探讨的基础上，深入分析黑格尔辩证法最基本、最核心的要素，把握马克思实践辩证法思想的微观层面。

本书认为，黑格尔辩证法最基本、最核心的要素包括三个方面：一是自在自为性的自身规定性；二是自在自为性的纵向规定性，它包括否定生成性和具体历史性；三是自在自为性的横向规定性，它包括关系反思性和对象中介性。马克思实践辩证法的微观层面正是对此的合理继承。

一、自在自为性的自身规定性

黑格尔相当重视自在自为的概念，将其视为绝对精神的根本特征。马

---

① 《马克思恩格斯全集》第 32 卷，人民出版社 1975 年版，第 18 页。

克思对黑格尔辩证法的继承，首要的就是对自在自为概念的合理方面的继承。

（一）黑格尔对自在自为性的理解

黑格尔辩证法中的自在自为概念也是在对前人的继承和发展过程中形成的，黑格尔将这一概念视为绝对精神的根本特征和思辨辩证法的根本属性。

1. 自在自为概念的来源

从哲学史的角度追问黑格尔辩证法中自在自为概念的来源，可以上溯到古希腊爱利亚学派、柏拉图、亚里士多德哲学的传统。在《历史哲学》中，黑格尔曾高度评价古希腊人关于"奴斯"、"理性"统治、支配着世界的思想。但黑格尔同时认为，仅仅停留在这种理解的层次是不够的，"假如那些使用'理性'的人……不能够明白规定它的特点，也不能够表明它是怎样构成的，使我们得以决定一物是合理的或者不合理的，那末，'理性'这一名词实在和'神意'这一名词同样地不确定。我们首先需要的，便是关于'理性'这个名词之适当的定义……假如没有这样一个定义，一切都是废话。"①

自在自为概念真正的、直接的来源于斯宾诺莎的实体自因说。马克思曾说过，黑格尔的绝对精神是费希特的自我意识和斯宾诺莎的实体的结合②。可是在黑格尔看来，费希特的自我意识并没有达到真正的自由，所谓的自我设定非我、克服非我的过程，是在"外来的刺激"下被动地行动着的。"刺激的性质永远是一个异己的外力，而自我便永远是一个有限的存在，永远有一个'他物'和它对立。因此，费希特也仍然停滞在康德哲学的结论里，认为只有有限的东西才可认识，而无限便超出思维的范围。康德叫做物自体的，费希特便叫做外来的刺激。"③ 因此，黑格尔对费希特的自我意识并不满意，而力求赋予自我意识以真正的能动性。

这一目的在黑格尔对斯宾诺莎的实体自因说的批判过程中达到了。斯宾诺莎哲学推崇实体，他说："实体，我理解为在自身内并通过自身而被认识的东西。换言之，形成实体的概念，可以无须借助于他物的概念。"④

---

① 黑格尔：《历史哲学》，上海世纪出版集团2001年版，第15—16页。
② 《马克思恩格斯文集》第1卷，人民出版社2009年版，第341—342页。
③ 黑格尔：《小逻辑》，商务印书馆1980年版，第151页。
④ 斯宾诺莎：《伦理学》，商务印书馆1983年版，第3页。

实体最重要的规定性就是自因。斯宾诺莎对自因有独到的见解，他说道："自因，我理解为这样的东西，它的本质即包含存在，或者它的本性只能设想为存在着。"① 可见，实体作为自因，是思维与存在的统一，这样一来，实体就摆脱了思维与存在的相互限制，因而作为自因的实体必定是自由的。"凡是仅仅由自身本性的必然性而存在、其行为仅仅由它自身决定的东西叫做自由。反之，凡一物的存在及其行为均按一定的方式为他物所决定，便叫做必然或受制。"② 这种绝对自由的实体也必然是永恒的。"永恒，我理解为存在的自身，就存在被理解为只能从永恒事物的界说中必然推出而言。"③

对于斯宾诺莎的上述见解，黑格尔一方面认为这些观点十分深刻，另一方面又认为其缺点也是显而易见的。他说，实体、自因等概念在斯宾诺莎那里是作为直接假定的一些界说出现的，就跟几何学先假设一些公理是不可置疑的一样。如此一来，斯宾诺莎哲学和数学以及其他科学一样都预设了一个作为前提的东西。因此，斯宾诺莎哲学仅停留在作为规定性的否定即质的否定的层次，他的名言就是"规定即否定"，他没有进一步去认识否定性本身，即作为绝对的、否定自身的否定那样的否定。在黑格尔看来，绝对的否定性就是绝对精神。黑格尔指责斯宾诺莎的实体本身不包含绝对形式，而实体对自己的认识也不可能是内在固有的认识。斯宾诺莎把实体规定为思维与存在或广延的统一，但他又认为"物体不能限制思想，思想也不能限制物体"④。因此，一方面，思维与广延是同一个实体的两个属性，两者是同一的；另一方面，由于两者性质不同，思维与广延又相互独立、互不限制。这表明斯宾诺莎并未彻底扬弃二元论，其学说被后人定性为"心物平行论"。用黑格尔的话说，他没有解决对立与同一之间的对立，换句话说，斯宾诺莎没有把思维与广延的统一表述为实体自身分裂为思维与广延，然后又扬弃两者，最终实现两者的统一，即实体虽然"包含思维本身，但只是在思维和广延的统一之中，即不是作为与广延相分离，从而总之不是作为进行规定和形式化，也不是作为回到自身并从自身开始

---

① 斯宾诺莎：《伦理学》，商务印书馆 1983 年版，第 3 页。

② 同上书，第 4 页。

③ 同上。

④ 同上书，第 3 页。

的运动"①，于是，这种哲学就有着两个内在固有的根本缺点："一方面，实体缺少人格的原则，——引起斯宾诺莎体系反感的，主要就是这个缺点，——另一方面，认识又是外在的反思，它对那显现为有限物的东西，即属性的规定性和样式，也象对那东西本身一样，不从实体去把握和推导，而是象一个外在的知性那样活动，把规定当作现成的来接受，并且把规定归结到绝对物，而不是从绝对物取得反思的开始。"②

2. 自在自为性是绝对精神的根本特征

在黑格尔那里，自在是"潜在"的意思，自为是"实在"的意思③。具体地说，自在即潜在，好像胚胎一样，尚未实现出来，因而只是可能性；而自为则有现实、实现的含义。同时，自在也就是不自觉，自为就是自觉、独立。因此，自在自为就是自在和自为的统一，也就是绝对，即完全的实现、充分的独立和彻底的自由。显然，能符合这一定义的只有绝对精神。

黑格尔指出，人们在自然界中所认识的虽然是理念，但这种理念不过是处于外在化的形式中的理念；只有在精神中所认识的理念，才是自为存在着并正向自在自为发展着的理念。《逻辑学》是"研究理念自在自为的科学"④，《逻辑学》中范畴发展的顶点就是自在自为的绝对理念。黑格尔描述了自在自为的理念的自在自为的活动：《自然哲学》、《精神哲学》、《美学》、《历史哲学》、《宗教哲学》、《法哲学》等具体哲学无非都是绝对理念自身的外化，是绝对理念的特殊阶段。也就是说，自然、历史、宗教、艺术等的现实存在，实际上是它们作为哲学的存在，而它们作为哲学的存在实际上是绝对理念的外化，是逻辑范畴的异化形式。绝对理念是自我生成的，它外化自身，并克服自身的外化，扬弃自身发展的各特殊阶段，最终回到自身，从而克服了自身的最初的抽象性，成为具体的统一，达到了绝对理念的自我实现。这一自我设定、外化、自我回归的过程，同时也是绝对理念自我认识的过程。

在《精神哲学》中，黑格尔对此作了总结，强调自在自为性是绝对精神的根本特征。他说："在精神的客观性与它的观念性或它的概念的自在

① 黑格尔：《逻辑学》下卷，商务印书馆1976年版，第187页。

② 同上。

③ 黑格尔：《哲学史讲演录》第1卷，商务印书馆1959年版，第25页。

④ 黑格尔：《小逻辑》，商务印书馆1980年版，第60页。

自为存在着的和永恒地产生着自己的统一中，即精神在其绝对的真理中，——这就是绝对精神。"① 从绝对精神的观点出发来看待事物，必然会把事物的本性看成是"概念自己在向前运动着和发展着，而这个运动同样是认识的活动，即永恒的自在自为地存在着的理念永恒地作为绝对精神实现着自己、产生着自己和享受着自己。"②

3. 自在自为性是辩证法的根本属性

在黑格尔那里，本体论（逻辑学）、认识论和辩证法是同一的。绝对理念作为本体不是别的，而是方法自身，即辩证法。黑格尔在《逻辑学》中对此作了论证。首先，绝对理念是一种逻辑的东西，即一种方式，但与通常把方式理解为"特殊的样式"或"形式的规定性"不同，逻辑的东西是一种普遍的方式，在这种方式中，一切特殊的东西都被扬弃了。其次，绝对理念是在自身规定中检察自身的，是在没有区别、完全自身透明的纯思想中检察自身，因而是一种无限的形式。最后，绝对理念的规定性并不具有内容的形态，而是绝对地作为形式，绝对地作为普遍的理念。用黑格尔的原话来说："这里还待考察的，已不是内容本身，而是其形式的普遍东西——即方法。"辩证法就是绝对理念的自我认识，也就是绝对理念的自我发展。辩证法、认识论、本体论三者是统一的，黑格尔的辩证法实质上就是思维辩证法，就是辩证思维。因此，马克思说黑格尔陷入了幻觉，"把实在理解为自我综合、自我深化和自我运动的思维的结果"③。

既然绝对精神就是方法，即辩证法，那么自在自为性也必然就是辩证法的根本属性。在《法哲学原理》中，黑格尔对此有过简要的说明。他强调，辩证法不是"主观思维的外部活动，而是内容固有的灵魂，它有机地长出它的枝叶和果实来。理念的这种发展是它的理性特有的活动"④。既然辩证法是事物的灵魂，是自在自为的活动，那么，黑格尔就有理由认为主观思维在认识对象时只是袖手旁观，它不为对象添加任何东西。所谓合乎理性地考察事物，就不是指从外面给对象带来理性，并对它进行加工制造，而是说对象本身就是合乎理性的。黑格尔认为："正是在它的自由中的精神，自我意识着的理性的最高峰，它给自己以现实，并把自己创造为实存世界。科学的唯

---

① 黑格尔：《精神哲学》，人民出版社 2006 年版，第 27 页。

② 同上书，第 399 页。

③ 《马克思恩格斯选集》第 2 卷，人民出版社 1995 年版，第 18—19 页。

④ 黑格尔：《法哲学原理》，商务印书馆 1961 年版，第 38 页。

一任务就在于把事物的理性这种特有工作带给意识。"①

(二) 马克思对自在自为性的理解

对于自在自为的概念，马克思同样十分重视。在自我意识辩证法阶段、人本学辩证法阶段以及实践辩证法阶段，自在自为性都被马克思视为辩证法的根本属性。

1. 自我意识辩证法阶段马克思对自在自为性的理解

在自我意识辩证法阶段，马克思认为，自在自为性是自我意识的根本属性，自我意识的运动就是自在自为的运动。在《博士论文》中，马克思用自在自为的观点解释了原子偏斜运动的原因。他说："原子按照直线的运动表述了原子的物质性，那末他乃是以原子离开直线的偏斜运动实现了原子的形式规定；并且他是把这些相反的规定看成直接相反的运动的。"②马克思还引用卢克莱修的话说，偏斜运动打破了"命运的束缚"，实现了原子形式的规定性，实现了原子的自由。"偏离运动是在它（指：原子）胸怀中的某种东西，这东西是可以对外力作斗争并和它对抗的。"③ 这就指出原子偏斜运动是自因。

马克思批判了西塞罗和德谟克里特反对自因的观点。在西塞罗看来，如果认为原子的偏斜是没有原因发生的，那么，这对于一个物理学家来说再也不会有比这种说法更可耻的事了。这是因为西塞罗所指的原因是物理学上的原因，这种原因的观点是要把原子的偏斜运动拖回到决定论的圈子里，而偏斜运动由于是原子自因的结果，所以它恰恰是要超越决定论的。马克思说："追问这种规定性的原因，因而也就是追问使原子成为原理的原因，——这一个问题，对于那认原子为一切事物的原因，而它本身没有原因的人来说，显然是毫无意义的。"④ 因此，当原子实现自身的规定性，即具有偏斜运动的规定性以前，它还没有完成。不为别的，只是原子自己就是自己的原因而已。对于德谟克里特，马克思认为，他没有注意到原子的观念的方面，因而也就不理解自因。他说："按照观念的方面，在斥力

---

① 黑格尔：《法哲学原理》，商务印书馆1961年版，第39页。

② 马克思：《博士论文》，人民出版社1961年版，第20页。

③ 同上。

④ 同上。

里，一切与他物的关系都被否定了，而运动被设定为自我规定。"① 马克思还引用亚里士多德的话来论证自己的观点："如果每一个元素都是被迫而为另一元素所推动，那末必然的，每一个元素都是被强迫而为另一元素所推动之外，还有一种自然的运动；而这个最初的运动必定不是强迫的，而是自然的运动。不然就会发生永无止境的递进。"②

2. 人本学辩证法阶段马克思对自在自为性的理解

在人本学辩证法阶段，马克思认为，辩证法的主体是作为类存在物的人，而人的类本质就是自由自觉的活动，这种活动的性质是自在自为的。既然自在自为性是类存在物——人的根本属性，那么人的类生活应该是自在自为的生活。

首先，人的类生活是自在自为的生活。在《黑格尔法哲学批判导言》中，马克思认为，人不是抽象的蛰居于世界之外的存在物。人就是人的世界，就是国家、社会。世界是人自己创造的，决不是什么居于彼岸世界的上帝的成果。在《1844 年经济学哲学手稿》中，马克思明确地说："整个世界历史不外是人通过人的劳动而诞生的过程，是自然界对人来说的生成过程，所以关于他通过自身而诞生、关于他的形成过程，他有直观的、无可辩驳的证明。"③ 现实中的人之所以不认为自己是自在自为的存在物，是因为他的现实生活是异化的生活。在这种生活中，他无法肯定自己，而是不断地否定着自己。马克思指出："任何一个存在物只有当它用自己的双脚站立的时候，才认为自己是独立的，而且只有当它依靠自己而存在的时候，它才是用自己的双脚站立的。"④ 靠别人的恩典为生的人，就必然把自己看作是从属于别人的存在物。如果一个人仅靠别人的恩典生活，必然会相信生活的根源在自身之外。马克思强调："创造是一个很难从人民意识中排除的观念。自然界和人的通过自身的存在，对人民意识来说是不能理解的，因为这种存在是同实际生活的一切明显事实相矛盾的。"⑤

其次，只有自在自为的类生活才能使人停止对终极原因的追问。由于生活在异化状态中的人们不相信历史、世界是自己的产物，他们必然要追

---

① 马克思：《博士论文》，人民出版社 1961 年版，第 24 页。

② 同上。

③ 马克思：《1844 年经济学哲学手稿》，人民出版社 2000 年版，第 92 页。

④ 同上书，第 91 页。

⑤ 同上。

问非自在自为的原因，即独立于人的、外在的、异己的原因，并将最初的原因归之于上帝，或类似上帝的某种精神、理念。对此，马克思的反驳采取了逐步深入的形式：

对于有人相信自然是上帝的创造，马克思以地球构造说战胜大地创造说为例加以反驳。他强调，自然发生的过程是自然自在自为地运动的结果，决不是神的意志的创造。他说："大地创造说，受到了地球构造说即说明地球的形成、生成是一个过程、一种自我产生的科学的致命打击。自然发生说是对创世说的惟一实际的驳斥。"①

对于有人追问谁创造了人的问题，即谁生了自己的父亲，又是谁生了自己的祖父，并由此追溯到最初的祖先是谁之类的问题，马克思提醒他不应该只注意无限的过程，"还应该紧紧盯住这个无限过程中的那个可以通过感觉直观的循环运动，由于这个运动，人通过生儿育女使自身重复出现，因而人始终是主体。"②

对于有人进一步追问究竟是谁生出了第一个人和整个自然界的问题，马克思提醒他注意，这个问题本身具有荒谬性。因为"既然你提出自然和人的创造问题，你也就把人和自然界抽象掉了。"③ 而既然假定了自然和人不存在，那么又怎么来证明它们存在呢？除非你是一个设定一切都不存在而只有自己存在的利己主义者。

对于有人誓不罢休，非要追问自然和人的产生原因的问题，马克思的答复是："人和自然界的实在性，即人对人来说作为自然界的存在以及自然界对人来说作为人的存在，已经成为实际的、可以通过感觉直观的，所以关于某种异己的存在物、关于凌驾于自然界和人之上的存在物的问题，即包含着对自然界的和人的非实在性的承认问题，实际上已经成为不可能的了。"④ 整个世界历史是人通过人的劳动而诞生的过程，是自然界对人来说的生成过程，这就是马克思的结论。

再次，自在自为的类生活必然导致对无神论的扬弃。在《神圣家族》中，马克思说："是谁不是用'人的意义'（好像人除了是人之外还有什么其他的意义似的！）而是用'人'本身来代替包括'无限的自我意识'

① 马克思：《1844 年经济学哲学手稿》，人民出版社 2000 年版，第 91 页。
② 《马克思恩格斯文集》第 1 卷，人民出版社 2009 年版，第 195—196 页。
③ 同上书，第 196 页。
④ 马克思：《1844 年经济学哲学手稿》，人民出版社 2000 年版，第 92 页。

在内的破烂货呢？……'历史'并不是把人当做达到自己目的的工具来利用的某种特殊的人格。历史不过是追求着自己目的的人的活动而已。"① 马克思认为，一旦确定了人的活动的自在自为的本质，无神论也就失去了存在的意义。无神论是通过对非实在性的否定即对神的否定来证明、肯定人的存在，但马克思说："社会主义作为社会主义已经不再需要这样的中介；它是从把人和自然界看作本质这种理论上和实践上的感性意识开始的。社会主义是人的不再以宗教的扬弃为中介的积极的自我意识，正像现实生活是人的不再以私有财产的扬弃即共产主义为中介的积极的现实一样。"②

3. 实践辩证法阶段马克思对自在自为性的理解

进入到实践辩证法阶段后，马克思明确地把人们现实的、感性的社会生活视为辩证法的主体，自在自为性也由此成为人类现实的社会生活的根本属性。

第一，自在自为的社会历史运动是考察历史的前提和基础。在《德意志意识形态》中，马克思说："在思辨终止的地方，在现实生活面前，正是描述人们实践活动及其实际发展过程的真正的实证科学开始的地方。"③历史发展的原因不在历史之上，不是诸如上帝之类的东西，也不在历史的背后，不是诸如"实体"、"类"、"本质"之类的东西，而是历史本身。"由此可见，事情是这样的：以一定的方式进行生产活动的一定的个人，发生一定的社会关系和政治关系。经验的观察在任何情况下都应该根据经验来揭示社会结构和政治结构同生产的联系，而不应该带有任何神秘和思辨的色彩。"④马克思强调，考察历史的方法不是没有前提的，只不过它的前提不带有神秘的色彩，它的前提是感性的、现实的，它一刻也不离开这一前提。在这一点上，马克思与费尔巴哈划清了界线。他指出，考察历史的前提是人，"但不是处在某种虚幻的离群索居和固定不变状态中的人，而是处在现实的、可以通过经验观察到的、在一定条件下进行的发展过程中的人。只要描绘出这个能动的生活过程，历史就不再像那些本身还是抽象的经验论者所认为的那样，是一些僵死的事实的汇集，也不再像唯心主

---

① 《马克思恩格斯全集》第 2 卷，人民出版社 1957 年版，第 118 页。
② 马克思：《1844 年经济学哲学手稿》，人民出版社 2000 年版，第 92—93 页。
③ 《马克思恩格斯选集》第 1 卷，人民出版社 1995 年版，第 73 页。
④ 同上书，第 71 页。

义者所认为的那样，是想象的主体的想象活动。"①

　　思想、观念等社会意识也是在社会运动、历史发展的过程中产生和变化的，它们也没有丝毫神秘的地方，都可以用现实的社会生活来加以合理的解释。在《哲学的贫困》中，马克思认为："每个原理都有其出现的世纪。例如，权威原理出现在 11 世纪，个人主义原理出现在 18 世纪。"② 于是，给人造成了一种印象，即 "不是原理属于世纪，而是世纪属于原理。换句话说，不是历史创造原理，而是原理创造历史"③。但是，马克思提醒道，如果人们进一步追问，为什么该原理出现在 11 世纪或 18 世纪，而不出现在其他某一世纪，那么，人们就 "必然要仔细研究一下：11 世纪的人们是怎样的，18 世纪的人们是怎样的，他们各自的需要、他们的生产力、生产方式以及生产中使用的原料是怎样的，最后，由这一切生存条件所产生的人与人之间的关系是怎样的"④。马克思反问："难道探讨这一切问题不就是研究每个世纪中人们的现实的、世俗的历史，不就是把这些人既当成他们本身的历史剧的剧作者又当成剧中人物吗？"⑤ 所以，结论是："只要你们把人们当成他们本身历史的剧中的人物和剧作者，你们就是迂回曲折地回到真正的出发点，因为你们抛弃了最初作为出发点的永恒原理。"⑥

　　第二，自在自为性表现为历史的自循环运动。历史具有自在自为性，必然表现为一种自身循环的过程：终点不断成为新的起点，历史活动的既有前提不断变成历史发展的内在条件。在《1844 年经济学哲学手稿》中，马克思就曾以人类繁衍为例说明过这一点。在实践辩证法阶段，马克思以资本主义生产为例对此作了更为详尽的阐述。

　　在《资本论》中，马克思以流通的循环形式为例，指出："流通的形式 G－W－P－W，－G，以资本主义生产过程的连续性为前提，从而以循环的形式为前提，在循环的形式中生产资本及其职能，资本主义生产过程，是出发点，也是回归点。"⑦ 资本流通的循环显然是典型的自循环。

---

① 《马克思恩格斯选集》第 1 卷，人民出版社 1995 年版，第 73 页。

② 同上书，第 146 页。

③ 同上。

④ 同上书，第 146—147 页。

⑤ 同上书，第 147 页。

⑥ 同上。

⑦ 马克思：《资本论》第 2 卷，人民出版社 1975 年版，第 39 页注⑨。

　　在《1857—1858 年经济学手稿》中，马克思详述了资本主义工业生产的历史前提如何在历史的自身运动、自循环中变成了资本主义工业生产的内在条件。

　　马克思认为，非资本家要成为资本家，也就是"资本家要成为资本，必须满足一个条件，就是非资本家要把通过他本人的劳动或通过其他方式（只要不是通过已经存在的过去的雇佣劳动，否则他已经是资本家了）创造出来的价值投入流通。而这样一个条件，就属于资本的'洪水期'前的条件，属于资本的历史前提，这些前提作为这样的历史前提已经成为过去，因而属于资本的形成史，但决不属于资本的现代史，也就是说，不属于受资本统治的生产方式的实际体系。"① 马克思指出："在创造剩余资本 I 之前存在的条件，或者说表现资本的生成的条件，不属于以资本为前提的生产方式的范围，而是资本生成的史前阶段，处于资本以前的时期，就像地球从流动的火海和气海的状态变为地球现在的形态所经历的过程，处于已经形成的地球的生命的彼岸一样。这就是说，个别资本仍然可能例如通过贮藏而产生。但是贮藏只有通过剥削劳动才能转化为资本。"② 马克思举例说："如果说农奴逃往城市是城市制度的历史条件和前提之一，那么这决不是发达的城市制度的条件，决不是它的现实的要素，而是城市制度的过去的前提，是城市制度形成时的前提，这些前提在城市制度存在时已被扬弃"③。马克思进一步指出"资本生成，产生的条件和前提恰好预示着，资本还不存在，而只是在生成；因此，这些条件和前提在现实的资本存在时就消失了，在资本本身从自己的现实性出发而创造出自己的实现条件时就消失了。"④ 也就是说，这些前提性条件在资本诞生后就被扬弃了，变成了资本的环节、内在的要素。货币、自为存在的价值最初生成为资本时，要以资本家作为非资本家时所实现的一定积累——即使是靠节约他自己的劳动所创造的产品和价值等等——为前提，因此，如果说货币生成为资本的前提表现为资本产生的一定的外在的前提，那么，一旦资本成为资本，它就会创造它自己的前提，即不通过交换而通过它本身的生产过程来占有创造新价值的现实条件。也就是说，前提一旦变成条件，资本的运动

---

① 《马克思恩格斯全集》第 30 卷，人民出版社 1995 年版，第 451 页。
② 同上书，第 452 页。
③ 同上书，第 451 页。
④ 同上书，第 451—452 页。

就进入了自循环的轨道。

马克思指出，这些前提，最初表现为资本生成的条件，因而还不能从资本作为资本的活动中产生；现在，它们是资本自身实现的结果，是由资本造成的现实的结果，它们不是资本产生的条件，而是资本存在的结果。资本出现后，就不再从前提出发，它本身就是前提，它从它自身出发，自己创造出保存和增值自己的前提。历史的前提变成了现实的条件，历史的自循环在更高的阶段开始了。但是，资产阶级经济学家们把资本看作永恒的和自然的生产形式，而不是看成历史的生产形式。他们竭力为资本辩护，把资本生成的条件说成是资本现在实现的条件，也就是说，他们"把资本家还是作为非资本家——因为他还只是正在变为资本家——用来进行占有的要素，说成是资本家已经作为资本家用来进行占有的条件。"① 马克思痛斥说，这些辩护只能证明辩护者用心不良，并证明他们没有能力把资本作为资本所采用的占有方式同资本主义社会自身所宣扬的所有权的一般规律调和起来。

马克思强调，更为重要的是，这种把社会历史发展看作是自在自为的过程的考察方式，一方面使得我们在揭示资产阶级经济规律时无须描述生产关系的真实历史。另一方面"会得出预示着生产关系的现代形式被扬弃之点，从而预示着未来的先兆，变易的运动。如果说一方面资产阶级前的阶段表现为仅仅是历史的，即已经被扬弃的前提，那么，现在的生产条件就表现为正在扬弃自身，从而正在为新社会制度创造历史前提的生产条件。"② 因此，这种考察方式还具有一定程度的预测未来的功能。

二、自在自为性的纵向规定性

自在自为性的概念在纵向规定上表现为否定生成性和具体历史性。而具体历史性是否定生成性的必然结果。

（一）否定生成性

否定生成性在黑格尔看来是绝对理念自在自为性的基本规定之一，马克思则对此进行了创造性的转换。

---

① 《马克思恩格斯全集》第30卷，人民出版社1995年版，第452页。

② 同上书，第453页。

1. 黑格尔对否定生成性的理解

在黑格尔看来，否定生成性是自在自为的绝对精神的动力之源，是自在自为的生命灵魂。辩证法的否定是自我否定，绝对理念在自我否定中不断地自我生成、自我回归。

（1）否定性是辩证法的灵魂

黑格尔认为否定性在辩证法中具有极其重要的地位和作用。他说："否定性，构成概念运动的转折点。这个否定性是自身的否定关系的单纯之点，是一切活动——生命的和精神的自身运动——最内在的源泉，是辩证法的灵魂，一切真的东西本身都具有它，并且唯有通过它才是真的；因为概念和实在之间对立的扬弃，以及成为真理的那个统一，都唯一地依靠这种主观性。"① 黑格尔还以康德哲学为例，说康德在纯粹理性的二律背反中所作的关于辩证法的表述，如果只停留在辩证法的抽象否定方面，那么结果就是众所周知的东西：理性不能认识无限的东西。可是，如果从"它的肯定方面来把握，不是别的，正是这些思维规定的内在否定性、自身运动的灵魂、一切自然与精神的生动性的根本。"②

（2）否定是自我否定

黑格尔强调，否定决不是外在的否定，而是内在的否定，是事物的自身运动，是事物自己否定自己，是自否定。他指出："引导概念自己向前的，就是前述的否定的东西，它是概念自身所具有的；这个否定的东西构成了真正辩证的东西。……人们通常把辩证法看成一种外在的、否定的行动，不属于事情本身；这种行动，以单纯的虚荣心，即以想要动摇和取消坚实的东西和真的东西的主观欲望为根据；或者，这种行动至少是除了把辩证地研讨的对象化为空虚而外，只会一事无成。"③ 在《哲学史讲演录》中谈到柏拉图的辩证法思想时，黑格尔以柏拉图之口批驳了外在的否定观。智者派、普罗泰戈拉等人认为，没有独立存在的东西，苦不是客观的，对于某些人是苦的东西，对于别的人却是甜的。大小也是相对的，大的东西在别的情况下可以是小的，小的东西也可以是大的。多少的关系也是这样。所以，没有什么规定是固定不变的。这就是典型的外在否定观。柏拉图认为，真正的否定与此不同，它难以为人理解，是因为它坚持在同

---

① 黑格尔：《逻辑学》下卷，商务印书馆 1976 年版，第 543 页。

② 黑格尔：《逻辑学》上卷，商务印书馆 1966 年版，第 89 页。

③ 同上书，第 38 页。

一观点、同一立场下指出同一物是另一物，而另一物是同一物。他说："假如有人自己很高兴，以为他仿佛是作了艰巨的发现，当他能够翻来覆去地从这一概念推到那一概念去运用思想（寻求根据）时，我们便可以说，他并没有作出什么值得称赞的事。……困难而真实的工作在于揭示出另一物就是同一物，而同一物也就是另一物，并且是在同样的观点之下；按照同一立场去指出事物中有了某一规定，它们就有着另一规定（这就是说，同一物就是另一物，另一物就是同一物。）反之，去指出同一物在某一方式下是另一物，另一物在某一方式下也是同一物，……这样做并不是真正的洞见。"①

正是在自否定的意义上，黑格尔称赞了斯宾诺莎哲学的著名观点即规定即否定。他说："规定性即否定——是斯宾诺莎哲学的绝对原则；这个简单的真知灼见，使实体的绝对统一有了基础。"②

（3）否定是生成

黑格尔认为，否定不是外在的抽象性的否定，否定同时也是一种肯定，是一种生成。与此相反的是简单的、形而上学的否定。恩格斯曾举例说："如果我把大麦粒磨碎，我也就否定了大麦粒；如果我把昆虫踩死，我也就否定了昆虫；如果我把正数 a 涂掉，我也就否定了正数 a。"③恩格斯认为：这些所谓的否定都不是辩证法意义上的否定，只是形而上学的消极意义上的否定。

黑格尔指出："否定也就是肯定，因为就其为结果而言，否定乃是从这种运动里产生出来的东西：规定了的否定，所以同样也是一种肯定的内容。"④他说，否定的东西也同样是肯定的，自相矛盾的东西并不消解为零、消解为抽象的无。黑格尔强调："这样一个否定并非全盘否定，而是自行消解的被规定的事情的否定，因而是规定了的否定；于是，在结果中，本质上就包含着结果所从出的东西；——这原是一个同语反复，因为否则它就会是一个直接的东西，而不是一个结果。"⑤

黑格尔认为，辩证的否定是包含肯定的生成运动，也就是扬弃。"扬

---

① 黑格尔：《哲学史讲演录》第 2 卷，商务印书馆 1960 年版，第 208—210 页。

② 黑格尔：《逻辑学》下卷，商务印书馆 1976 年版，第 187 页。

③ 《马克思恩格斯选集》第 3 卷，人民出版社 1995 年版，第 484 页。

④ 黑格尔：《精神现象学》下卷，商务印书馆 1979 年版，第 40—41 页。

⑤ 黑格尔：《逻辑学》上卷，商务印书馆 1966 年版，第 36 页。

弃和被扬弃的东西（观念的东西）是哲学最重要的概念之一，是到处决然反复出现的基本规定，其意义须确定把握，尤其要与'无'区别开。"但即使是"无"，其本身也决不是虚无，他认为"无是直接的，但它也是被扬弃的东西，而被扬弃的东西就是通过了中介的，无虽然是非有，但无是从有出发的结果，所以，无还是由规定性而来，它自身还有规定性。"黑格尔对扬弃作了明确的界定："扬弃在语言中，有双重意义，它既意谓保存、保持，又意谓停止、终结。保存自身已包括否定，因为要保持某物，就须去掉它的直接性，从而须去掉它的可以受外来影响的实有。——所以，被扬弃的东西同时即是被保存的东西，只是失去了直接性而已，但它并不因此而化为无。"①

黑格尔还论述了扬弃事物的时机及结果。他说："某物只在与对立物统一时才被扬弃；它在较细密的规定中，作为被反思的东西，可以适当地称为环节。"②

2. 马克思对否定生成性的理解

马克思继承了黑格尔对否定生成性的理解，并多次明确阐述了以下观点：

（1）否定是自否定

这一观点在马克思对资本主义必然灭亡的论证中体现得十分突出。这一论证是牢固地建立在资本主义生产方式内在矛盾的自我否定的基础之上的，因而完全是通过一种内在的否定性而实现的证明。所以当杜林认为马克思不依靠黑格尔的否定之否定，就无法证明社会革命的必然性，无法证明建立土地公有制和劳动所创造的生产资料的公有制的必然性时，恩格斯理所当然地予以了痛斥。

在《共产党宣言》中，马克思出了著名的"两个必然"的理论。他说，资产阶级生存和统治的根本条件，是财富在私人手里的积累，是资本的形成和增值。资本存在的条件是雇佣劳动，而雇佣劳动完全是建立在工人的自相竞争基础上的。但"资产阶级无意中造成而又无力抵抗的工业进步，使工人通过结社而达到的革命联合代替了他们由于竞争而千百万的分散状态。于是随着大工业的发展，资产阶级赖以生产和占有产品的基础本身也就从它的脚下被挖掉了。它首先生产的是它自身的掘墓人。资产阶级

---

① 黑格尔：《逻辑学》上卷，商务印书馆 1966 年版，第 98 页。

② 同上书，第 99 页。

的灭亡和无产阶级的胜利是同样不可避免的。"① 可以看出，马克思客观地分析了随着资本主义工业的发展，工人必然由分散走向联合，由资本主义社会的否定力量发展成资本主义社会的真正的"掘墓人"这一不可抗拒的历史必然性。

在《资本论》中，马克思分析了资本主义社会必然灭亡的命运。他说，随着资本主义生产方式的发展，劳动将进一步社会化，土地和其他生产资料也将进一步转化为社会使用的即公共的生产资料，靠剥削工人、赚取利润生存的资本家的统治地位必将面临被剥夺的命运。马克思指出，这种剥夺是一种内在否定，是"通过资本主义生产本身的内在规律的作用，即通过资本的集中进行的。它表现为一个资本家打倒许多资本家。随着这种集中或少数资本家对多数资本家的剥夺，规模不断扩大的劳动过程的协作形式日益发展，科学日益被自觉地应用于技术方面，土地日益被有计划地利用，劳动资料日益转化为只能共同使用的劳动资料，一切生产资料因作为结合的社会劳动的生产资料使用而日益节省，各国人民日益被卷入世界市场网，因而资本主义制度日益具有国际的性质。随着那些掠夺和垄断这一转化过程的全部利益的资本巨头不断减少，贫困、压迫、奴役、退化和剥削的程度不断加深，日益壮大的、由资本主义生产过程本身的机构所训练、联合和组织起来的工人阶级的反抗也不断增长。资本的垄断成了与这种垄断一起并在这种垄断之下繁盛起来的生产方式的桎梏。"② 因此，资本主义社会的肯定方面由于自身的内在矛盾走向了自己的反面，最后使得生产资料的集中和劳动的社会化达到了同它们的资本主义外壳不能相容的地步。到了这个时候，资本主义私有制的末日就到来了。

马克思总结道："从资本主义生产方式产生的资本主义占有方式，从而资本主义的私有制，是对个人的、以自己劳动为基础的私有制的第一个否定。但资本主义生产由于自然过程的必然性，造成了对自身的否定。这是否定的否定。这种否定不是重新建立私有制，而是在资本主义时代的成就的基础上，也就是说，在协作和对土地及靠劳动本身生产的生产资料的共同占有的基础上，重新建立个人所有制。"③ 这一番总结充分体现了马克思对自否定原则的透彻领悟和娴熟运用。

---

① 《马克思恩格斯选集》第 1 卷，人民出版社 1995 年版，第 284 页。
② 《马克思恩格斯选集》第 2 卷，人民出版社 1975 年版，第 268—269 页。
③ 马克思：《资本论》第 1 卷，人民出版社 1975 年版，第 831—832 页。

（2）否定是生成

对于扬弃，马克思在《1844年经济学哲学手稿》中曾专门作过说明："扬弃是把外化收回到自身的、对象性的运动。——这是在异化之内表现出来的关于通过扬弃对象性本质的异化来占有对象性本质的见解；这是异化的见解，它主张人的现实的对象化，主张人通过消灭对象世界的异化的规定、通过在对象世界的异化存在中扬弃对象世界而现实地占有自己的对象性本质，正像无神论作为神的扬弃就是理论的人道主义的生成，而共产主义作为私有财产的扬弃就是要求归还真正人的生命即人的财产，就是实践的人道主义的生成一样；或者说，无神论是以扬弃宗教作为自己的中介的人道主义，共产主义则是以扬弃私有财产作为自己的中介的人道主义。只有通过扬弃这种中介——但这种中介是一个必要的前提——积极地从自身开始的即积极的人道主义才能产生。"① 可见，马克思对扬弃的性质和作用了然于胸。在他看来，无神论、共产主义决不是人所创造的对象世界的消逝、舍弃和丧失，即决不是人的采取对象形式的本质力量的消逝、舍弃和丧失，决不是返回到非自然的、不发达的简单状态中去的贫困，如果是那样的话，否定就成了简单的否定、形而上学的否定了。恰恰相反，辩证的否定是扬弃，共产主义是人的本质或作为某种现实东西的人的本质的现实的生成，是对人来说的真正的实现。

在《德意志意识形态》中，马克思说明了历史是在继承前人的基础上发展的。他说："历史不外是各个世代的依次交替。每一代都利用以前各代遗留下来的材料、资金和生产力；由于这个缘故，每一代一方面在完全改变了的环境下继续从事所继承的活动，另一方面又通过完全改变了的活动来变更旧的环境。"②

（3）否定是统一

否定的根本目的和最终结果是实现对立面的统一。对立面也只有在统一的时刻才能被真正的扬弃。黑格尔说过，某一事物只有在与对立物统一的时候才能被扬弃。可是，在蒲鲁东看来，作为对立面的一方，事物中坏的方面可以单独被消灭。对此，马克思在《哲学的贫困》中专门作了批判，指出蒲鲁东根本不懂辩证的否定。

蒲鲁东认为，好的方面和坏的方面、益处和害处加在一起就构成每个

---

① 马克思：《1844年经济学哲学手稿》，人民出版社2000年版，第112—113页。

② 《马克思恩格斯选集》第1卷，人民出版社1995年版，第88页。

经济范畴所固有的矛盾，而解决问题的办法则是：保存好的方面，消除坏的方面。对此，马克思指出，黑格尔就不需要提出问题，他只有辩证法。蒲鲁东从黑格尔的辩证法那里只是借用了用语。范畴的辩证运动在蒲鲁东那里是由他本人操纵的运动。范畴的运动不是自身内在的否定生成，而是由蒲鲁东人为地、机械地划分出好、坏两个方面并虚构它们的运动和发展。马克思说："如果说，与黑格尔比较，他的长处是提出问题并且自愿为人类最大幸福而解决这些问题，那么，他也有一个短处：当他想通过辩证的生育过程生出一个新范畴时，却毫无所获。两个相互矛盾方面的共存、斗争以及融合成一个新范畴，就是辩证运动。谁要给自己提出消除坏的方面的问题，就是立即切断了辩证运动。我们看到的已经不是由于自己的矛盾本性而设定自己并把自己与自己相对立的范畴，而是在范畴的两个方面中间转动、挣扎和冲撞的蒲鲁东先生。"①

马克思认为，蒲鲁东其实是把辩证法当成了消毒剂。而且，"一旦把辩证运动的过程归结为这样一个简单过程，即把好的方面和坏的方面加以对比，提出消除坏的方面的问题，并且把一个范畴用作另一个范畴的消毒剂，那么范畴就不再有自发的运动，观念就'不再发生作用'，不再有内在的生命。观念既不能再把自己设定为范畴，也不能再把自己分解为范畴。范畴的顺序成了一种脚手架，即不再是内在的、有机的整体，辩证法也不再是绝对理性的运动了。"② 马克思不无嘲讽地说："辩证法没有了，至多还剩下最纯粹的道德。"③ 的确，把现实的矛盾的解决寄托在保存好的方面、消灭坏的方面，这只不过是无聊的道德说辞，是企图用那万能的"爱"来包办一切。

马克思还举了竞争和垄断的例子来说明对立面的真正扬弃。他分别用了黑格尔式的表达方式和实践辩证法的表达方式来加以说明，证明蒲鲁东既不懂黑格尔的辩证法，也不了解现实的辩证运动。

马克思是这样用黑格尔辩证法的方式来说明的：对于垄断和竞争的真正关系而言，正题是竞争前的封建垄断，反题是竞争，合题是现代垄断。现代垄断是对正题和反题的真正扬弃，既然它以竞争的统治为前提，那么

---

① 《马克思恩格斯选集》第 1 卷，人民出版社 1995 年版，第 144—145 页。

② 同上书，第 145 页。

③ 同上。

它就是对封建垄断的否定。同时，既然它是垄断，那么它就是对竞争的否定。① "因此，现代垄断，资产阶级的垄断就是综合的垄断，是否定的否定，是对立面的统一。它是纯粹的、正常的、合理的垄断。"②

马克思是这样用实践辩证法的方式来说明的：在实际生活中，同样可以找到竞争、垄断和它们的对抗，而且可以找到它们的合题，这个合题并不是公式，而是运动。垄断产生着竞争，竞争产生着垄断。垄断者彼此竞争着，竞争者变成了垄断者。"如果垄断者用局部的联合来限制彼此间的竞争，工人之间的竞争就要加剧；对某个国家的垄断来说，无产者群众越增加，各国垄断者之间的竞争就越疯狂。合题就是：垄断只有不断投入竞争的斗争才能维持自己。"③

对于否定统一后的结果，黑格尔认为，某物被扬弃后，作为被反思的东西，将成为绝对精神的环节。关于这一思想，前文在探讨自在自为性时已作了充分说明。这里举出另一个例子，说明马克思对此的谙熟："生产实际上有它的条件和前提，这些条件和前提构成生产的要素。这些要素最初可能表现为自然发生的东西。通过生产过程本身，它们就从自然发生的东西变成历史的东西，并且对于一个时期表现为生产的自然前提，对于前一个时期就是生产的历史结果。"④ 在黑格尔那里被扬弃后的神秘结局，在马克思这里变成了人们可以直接感受到的现实的历史现象。

（二）具体历史性

具体历史性在黑格尔辩证法中占有重要地位。他的一些思想观点，如没有抽象的真理、真理总是具体的以及哲学就是哲学史之类早已广为人知。马克思也相当重视具体历史性的规定，还特别强调该范畴在用思维把握现实事物时的重要作用。

1. 黑格尔对具体历史性的理解

黑格尔对具体性的理解与他对真理的理解是紧密联系在一起的，在他看来，真理即绝对理念，具体性是自在自为的绝对理念即真理的重要属性和规定性。黑格尔是从具体性与真理的相互关系的角度来阐述具体性的。

---

① 《马克思恩格斯选集》第1卷，人民出版社1995年版，第175页。

② 同上。

③ 同上书，第176页。

④ 《马克思恩格斯选集》第2卷，人民出版社1995年版，第15页。

在他那里，具体性包括两重含义：

（1）具体性是真理的基本属性

黑格尔在《精神现象学》中说："真理是全体。但全体只是通过自身而达于完满的那种本质。关于绝对，我们可以说，它本质上是个结果，它只有到终点才真正成为它之所以为它；而它的本性恰恰就在这里，因为按照它的本性，它是现实、主体、或自我形成。"① 在黑格尔看来，真理之所以是具体的，是因为真理是作为结果出现的。黑格尔还说，把绝对本质地理解为结果好像是矛盾的，但只要稍微考虑一下，就能把这矛盾的假象予以揭示。开端、原则或绝对，最初直接说出来时只是个共相。他举例说，当他说"一切动物"时，这句话本身不能算是一部动物学，同样地，我们都很明白，上帝、绝对、永恒等字眼也并不说出其中所含的东西，这样的字眼只是把直观当作直接性的东西表述出来。

黑格尔在《哲学史讲演录》中说，普通人的看法总是认为哲学只研究抽象的东西和空洞的共性，反倒以为对人的感性经验进行直观的自我意识、自我感觉、生活感觉等是属于自身具体的和自身决定的领域。对此，黑格尔指出，哲学的确属于思想的领域，因为它研究的是共性，它的内容是抽象的，但这只是就形式、就外在表现说才如此，而理念自身"本质上是具体的，是不同规定之统一。就在这里，便可看出理性知识与单纯理智知识的区别；而哲学的任务与理智相反，是在于指出：真理、理念不是由空洞的普遍所构成的，而乃包含在一种普遍里，这种普遍自身就是特殊，自身就是有决定性的。如果真理是抽象的，则它就是不真的。健康的人类理性趋向具体的东西。"②

（2）具体是多样性的统一

在黑格尔看来，真理不仅是全体，更是多样性的统一，是有机的整体。黑格尔认为，真正的自由的思想本身就是具体的，并且就思想的全部普遍性而言，它就是理念或绝对。而关于理念或绝对的科学，本质上应是一个体系，因为"真理作为具体的，它必定是在自身中展开其自身，而且必定是联系在一起和保持在一起的统一体，换言之，真理就是全体。全体的自由性，与各个环节的必然性，只有通过对各环节加以区别和规定才有

---

① 黑格尔：《精神现象学》上卷，商务印书馆 1979 年版，第 12 页。
② 黑格尔：《哲学史讲演录》第 1 卷，商务印书馆 1959 年版，第 29 页。

可能。"①

他以哲学为例说，哲学史上所表现的种种不同的体系，"一方面我们可以说，只是一个哲学体系，在发展过程中的不同阶段罢了。另一方面我们可以说，那些作为各个哲学体系的基础的特殊原则，只不过是同一思想整体的一些分支罢了。那在时间上最晚出的哲学体系，乃是前此一切体系的成果，因而必定包括前此各体系的原则在内；所以一个真正名副其实的哲学体系，必定是最渊博、最丰富和最具体的哲学体系。"②

真理是全体、体系，是与真理具有历史性紧密相连的。谈具体性离不开对历史性的说明。在黑格尔哲学中，研究对象具有历史性这一重要特征，特别引人关注。恩格斯在《卡尔·马克思〈政治经济学批判〉》中说："黑格尔的思维方式不同于所有其他哲学家的地方，就是他的思维方式有巨大的历史感作基础。……在《现象学》、《美学》、《哲学史》中，到处贯穿着这种宏伟的历史观，到处是历史地、在同历史的一定的（虽然是抽象地歪曲了的）联系中来处理材料的。"③

黑格尔对历史性的看法主要有两点：

（1）历史性是事物的根本属性之一

黑格尔认为，哲学就是哲学史。哲学是对于事物发展的根本认识，并且作为概念的思维，哲学就是这种思维的发展。这种发展愈增进，则哲学便愈完善。对于哲学而言，它的每一部分都是一个哲学全体，一个自身完整的圆圈。但哲学的理念在每一部分里只表达出一个特殊的规定性或因素。因此，哲学在它发展的每一具体阶段，必然会扬弃自身的片面性，发展到更高的层次，从而呈现为历史的过程。他说："每个单一的圆圈，因它自身也是整体，就要打破它的特殊因素所给它的限制，从而建立一个较大的圆圈。因此全体便有如许多圆圈所构成的大圆圈。这里面每一圆圈都是一个必然的环节，这些特殊因素的体系构成了整个理念，理念也同样表现在每一个别环节之中。"④ 在黑格尔那里，思维与存在是同一的，事物的真实存在是它作为哲学的存在，因此，如果哲学就是哲学史，那么，现实的事物也必然就是现实事物的历史，历史性必然是事物的根本属性之一。

---

① 黑格尔：《小逻辑》，商务印书馆1980年版，第55—56页。

② 同上书，第54—55页。

③ 《马克思恩格斯选集》第2卷，人民出版社1995年版，第42页。

④ 黑格尔：《小逻辑》，商务印书馆1980年版，第56页。

（2）事物的具体性是事物的历史性的结果

黑格尔认为，辩证法既是绝对主体，也是绝对主体的运动，同时，主体既是自身，又是自身运动的结果。所以，主体、主体的行为、主体行为的结果都必然因为这种辩证法的历史运动而成为具体的。他说："行为本质上是一个整体，而整体就是具体的，不只行为是具体的，而且潜在，那开始活动的主体，也是具体的，那活动的产物，一如活动和开始活动，也同样是具体的。发展的过程亦即是内容、理念本身。它是其一，也是其他，二者合一，构成其三。因为其一在其他里面乃是回复其自身，并非外在于其自身。"①

黑格强调，事物之所以是具体的，是因为事物自身的辩证运动。他说："只有那有生命的和精神的事物，才有自身冲动，自向发展，所以作为自身具体、自身发展的理念，乃是一个有机的系统，一个全体，包含很多的阶段和环节在它自身内。"②

对于具体性和历史性的关系，黑格尔在《逻辑学》和《小逻辑》中的"绝对理念"那一部分论述得最为充分，他详尽说明了绝对理念、方法是怎样由于自身的、辩证的历史运动而成为具体理念的。

黑格尔认为，绝对理念即方法既是概念自身，又是概念的运动。他对此作了论证：第一，方法是绝对的否定性，是自在自为的运动。黑格尔认为，应该承认方法是没有限制的、普遍的、内在的和外在的方式，并且是绝对无限的力。"它是最高的力，或者不如说不仅是理性的唯一的和绝对的力，而且也是理性的最高的和唯一的冲动，要由自己在一切中找到并认识自己。"③ 第二，方法就是绝对理论的自我认识的运动，主体、客体、方法是三位一体的，是同一的。他说："方法就是这种知的本身；对于这种知来说，概念不仅是作为对象，而且作为这种知的自己的、主观的行动，作为认识活动的工具和手段与认识活动相区别，但又作为这种活动自己的本质性。"

黑格尔的结论是："在真的认识中则正相反，方法不仅仅是一堆规定，而且是概念的自在自为地被规定。"马克思对黑格尔的这一结论明了于心，他指出，黑格尔的绝对理论不过是事物运动的纯粹形式。他说："正如我

① 黑格尔：《哲学史讲演录》第1卷，商务印书馆1959年版，第29页。
② 同上书，第32页。
③ 黑格尔：《逻辑学》下卷，商务印书馆1976年版，第530页。

们通过抽象把一切事物变成逻辑范畴一样，我们只要抽去各种各样的运动的一切特征，就可得到抽象形态的运动，纯粹形式上的运动，运动的纯粹逻辑公式。如果我们把逻辑范畴看作一切事物的实体，那么我们也就可以设想把运动的逻辑公式看作是一种绝对方法，它不仅说明每一个事物，而且本身就包含每个事物的运动。"①

在黑格尔那里，绝对理念、方法由于自身的运动而使自己由自在的绝对理念成为具体的绝对理念。其过程如下：

首先，绝对理念、方法展开自身运动、自我规定。这种自身运动包括三个环节：开始、进展和目的。开始是方法的直接的规定性即肯定，进展是方法的自我否定，目的"是对最初的起点［开始］的否定，但由于目的与最初的起点有同一性，所以目的也是对于它自身的否定。因此目的即是一统一体，在此统一体里，这两个意义的最初作为观念性的和作为环节的，作为被扬弃了的，同时又作为被保存住了的就结合起来了。概念以它的自在存在为中介，它的差异，和对它的差异的扬弃而达到它自己与它自己本身的结合，这就是实现了的概念。"② 这样一来，绝对理念就不再是自在的东西，而是有规定性的东西了。方法所产生的这个结果是对开端的否定之否定。"由于这个产生结果的东西，这个否定是一个规定了的否定，它就有了一个内容。它是一个新的概念，但比先行的概念更高，更丰富；因为它由于成了先行概念的否定或对立物而变得丰富了，所以它包含着先行的概念，但又比先行概念更多一些，并且是它和它的对立物的统一。"③

其次，方法产生的结果又成了新的开端。黑格尔认为，对于方法来说，如果由于它的最初结果而规定了一个内容，那也并不因此就开始了任何新的方式，它不多不少，仍然和以前一样是形式的。它既然是绝对的形式，是把自身和一切都作为概念来认识的那样的概念，那么就没有任何内容与它对立并把它规定为片面的、外在的形式。方法仍然是绝对的否定性，是绝对无限的力，是一切特殊的灵魂。黑格尔说："正如那些开端的无内容性并未使自己成为绝对的开端那样，所以把方法引入向前或向后的无限进展的，也不是内容本身。"④ 黑格尔认为，方法在其结果中所产生的

① 《马克思恩格斯选集》第 1 卷，人民出版社 1995 年版，第 139 页。

② 黑格尔：《小逻辑》，商务印书馆 1980 年版，第 426 页。

③ 黑格尔：《逻辑学》上卷，商务印书馆 1966 年版，第 36 页。

④ 黑格尔：《逻辑学》下卷，商务印书馆 1976 年版，第 548 页。

规定性，"从一方面说，是环节，方法通过这个环节，便是以自身为中介，并且使直接的开端成为一个有中介的东西。"也就是说，这个规定了的结果，对于方法来说，是中介，是环节，方法以这个环节为中介，实际上是以自身为中介，而这个环节的产生，也使得最初的无规定性的开端成了一个中介的东西。黑格尔又说，反过来讲，"使方法的这个中介迷失自身的，也是由于规定性；方法通过一个内容，就像通过一个似乎它自己的他物那样而回到它的开端，以致它不仅仅是把开端，并且是规定了开端重新树立起来，而且结果也同样是扬弃了的规定性，从而也就恢复了它所开始的最初的无规定性。"① 这就是说，这个规定性的结果是否定的否定，即对进展的否定，从而也就是对开端的肯定。这也就意味着，否定之否定的结果同样是对开端无规定性的重新肯定，虽然是在更高层次上的肯定。于是，结果又重新成为新的无规定性的开端，这个结果、这个中介重又"迷失自身"，而它要认识自身，就要进一步规定和发展自身。

再次，新的开端又开始新的运动，最终发展为具体。曾是结果的规定性，由于它重新恢复了最初的无规定性的开端，本身是一个新的开端。同时，因为这个新的开端正是由于这种规定性而与它的先行者，即最初的开端相区别，所以认识实际是从内容到内容的向前转动，即开端产生结果，结果包含开端，开端越来越丰富，结果越来越具体。"它从单纯的规定性开始，而后继的总是愈加丰富和愈加具体。因为结果包含它的开端，而开端的过程以新的规定性丰富了结果。"由于普遍的东西、绝对理念始终构成基础，主体始终如一，因此不应当把进程看作是从一个他物到一个他物的流动。黑格尔认为"绝对方法中的概念在它的他有中保持自身；普遍的东西在它的特殊化中，在判断和实在中，保持自身；普遍的东西在以后规定的每一阶段，都提高了它以前的全部内容，它不仅没有因它的辩证的前进而丧失什么，丢下什么，而且还带着一切收获和自己一起，使自身更丰富、更密实。"②

黑格尔指出，以这种方式，在以后的规定中，每前进一步离开不曾规定的开端时，也是后退一步靠近开端，"以致那后退论证开端和前进往下规定开端初看好像是差异的东西，都相互汇合了，并且是同一回事了。"③

---

① 黑格尔：《逻辑学》下卷，商务印书馆 1976 年版，第 548 页。

② 同上。

③ 同上书，第 550 页。

因此，凭借上述方法的性质，科学表现为一个自身旋绕的圆圈，"中介把末尾绕回到圆圈的开头；这个圆圈以此而是圆圈中的一个圆圈；因为每一个别的支节，作为方法赋与了灵魂的东西，都是自身反思，当它转回到开端时，它同时又是一个新的支节的开端。这一链条的片段就是各门科学，每一门科学都有一个在前的和一个在后的，——或者更精确一点说，只有在前的，要在它的结论里才显露出它的在后的。"①

2. 马克思对具体历史性的理解

马克思认同黑格尔关于具体历史性的基本观点，既认为真理是具体的，也强调具体性是历史性的必然结果。

（1）具体性是真理的基本属性

早在《博士论文》中，马克思就说过，把一切事物的发展过程都用产生、发展、灭亡的公式来套用，实际上等于什么也没有说。对事物发展过程的真正认识，决不能停留在普遍性的层面，而应深入到事物的特殊性层面，了解事物的现实发展历程。马克思说："说发生、繁荣、衰亡是每一个人事方面的事物所注定了必定要走过一通的铁环，这确实已经是一个老生常谈的真理。……此外，发生、繁荣、衰亡乃是极其一般、极其模糊的观念，在那里面真是可以塞进一切东西，但是用这些空泛的观念什么东西也不能了解。死亡本身已经预先包含在生命里面；因此死亡的形态也同样应该像生命的形态那样就其一定的特殊性中予以考察。"②

在《政治经济学批判》导言中，马克思说生产是一个抽象，是一切生产阶段所共有的、被思维当作一般规定而确定下来的规定，但是"所谓一切生产的一般条件，不过是这些抽象要素，用这些要素不可能理解任何一个现实的历史的生产阶段。"③ 因为真正的、现实的生产总是处于一定的、具体的历史阶段中的生产。

不仅如此，即使就生产的概念而言，它也是一个具体的概念。马克思认为，生产是一个包含生产、分配、交换、消费等不同环节在内的具体的总体："我们得到的结论不是说，生产、分配、交换、消费是同一的东西，而是说，它们构成一个总体的各个环节，一个统一体内部的差别。"④ 他解

---

① 黑格尔：《逻辑学》下卷，商务印书馆 1976 年版，第 551 页。
② 马克思：《博士论文》，人民出版社 1961 年版，第 2 页。
③ 《马克思恩格斯选集》第 2 卷，人民出版社 1995 年版，第 6 页。
④ 同上书，第 17 页。

释道，生产的总体既支配着与其他要素相对而言的生产自身，也支配着其他要素。生产的总过程总是从生产重新开始。交换和消费不是起支配作用的东西。分配，作为产品的分配，也不能起支配作用。作为生产要素的分配，它本身就是生产的一个要素。因此，一定的生产决定一定的消费、分配、交换和这些不同要素相互间的一定关系。马克思进一步指出，生产就其单方面形式来说也决定于其他要素。例如，当市场扩大即交换范围扩大时，生产的规模也就增大，生产也就分得更细。随着分配的变动，如随着资本的积累、城乡人口的不同的分配等生产也就发生变动。同时，消费的需要也决定着生产。最后，马克思总结道："不同要素之间存在着相互作用。每一个有机整体都是这样。"①

（2）具体是多样性的统一

关于这一点，马克思在讨论政治经济学的方法时表述得最为充分。马克思认为，研究政治经济学有两种方法：一种是从具体到抽象，另一种是从抽象到具体。表面看起来，从实在和具体开始，从现实的前提开始的研究方法是正确的，如在经济学上从作为全部社会生产行为的基础和主体的人口开始。但是，马克思说，更仔细地加以考察，这是错误的。"如果我，例如，挪开构成人口的阶级，人口就是一个抽象。如果我不知道这些阶级所依据的因素，如雇佣劳动、资本等等，阶级又是一句空话。而这些因素是以交换、分工、价格等等为前提的。比如资本，如果没有雇佣劳动、价值、货币、价格等等，它就什么也不是。"② 从具体开始的后果是，被当作起点的规定会不断否定自己，发现自己不是真正的起点，因为离开了别的规定性，它本身就无法得到理解。从具体开始的结果是得到越来越简单的抽象规定。"因此，如果我从人口着手，那么，这就是关于整体的一个混沌的表象，并且通过更切近的规定我就会在分析中达到越来越简单的概念；从表象中的具体达到越来越稀薄的抽象，直到我达到一些最简单的规定。"③ 马克思认为，真正的研究过程这时才开始，"于是行程又得从那里回过头来，直到我最后又回到人口，但是这回人口已不是关于整体的一个混沌的表象，而是一个具有许多规定和关系的丰富的总体了。"④ 这种研究

---

① 《马克思恩格斯选集》第 2 卷，人民出版社 1995 年版，第 17 页。

② 同上书，第 18 页。

③ 同上。

④ 同上。

方法就是从抽象到具体的研究方法，用这种方法得出的具体必然是多样性的统一的具体。

马克思总结道，第一方法是经济学在它产生时期所使用的方法。例如，17 世纪的经济学家总是从生动的整体，从人口、民族、国家、若干国家等开始，但他们最后总是从分析中找出一些有决定意义的抽象的一般的关系，如分工、货币、价值等等。第一种方法的结果是第二种方法能够得以开始的起点。他说："这些个别要素一旦多少确定下来和抽象出来，从劳动、分工、需要、交换价值等等这些简单的东西上升到国家、国际交换和世界市场的各种经济学体系就开始出现了。"①

马克思强调，后一种方法显然是科学上正确的方法。他说："具体之所以具体，因为它是许多规定的综合，因而是多样性的统一。因此它在思维中表现为综合的过程，表现为结果，而不是表现为起点，虽然它是现实的起点，因而也是直观和表象的起点。"② 因此，通过第一种研究方法，现实的、感性的表象被抽象为简单的规定。通过第二种方法，才能使抽象的规定在思维行程中导致具体的再现。

在说明了自己的研究方法后，马克思对写作"资本"作了如下计划：

"Ⅰ一般性：（1）（a）由货币变成资本。（b）资本和劳动（以他人劳动为媒介）。（c）按照同劳动的关系而分解成的资本各要素（产品、原料、劳动工具）。（2）资本的特殊化：流动资本、固定资本。资本周转。（3）资本的个别性：资本和利润。资本和利息。资本作为价值同作为利息和利润的自身相区别。

Ⅱ特殊性：（1）资本的积累。（2）资本的竞争。（3）资本的积聚（资本的量的差别同时就是质的差别，就是资本的大小和作用的尺度）。

Ⅲ个别性：（1）资本作为信用。（2）资本作为股份资本。（3）资本作为货币市场。"③

可见，马克思是把资本当作具体的多样性的统一来理解的。

（3）事物的具体性是事物的历史性的结果

在马克思看来，辩证法的具体性是辩证法的历史性的结果。他对黑格尔在《逻辑学》和《小逻辑》中所讨论的方法由于自身的辩证的历史运

---

① 《马克思恩格斯选集》第 2 卷，人民出版社 1995 年版，第 18 页。

② 同上。

③ 《马克思恩格斯全集》第 46 卷上，人民出版社 1979 年版，第 232—233 页。

动而成为具体的统一体的过程作了解释和批判。前面我们详细考察过的黑格尔的阐述无疑是十分晦涩的，只有进入到黑格尔的语境里才能理解。马克思对这一过程作过三次"翻译"，不仅彻底地扬弃了黑格尔的神秘的表达，而且深刻地说明了这一过程。

马克思的第一次"翻译"是在《1844年经济学哲学手稿》中进行的。在那里，马克思认真分析了《逻辑学》，揭示了黑格尔使绝对理念成为具体的理念的过程和原因。此时，马克思使用的还是"异化"框架内的语言，并不通俗易懂。

马克思指出，《逻辑学》标榜自己是研究纯粹思维的科学，探讨的是纯粹思维的自身运动、自身发展和向自身的回归过程。实际上，所谓的纯粹思维不过是同自身相异化的哲学家的同自身相异化的思维而已。他说道："同自身相异化的人，也是同自己的本质即同自己的自然的和人的本质相异化的思维者。因此，他的那些思想是居于自然界和人之外的僵化的精灵。"① 马克思认为，黑格尔达到绝对理念具体化的办法是，把历史上所有哲学家的思维成果作为僵化的精灵统统禁锢在他的逻辑学里，先是把它们每一个都看成否定，即人的思维的外化，然后又把它们看成否定的否定，即看成这种外化的扬弃，看成人的思维的现实表现。于是这种在异化形式中的否定的否定"一部分是使原来那些僵化的精灵在它们的异化中恢复；一部分是停留于最后的行动中，也就是在作为这些僵化的精灵的真实存在的外化中自身同自身相联系。"② 这就是说，黑格尔用那在自身内部绕圈的抽象行动来代替这些僵化的抽象概念，所以他就有了这样的贡献："他指明了就其起源来说属于各个哲学家的一切不适当的概念的诞生地，把它们综合起来，并且创造出一个在自己整个范围内穷尽一切的抽象作为批判的对象，以代替某种特定的抽象。"③ 这样，在黑格尔看来，绝对理念就通过自身的历史运动，成了包含一切特殊范畴的、具体的、最后的、真正的、自为的绝对理念。

马克思的第二次"翻译"是在《神圣家族》中进行的。在这部著作中，马克思对这一过程采取了比喻说明的方式，达到了通俗易懂的目的，但未能将黑格尔式的说明转换成严格的理论说明。

---

① 马克思：《1844年经济学哲学手稿》，人民出版社2000年版，第116页。
② 同上。
③ 同上。

　　在《神圣家族》中,马克思把绝对理念比喻为"果实",把不同的、特殊的范畴比喻为"苹果"、"梨"等具体的果实。这样,绝对理念变为具体的绝对理念的过程,就是一般"果实"变成具体"果实"的过程。这一过程分为三步:首先,思辨哲学家从现实的苹果、梨、草莓、扁桃等中抽象出"果实"这个一般的观念,然后,进一步把"果实"这个抽象观念想象成为存在于自身之外的一种独立本质,并且是苹果等现实果实的真正的本质,于是思辨哲学家就可以站在黑格尔思辨哲学的立场上把抽象的观念——"果实"看作是苹果等现实果实的"实体"。完成了这一系列的"魔法"后,就可以宣布"苹果、梨、扁桃等等是'果实'的简单的存在形式,是它的样态"①。其次,对思辨的哲学家而言,"一般果实"并非是僵死的、无差别的、静止的本质,而是活生生的、自相区别的、能动的本质。不仅对人的感性的理智,而且对于"一般果实"本身而言,千差万别的普通果实是有意义的。普通果实是"统一的果实"的生命的不同表现,它们是"一般果实"本身所形成的一些结晶,也就是说,是"果实"自己确定自己为苹果,自己确定自己为梨等等。因此,苹果、梨、扁桃之间的差别其实是"果实"的自我差别,这些差别就使得各种特殊的果实作为"一般果实"本身形成过程中的千差万别的环节存在。最后,"果实"最终就不再是无内容、无差别的统一体,而是作为总体,作为各种果实的"总体"的统一体。在这个统一体中,特殊的果实构成有机的环节的系列。"果实"在这个系列的每一个环节中都使自己作为某种定在存在,到"果实"最后成为具体的统一。因此,一般与单一的统一是这样的:"这统一体把单个的果实都消溶于自身中,又从自身生出各种果实,正如人体的各部分不断消溶于血液,又不断从血液中生出一样。"②

　　马克思的第三次"翻译"是在《德意志意识形态》中完成的。在该书中,马克思对这一过程的说明做到了既通俗易懂,又符合严格的学术表达的要求。

　　首先,马克思指出,绝对理念就是方法,就是方法的运动。他说:"正如我们通过抽象把一切事物变成逻辑范畴一样,我们只要抽去各种各样的运动的一切特征,就可得到抽象形态的运动、纯粹形式上的运动或运动的纯粹逻辑公式。如果我们把逻辑范畴看作一切事物的实体,那么我们

---

① 《马克思恩格斯选集》第2卷,人民出版社1995年版,第72页。

② 同上书,第74页。

也就可以设想把运动的逻辑公式看作是一种绝对方法，它不仅说明每一个事物，而且本身就包含每个事物的运动。"① 接着，马克思说明了绝对理念从抽象到具体的历史辩证运动的过程。他指出，绝对理念的运动是自身内的运动，是自己以自己为中介，所以"理性一旦把自己设定为正题，这个正题、这个与自己相对立的思想就会分为两个互相矛盾的思想，即肯定和否定、'是'和'否'。"② 这两个因素不仅包含在正题中，也包含在反题中，这两个对抗因素的斗争就形成辩证运动。马克思分析道："'是'转化为'否'，'否'转化为'是'。'是'同时是'是'和'否'，'否'同时是'否'和'是'，对立面互相均衡、互相中和、互相抵销。这两个彼此矛盾的思想的融合，就形成一个新的思想，即它们的合题。这个新的思想又分为两个彼此矛盾的思想，而这两个思想又融合成新的合题。从这种生育过程中产生出思想群。同简单的范畴一样，思想群也遵循这个辩证运动，它也有一个矛盾的群作为反题。从这两个思想群中产生出新的思想群，即它们的合题。"③ 马克思总结道："正如从简单范畴的辩证运动中产生出群一样，从群的辩证运动中产生出系列，从系列的辩证运动中又产生出整个体系。"④

马克思在继承黑格尔相关思想的同时，也指出了黑格尔在这一问题上的唯心主义立场。他说，把实在理解为自我综合、自我深化和自我运动的思维的结果，是对实在与思维关系的颠倒。其实，"从抽象上升到具体的方法，只是思维用来掌握具体，把它当作一个精神上的具体再现出来的方式，但决不是具体本身的产生过程。"⑤ 在这一点上，黑格尔实际上陷入了幻觉之中。因为在黑格尔看来，正在理解着的思维是现实的人，而被理解了的世界本身才是现实的世界，结果范畴的运动代替了现实的生产行为，而世界是这种意识的生产行为的结果。马克思认为，这种看法"只有在下面这个限度内才是正确的：具体总体作为思想总体、作为思想具体，事实上是思维的、理解的产物；但是，决不是处于直观和表象之外或驾于其上而思维着的、自我产生着的概念的产物，而是把直观和表象加工成概念这

---

① 《马克思恩格斯选集》第 1 卷，人民出版社 1995 年版，第 139 页。

② 同上书，第 140 页。

③ 同上。

④ 《马克思恩格斯选集》第 2 卷，人民出版社 1995 年版，第 141 页。

⑤ 同上书，第 19 页。

一过程的产物。整体，当它在头脑中作为思想整体而出现时，是思维着的头脑的产物，这个头脑用它所专有的方式掌握世界，而这种方式是不同于对于世界的艺术精神的，宗教精神的，实践精神的掌握的。实在主体仍然是在头脑之外保持着它的独立性；只要这个头脑还仅仅是思辨地、理论地活动着"①。因此，从抽象到具体的研究方法必须以从具体到抽象的方法为基础，"在理论方法上，主体，即社会，也必须始终作为前提浮现在表象面前。"②

三、自在自为性的横向规定性

自在自为性的横向规定有两个：一是反思关系性，二是对象中介性。这是从辩证法角度把握事物横向运动的基本观点。

(一) 反思关系性

反思和关系范畴在黑格尔的著作中得到了大量应用，黑格尔《逻辑学》中"本质论"的灵魂就是反思和关系理论。关系范畴更是马克思哲学的核心范畴之一，以至美国学者奥尔曼称马克思的辩证法为关系辩证法。

1. 黑格尔对反思关系性的理解

在黑格尔的《逻辑学》中，关系和反思范畴占有重要地位。黑格尔对两个范畴的论述主要在"本质论"中。"本质论"不同于"存在（有）论"③，"存在（有）论"中的范畴都是直接性的，是直接认识的范畴。"本质论"则深入到直接认识的背后，它所讲的范畴都是间接认识的、相对性的范畴。所以，在"本质论"中，范畴都是成双成对出现的。之所以会这样，是因为黑格尔认为本质论中的范畴是作为关系、反思的范畴而存在的。下面，我们首先探讨反思范畴，然后再说明关系范畴，因为后者是前者的结果。

反思是黑格尔哲学中较难理解的一个范畴。黑格尔认为"本质论"这

---

① 《马克思恩格斯全集》第 2 卷，人民出版社 1957 年版，第 18—19 页。

② 同上书，第 19 页。

③ 对于 sein 的翻译，各家观点不同，大致有"是"、"有"、"存在"三种译法。因为本文的引文来自不同译者的著作，所以在个别地方会引起文意不连贯。因此，为了不致产生误解，故以"有（存在）"或"存在（有）"的形式出现。至于将其翻译为"是"的地方则不作特别注明。

一章是《逻辑学》中"存在（有）论"、"本质论"、"概念论"三个章节中最难的部分。他说："本质论是逻辑学中最困难的一部门。"① 恩格斯说得更为明确。他在 1892 年 2 月 4 日致康拉德·施米特的信中认为："若是把《本质论》中一连串的概念译成其他文字，那么，在许多情况下，这样的转换将是不能的。"② 理解"本质论"之所以成了一项挑战性的工作，是因为对这一部分的理解首先要和人们头脑中顽固的知性思维作艰难的斗争，"知性将各范畴的区别一方面认作独立自存，一方面同时又明白肯定它们的相对性，知性只是用一个又字，将两方面相互并列地或先后相续地联合起来，而不能把这些思想结合起来，把它们统一成为概念。"③ 而本质的运动正好相反，"本质在它的这个自身运动中就是反思。"④ 通过反思运动，相互区别的范畴之间的内在统一就建立起来了。破除知性思维的惯性本身不是易事，再加上黑格尔那晦涩的文字表达，使得这项工作更是难上加难。黑格尔对反思和关系范畴的理解如下：

（1）反思是本质的运动

黑格尔说："映象是和反思同一个东西，但映象却是直接的反思；映象进入自身，因而就其直接性说，是异化了的；对于这个映象，我们用了一个外来语，即反思 Reflexion。"⑤ 他认为映象与反思是同一的，映象是直接存在着的反思，映象扬弃自己的直接性，向本身回归，于是就成为反思。所以，"本质是反思，即变和过渡的运动，它在自身中仍然存留下来，其中被区别开的东西完全被规定为只是自在的存在物，即映象。"⑥

黑格尔强调，本质中的变，就是本质的反思运动，即"从无到无并从而回到本身的运动"⑦。《逻辑学》分为三章，即"存在（有）论"、"本质论"、"概念论"。本质是对存在（有）的否定，所以本质是无。说本质的运动是从无到无并从而回到本身的运动，这无非是说本质的运动是以本质自身为中介的运动。黑格尔认为，在本质的范围内对立的，首先是本质

①　黑格尔：《小逻辑》，商务印书馆 1980 年版，第 246 页。

②　《马克思恩格斯全集》第 38 卷，人民出版社 1971 年版，第 271 页。

③　黑格尔：《小逻辑》，商务印书馆 1980 年版，第 247 页。

④　黑格尔：《逻辑学》下卷，商务印书馆 1976 年版，第 14 页。

⑤　同上。

⑥　同上。

⑦　同上书，第 15 页。

和非本质的东西。本质首先被当作是一个直接物，而不是作为纯中介或绝对否定性那样的直接性。于是，前一个直接性仅仅是作为绝对否定性那样的直接性的规定性。因此，本质的这种规定性之扬弃，不过显示出非本质的东西仅仅是映象①。这样一来，本质与非本质的东西的对立就成了本质和映象的对立。但映象实际上就是本质，是本质的外化形式而已，所以，本质在其自身中就包含着映象。可见，本质就"作为自身中的无限运动，这个运动规定本质的直接性为否定性，本质的否定性为直接性，这样，这个运动也就是本质自身中的映现。本质在它的这个自身运动中就是反思。"②

　　按照上述理解，黑格尔专门批判了康德的反思的判断力的观点。他说，通常人们认为反思只是主观的活动，表现为判断力的运动，也就是人的判断力超出某一个直接的表象，为这个表象寻找普遍的规定，或者把那些规定与表象进行比较。康德认为，判断力是把特殊包含在普遍之下的思维机能。如果已经有了普遍的规则、原理、规律，那么把特殊包括在它之下的判断力就是进行规定的判断力。相反，如果已有的只是特殊，那么判断力还要为它去寻找普遍，这就是进行反思的判断力。

　　黑格尔认为，在康德的反思的判断力中，反思虽然超出了直接物而达到了普遍的东西，但直接物只是由于与普遍的东西相关才被规定为特殊的、直接的东西，它本身依然自为地是个别的直接物，而与它相关的普遍的东西也同样是独立的、自身反思的本质的东西。所以，黑格尔批评康德，说他把为已经存在的特殊去寻找普遍归之于一种反思，这种反思显然只是外在的反思，即反思与直接物相关，就像与一个已有的、外在的东西相关那样。

　　黑格尔强调，在真正的反思的观点下，普遍的东西，也就是原则、规定、规律等，是被当作直接物的本质的，因此，那个直接物决不是自为的存在，相反"那个直接物被当作是虚无的，而从直接物的回归，即反思进行规定，才被当作是直接物依据其真正的有之建立；所以反思对它进行活动的那个东西以及由反思而来的规定，对那个直接物说来，而是被当作是

---

　　①　杨一之先生认为 schein 这个词在康德哲学中一般译为假象，但在黑格尔哲学中则不妥。因为在黑格尔那里，这个词没有"假"的含义。（参见黑格尔《逻辑学》下卷，商务印书馆 1976 年版，第 556 页。）

　　②　黑格尔：《逻辑学》下卷，商务印书馆 1976 年版，第 14 页。

它自己的有。"① 也就是说，在真正的反思看来，直接物与普遍之间、映象与本质之间的关系是内在的而非外在的关系。在《小逻辑》中，黑格尔说得更为直接和简洁："存在为直接的东西，与本质比较看来，只是一假象②（Schein），但这种假象并非空无所有，完全无物，而是一种被扬弃的存在。本质的观点一般地讲来即是反思的观点。反映或反思（Reflexion）这个词本来是用来讲光的，当光直线式地射出，碰在一个镜面上时，又从这镜面上反射回来，便叫作反映。在这个现象里有两方面，第一方面是一个直接的存在，第二方面同一存在是作为一间接性的或设定起来的东西。当我们反映或（像大家通常说的）反思一个对象时，情形亦复如此。因此，这里我们所认识的对象，不是它的直接性，而是它的间接的反映过来的现象。我们常认为哲学的任务或目的在于认识事物的本质，这意思只是说，不应当让事物停留在它的直接性里，而须指出它是以别的事物为中介或根据的。"③

（2）事物的存在是关系的存在

黑格尔认为，事物的存在是关系的存在，本质的关系是事物为表现其自身而对自身进行的特定的普遍规定。"凡一切实存的事物都存在于关系之中，而这种关系乃是每一实存的真实性质。"④ 因此，实际存在着的东西不是抽象的、孤立的，而只是在一个他物之内的，也就是说实际存在的东西既是自在的存在，也是为他物的存在。而正因为某物在一个他物之内与他物相联系，它才与自身相联系，所以关系就是"自身联系与他物联系的统一"⑤。黑格尔分析了两对规定：一是某物与他物；二是为他之有与自在之有。黑格尔认为，第一对规定性还没有关系，某物与他物各自分离。但是它们的真理就是它们的关系。因此，为他之有和自在之有就是第一对规定转化为同一事物的环节而建立的。也就是说，某物与他物从相互外在的存在，进展到他们的真理性，即它们是同一事物的两个环节，是作为相互关系的存在那样的存在，某物与他物变成了内在关联的自在存在与为他存在。黑格尔认为"它们就是关系，而且仍然留在它们的统一中，即实有的

—————————

①　黑格尔：《逻辑学》下卷，商务印书馆1976年版，第21页。

②　与杨一之先生不同，贺麟先生坚持将schein译为假象。

③　黑格尔：《小逻辑》，商务印书馆1980年版，第242页。

④　同上书，第281页。

⑤　同上。

统一中。这样，为他之有与自在之有，每一个都含有既在它自身那里、同时又与它不同的环节。"①

所以，黑格尔提醒我们，"对事物不可单一地从它们的直接性去看，而须复合地进一步从它们的不同的关系去看。"② 他将"存在（有）论"与"本质论"中范畴的相互关系作对比说，在"存在（有）论"中，各范畴相互过渡；在"本质论"中，各范畴已不复过渡，而只是相互联系。在存在（有）阶段，联系的形式只是我们的反思，即范畴之间的相互联系只是主观的联系；反之，在本质阶段，联系则是本质自己特有的规定。在存在（有）的范围里，当某物过渡为别物时，某物便消逝了；但在本质的范围里却不是这样，范畴彼此间没有真正的别物或对方，而只有差异，只有一个东西与它的对方的联系。因此，"本质的过渡同时并不是过渡。因为在由差异的东西过渡到差异的东西里，差异的东西并未消逝，而是仍然停留在它们的联系里。……在存在的范围里，各范畴之间的联系只是潜在的，反之，在本质里，各范畴之间的联系便明显地设定起来了。一般说来，这就是存在的形式与本质的形式的区别。在存在里，一切都是直接的，反之，在本质里，一切都是相对的。"③

（3）反思规定性是对他物的自身关系

黑格尔指出，反思的规定性就是在自身中对它的他物的关系。他认为，反思的规定性作为关系，与质的规定性作为关系是截然不同的，它不是作为一个有（存在）的、静止的规定性来与一个他物相关，否则就倒退回了有（存在）论里面的某物与他物的关系了。在那里，某物与某物对他物的关系，即某物与某物的规定性（因为在有论里，某物对他物的关系就是某物的规定性）是相互分离、外在的。某物是自为的存在，它把它的他物和对这个他物的关系都从自身排斥出去。

黑格尔强调，与此相反，反思规定乃是在它自身中规定的方面和这个规定方面作为规定方面的关系，即对它的否定的关系。他说："质由于它的关系而过渡为他物；在它的关系中，它的变化就开始了。反之，反思规定却把它的他有撤退到自身中去了。它是建立起来之有，是否定，但这个否定又把对他物的关系折回到自身中去，而且否定是自身等同的，是它自

---

① 黑格尔：《逻辑学》上卷，商务印书馆 1966 年版，第 114 页。
② 黑格尔：《小逻辑》，商务印书馆 1980 年版，第 243 页。
③ 同上书，第 240 页。

身及它的他物之统一，而且只有这样一来，它才是本质性。所以反思规定
是建立起来之有，是否定；但作为自身反思，它又是这个建立起来之有的
扬弃，是无限的自身关系。"①

　　黑格尔批判了那种不从反思关系性去理解事物的做法。他指出，具体
的思想是最有生气、最具活力的，并且是只能"在关系中去理解的东
西"②；"思想愈是富于规定性，也就是愈富于关系"③，否则规定必然会变
成"僵死不动"的规定。因此，黑格尔特别反感用数学的方法来理解和解
释哲学，他在不同的著作中多次批驳了这一做法。在《逻辑学》中，他批
判说，对于哲学，"用数这样的形式来表述它，也就愈是一方面含糊混乱，
另一方面则任意独断而意义空洞。一、二、三、四与元（或一元）、二元、
三元、四元还与完全简单的抽象概念接近，但是当数应该过渡到具体关系
时，还要使数仍然与概念接近，那便是徒劳的。"④

　　黑格尔说，假如思维规定通过一、二、三、四便被称为概念的运动，
好像概念只有通过这些数才成其为概念，那么，这将是对思维所要求的最
困难的工作。"思维将在它的对立物中，即在无关系中活动；它的事业将
是一种发疯胡闹的工作。"他以基督教三位一体学说作比喻，说要理解一
就是三，三就是一，其所以是困难的要求，因为一本身是无关系的东西，
这就是说它在自己本身那里并不表现出规定，更不用说通过不同规定而过
渡到它的对立物了。它反倒是绝对排除并拒绝这样的关系。恰恰相反，知
性却利用这点来反对思辨的真理，也就是反对在三位一体学说中所立下的
真理，并且用数字来计数那些构成一个统一体的思辨真理的规定，以便指
出它们的明显荒谬。黑格尔认为，这不是三位一体学说的荒谬，而是知性
本身陷入了荒谬，它把绝对是关系的东西变成了无关系的东西。前人"在
用三位一体这个名词的时候，当然料想不到一和数会被知性看成内容的本
质规定性。这个名词就表现了对知性的轻视，而知性执着于一和数本身，
还坚持它的虚妄，并用这种虚妄来与理性对立。"⑤

　　可见，在黑格尔看来，无论是实际存在的万事万物，还是作为本质的

　　①　黑格尔：《逻辑学》下卷，商务印书馆 1976 年版，第 25—26 页。

　　②　黑格尔：《逻辑学》上卷，商务印书馆 1966 年版，第 228 页。

　　③　同上。

　　④　同上。

　　⑤　同上书，第 229 页。

范畴，无一不是处于关系之中；事物在本质上是作为关系的存在，而事物之所以会作为关系而存在，则是由于反思的结果。

2. 马克思对反思关系性的理解

马克思也相当重视反思、关系范畴，并在自己的著作中大量运用。当然，马克思并不认同黑格尔关于事物之所以会作为关系而存在是由于反思的结果这一结论。这一结论显然是黑格尔从唯心主义的角度理解的结果。现实正好相反，事物不是因为反思才具有关系，事物本身就存在于一定的关系中，然后这种关系才能被反思在思维中把握。

（1）马克思对反思的理解

马克思对反思的理解集中体现在《博士论文》中，特别是在"时间"这一章中。马克思认为，在伊壁鸠鲁看来，时间是现象的绝对形式，是偶性之偶性，是自身反映的变化，是作为变换的变换。可以看出，马克思对伊壁鸠鲁时间观点的阐述完全是黑格尔式的。也就是说，在马克思看来，时间是现象的绝对的、纯粹的自身反映。

马克思从黑格尔"建立的反思"的观点出发对时间作了分析。黑格尔说："由于反思是作为回归那样的直接性，它就是建立；这就是说，当前并没有一个他物，既没有反思从那里出来，也没有反思回到哪里去的那样一个他物；所以反思只是作为它自己的回归或否定物。"① 这就是说，"建立的反思"是现象自身的反思，是把现象建立为现象，是现象否定自身并向本质的回归。马克思认为，组合是自然的被动形式，时间则是自然的主动形式，正是时间"把现象同本质分离开来，现象设定为现象，并且使现象作为现象返回到本质中。"② 马克思还说："时间之在现象世界，正如原子概念之在本质世界，即它是一切确定的定在之抽象、消灭和向自为存在的回返。"③ 在这里，马克思显然把时间看作是现实世界的自身反思，通过这一反思，通过时间，现实世界证明自己，并把自己建立为现象、建立为与本质不同并反映本质的东西，即时间性的东西。马克思指出"在伊壁鸠鲁那里，现象才被理解为现象，这就是说，才被理解为本质的异化，这异化本身是在它的现实性里显现为这样的异化的。"④

---

① 黑格尔：《逻辑学》下卷，商务印书馆1976年版，第17页，

② 《马克思恩格斯全集》第1卷，人民出版社1995年版，第52页。

③ 马克思：《博士论文》，人民出版社1961年版，第37页。

④ 同上。

　　马克思认为，时间与人的感性是同一的。这充分反映了黑格尔关于"他物反映"与"自身反映"是同一的观点。马克思说，既然时间是现象的自身反映，变换的变换，那么，现象在人的感官中的反映，即感性的知觉就"可以正当地被当作具体自然的真实标准"①。这里很明显，现象的自身反映即时间和现象的他物反映即感性知觉这两者在马克思看来是同一的。至于为什么同一，马克思没有解释，因为在他看来相关的证明早在黑格尔那里就完成了。马克思接着指出，时间是感性知觉的抽象形式，而人的感性则是形体化了的时间，两者是相互反映的。最后，马克思用纯粹黑格尔式的语言总结道："偶性的偶性、自身反映的变化都被规定为时间。偶性之在感性知觉里的反映以及偶性自身的反映，因而就被设定为同一种东西。"②

　　在《博士论文》后，马克思再没有这样直接、大量地运用反思范畴了。但是，这并不意味着马克思放弃了这一范畴，相反，马克思把它有机地融入了关系理论、对象性理论之中，很难把它再单独剥离出来加以独立论述。正像反思范畴是理解黑格尔《逻辑学》"本质论"的钥匙一样，它同样也是理解马克思相关关系理论、对象性理论的钥匙。

　　（2）马克思对关系的理解

　　关系范畴在马克思的著作里出现得极为频繁，处于极其重要的地位。美国当代马克思主义学者伯特尔·奥尔曼说："对马克思社会现实观中的所有要素而言，关系都是不能简化的最小单位。这的确是我们在理解马克思主义时所遇到的困难的症结，因为马克思主义的主体不仅仅是社会，而且是被'相关地'思考的社会。资本、劳动、价值和商品都被理解成了关系，把那些我们倾向于看成是与它们外在联系着的部分都当作它们的内在因素而包含到了它们本身之中。从本质上讲，我们所关注的焦点已发生变化，从考察有关的独立要素变成了考察每个相关要素相联系的具体方式，并把这种联系当成其概念所表达的含义的一部分来进行理解。这种考察并没有取消关于每个要素的核心观念，而是要把这种核心观念本身当作关系的集合来看待。"③

---

　　①　马克思：《博士论文》，人民出版社 1961 年版，第 38 页。

　　②　同上。

　　③　伯特尔·奥尔曼：《辩证法的舞蹈——马克思方法的步骤》，高等教育出版社 2006 年版，第 25—26 页。

其实，恩格斯对此早就有明确的说明，他认为马克思写作《资本论》的方法就是一种关系辩证法，即把资本主义体系看作具体的关系存在物：

"我们采用这种方法，是从历史上和实际上摆在我们面前的、最初的和最简单的关系出发，因而在这里是从我们所遇到的最初的经济关系出发。我们来分析这种关系。既然这是一种关系，这就表示其中包含着两个相互关联的方面。我们分别考察每一个方面；由此得出它们相互关系的性质，它们的相互作用。于是出现了需要解决的矛盾。但是，因为我们这里考察的不是只在我们头脑中发生的抽象的思想过程，而是在某个时候确实发生过或者还在发生的现实过程，因此这些矛盾也是在实践中发展着的，并且可能已经得到了解决。我们考察这种解决的方式，发现这是由建立新关系来解决的，而这个新关系的两个对立面我们现在又需要展开说明，等等。"① 这是对实践辩证法关系理论的极为精辟的论述。

恩格斯以马克思的政治经济学为例对这一方法加以说明。他说，政治经济学从商品开始，即从产品由个别人或原始公社相互交换的时刻开始。进入交换的产品是商品，但它成为商品，只是因为在这个物、这个产品中结合着两个人或两个公社之间的关系，即生产者和消费者之间的关系。于是，"在这里可以立即得到一个贯穿着整个经济学并在资产阶级经济学家头脑中引起过可怕混乱的特殊事实的例子，这个事实就是：经济学所研究的不是物，而是人和人之间的关系，归根到底是阶级和阶级之间的关系。可是，这些关系总是同物结合着，并且作为物出现。"② 恩格斯强调："诚然，这个或那个经济学家在个别场合也曾觉察到这种联系，但马克思第一次揭示出它对于整个经济学的意义，从而使最难的问题变得如此简单明了，甚至资产阶级经济学家现在也能理解了。"③

哲学意义上的关系不同于日常生活中人们所理解的关系，真正的关系是自身联系与他物联系的统一。马克思本人处处用关系理论来分析现实事物的真正的、内在的联系。

在《1844 年经济学哲学手稿》中，马克思用关系理论分析问题的例子很多。人们熟知的有人与自然的关系理论，即自然是人的无机身体、工业是自然与人的现实的历史关系等观点。在此，我们举其他两个例子。这

---

① 《马克思恩格斯选集》第 2 卷，人民出版社 1995 年版，第 43—44 页。

② 同上书，第 44 页。

③ 同上。

两个例子是马克思对关系范畴的运用，体现了他对于反思范畴的理解。

例一：马克思分析了最自然的人类关系，即男女关系。他认为，把妇女当作共同淫欲的掳获物和婢女来对待，这表现了人在对待自身方面的无限退化，因为人和人的直接的、自然的、必然的关系是男人和妇女的关系。在这种自然的类关系中，人和自然的关系直接就是人和人的关系，正像人和人的关系直接就是人和自然的关系，就是他自己的自然的规定。因此，"这种关系通过感性的形式，作为一种显而易见的事实，表现出人的本质在何种程度上对人来说成为自然，或者自然在何种程度上成为人具有的人的本质。因此，从这种关系就可以判断人的整个文化教养程度。"①

例二：马克思分析了人的生产劳动同人与人的关系的关系。人不仅生产劳动产品，还生产人与人的关系。马克思说，人同自身和自然界的任何自我异化，都表现在他使自身和自然界跟另一些与他不同的人所发生的关系上，这是一种必然的相互反映的关系。比如，体现在宗教上的自我异化就必然表现在世俗的人和僧侣或基督的关系上。但在实践中，在现实世界中，自我异化只有通过和他人的实践的、现实的关系才能表现出来。马克思强调："异化借以实现的手段本身就是实践的。因此，通过异化劳动，人不仅生产出他和作为异己的、敌对力量的生产对象和生产行为的关系，而且还生产出他人和他的生产和他的产品的关系，以及他和这些他人的关系。正像他把他自己的生产变成自己的非现实化，变成对自己的惩罚一样，正像他丧失掉自己的产品并使它变成不属于他的产品一样，他也生产出不生产的人对生产和产品的支配。正像他使他自己的活动同自身相异化一样，他也使与他相异的人占有非自身的活动。"②

在《德意志意识形态》中，马克思指出，实践辩证法的主体即人们的现实的生产方式本身就是一种关系的存在。他说："生命的生产，无论是通过劳动而达到的自己生命的生产，或是通过生育而达到的他人生命的生产，就立即表现为双重关系：一方面是自然关系，另一方面是社会关系。"③

关系还是区分人与动物的标志。马克思认为："凡是有某种关系存在的地方，这种关系都是为我而存在的；动物不对什么东西发生'关系'，

---

① 马克思：《1844 年经济学哲学手稿》，人民出版社 2000 年版，第 80 页。

② 同上书，第 60 页。

③ 《马克思恩格斯选集》第 1 卷，人民出版社 1995 年版，第 80 页。

而且根本没有'关系';对于动物来说,它对他物的关系不是作为关系存在的。"① 在马克思看来,动物与环境只有外在的关系,因而这种关系不是真正的关系;人与环境却有内在的关系。通过人类实践,环境不仅是自在之物,而且还成为为我之物。

在《政治经济学批判》导言第四节"生产"中,马克思连续列出了需要重点研究的五种关系:生产资料与生产关系、生产关系与交往关系、国家形式意识形式与生产关系和交往关系的关系、法的关系、家庭关系。接着又详细列出了更为细致的几种关系:一是战争和生产力与交往关系的关系;二是历来的观念的历史叙述与现实的历史叙述的关系;三是派生的、转移来的、非原生的生产关系;四是对唯物主义的非难与自然主义的唯物主义的关系;五是生产力的概念与生产关系的概念辩证法;六是物质生产的发展与艺术发展等之间的不平衡关系,等等。

在《资本论》中,马克思提出了著名的商品拜物教理论。这一理论集中体现了他对反思关系性的成熟理解。

马克思认为:"商品形式的奥秘不过在于:商品形式在人们面前把人们本身劳动的社会性质反映成劳动产品本身的物的性质、反映成这些物的天然的社会属性,从而把生产者同总劳动的社会关系反映成存在于生产者之外的物与物之间的社会关系。由于这种转换,劳动产品成了商品,成了可感觉而又超感觉的物或社会的物。"②

马克思指出,正是这一转换导致了商品拜物教。因为劳动产品转化为商品,不同于物理学意义上的转化。马克思以光学现象为例来说明这一差别。他说:"一物在视神经中留下的光的印象,不是表现为视神经本身的主观兴奋,而是表现为眼睛外面的物的客观形式。但在视觉活动中,光确实从一物射到另一物,即从外界对象射入眼睛。这是物理的物之间的物理关系。相反,商品形式和它借以得到表现的劳动产品的价值关系,是同劳动产品的物理性质以及由此产生的物的关系完全无关的。这只是人们自己的一定的社会关系,但它在人们面前采取了物与物的关系的虚幻形式。因此,要找一个比喻,我们就得逃到宗教世界的幻境中去。在那里,人脑的产物表现为赋有生命的、彼此发生关系并同人发生关系的独立存在的东

---

① 《马克思恩格斯选集》第 1 卷,人民出版社 1995 年版,第 81 页。
② 《马克思恩格斯选集》第 2 卷,人民出版社 1995 年版,第 138 页。

西。在商品世界里，人手的产物也是这样。"① 马克思说："我把这叫做拜物教。劳动产品一旦作为商品来生产，就带上拜物教性质，因此拜物教是同商品生产分不开的。"②

马克思分析了商品世界的这种拜物教根源，认为它来源于生产商品的劳动所特有的社会性质。他认为"私人劳动在事实上证实为社会总劳动的一部分，只是由于交换使劳动产品之间、从而使生产者之间发生了关系。因此，在生产者面前，他们的私人劳动的社会关系就表现为现在这个样子，就是说，不是表现为人们在自己劳动中的直接的社会关系，而是表现为人们之间的物的关系和物之间的社会关系。"③

（二）对象中介性

在黑格尔看来，事物、范畴都是由于反思的运动而彼此处于关系之中，事物、范畴必然都是对象性的存在。当然，绝对精神比较特殊，它只以自身为对象，可以没有自身以外的对象。同时，对象既然是作为关系的存在，那么它就是一种同一性的存在，就是中介。马克思批判了对象、中介范畴在黑格尔那里所具有的神秘的二元性，继承了它们的合理内核。

1. 黑格尔对对象中介性的理解

就对象范畴而言，黑格尔的主要观点是：对象即自身。但黑格尔是在绝对唯心主义的立场上完成这一论证的。中介范畴在黑格尔哲学中更是具有重要地位，他将中介范畴视为《逻辑学》最基本的观点之一。

（1）黑格尔对对象范畴的理解

首先，在黑格尔看来，对象的感性存在是虚无的，对象的真正存在是作为意识、作为概念、范畴的存在。黑格尔只承认一种对象，那就是知识对象。在《精神现象学》第一章中，他就将感性的、现实的对象化作为意识的存在。

黑格尔说，人们以为外界对象的存在可以被确切地规定为"现实的、绝对个别的、完全属于个人性质"的个体事物，而且每一个这样的个体事物都找不到一个和它绝对相同的东西，这样的存在就具有绝对的确定性和真理性。黑格尔认为，这是人们的一种幻觉。他以"一张纸"为例进行说

---

① 《马克思恩格斯选集》第 2 卷，人民出版社 1995 年版，第 138—139 页。

② 马克思：《资本论》第 1 卷，人民出版社 1975 年版，第 89 页。

③ 同上书，第 90 页。

明。他说，人们只能够意谓我正在写字的或者宁可说我曾经写字于其上的这一张纸，但人们却无论如何说不出他们所意谓的，因为那感性的"这一个"是语言所不能达到的。黑格尔强调："语言是属于意识范围，亦即属于本身是共相或具有普遍性的范围。在真正要说出'这张纸'的尝试中，'这张纸'因而就会被揉碎了；那些开始描述它的人，不能完成他们的描述，而必须先把它交给别的人，而这些人最后自己也将承认他们要述说的东西不存在。"① 这样一来，如果对于某种东西我们除了说它是一个现实的东西、一个外界的对象外，什么也说不出来，那么我们只不过说出它是一个最一般的东西，因而也就只说出它和一切东西的相同性，而没有说出相异性。当我说这是一个个别的东西时，其实是说它是一个完全一般的东西，因为一切事物都是个别的东西；同样，这一个东西也就是我们所能设想的一切东西。更严格地说，就这一张纸而言，一切的纸和每一张纸都是这一张纸，因而我所说出的，永远仅是一般的东西或共相。因此，对对象、事物的根本看法应是："惟有通过思维对于事物和在事物身上所知道的东西，才是事物中真正真的东西，所以真正真的东西并不是在直接性中的事物，而是事物在提高到思维的形式、作为被思维的东西的时候。因此，这种形而上学认为思维及思维的规定并不是与对象陌生的东西，而毋宁是对象的本质，或者说事物与对事物的思维，——正如我们的言语也表达它们的亲属关系那样——自在自为地是一致的，思维在它的内在规定中，和事物的真正本性是同一个内容。"②

不仅如此，黑格尔还认为，对象的自在存在也是为我存在，二者是统一的。在《精神现象学》的序言中，黑格尔就把客观事物的本质规定为意识，而且认为这种意识不仅是自在存在着的意识，更是为我存在的意识。黑格尔说，人们一般认为，意识的对象有两种，一种是自在的对象，一种是为意识而存在的对象，前者是人们无法认识的，后者"初看起来好象只是意识对其自身的反映，不是一种关于对象的表象，而是一种关于意识对前一种对象的知识的表象"。但黑格尔认为，当我们的认识改变了后，所谓的自在之物也随之发生了改变，对象变成了另一个对象，因此，"前一种对象在运动中改变了自己；它不复是自在，它已被意识到它只是一种只为意识的自在；而这样一来，这个自在的为意识的存在就是真实的东西，

① 黑格尔：《精神现象学》上卷，商务印书馆 1979 年版，第 72 页。
② 黑格尔：《逻辑学》上卷，商务印书馆 1966 年版，第 26 页。

但这又等于说，这个自在的为意识的存在就是本质，或者说，就是意识的对象。这个新对象包含着对第一种对象的否定；新对象乃是关于第一种对象的经验。"①

其次，黑格尔认为，作为认识主体的感性的"我"实际上也是纯粹思维。在黑格尔看来，不仅对象是纯粹的思维，感性的"我"也是纯粹的思维。在论述"感性确定性"时，他把作为个体的认识者"我"和作为客观事物的认识对象都转化成了共相的存在，转换成了普遍意识，也就是思维和思维的产物。黑格尔认为："思想不但构成外界事物的实体，而且构成纯粹精神性的东西的普遍实体。"②"我"是一个完全普遍的东西，"我乃是一纯粹的'自为存在'，在其中任何特殊的东西都是被否定或扬弃了的。这种自为的我，乃是意识中最后的、简单的、纯粹的东西。我们可以说：我与思维是同样的东西，或更确定地说，我是作为能思者的思维。凡是在我的意识中的，即是为我而存在的。我是一种接受任何事物或每一事物的空旷的收容器，一切皆为我而存在，一切皆保存其自身在我中。"所以，"我不是单纯抽象的普遍性，而是包含一切的普遍性。"③

最后，黑格尔理所当然地推出了主体与客体同一、思维与存在同一的结论。黑格尔明确地说："当我们把思维认为是一切自然和精神事物的真实共性时，思维便统摄这一切而成为这一切的基础了。"④ 他认为，物理学与自然哲学的区别，只在于自然哲学能使我们在自然事物里意识到概念的真正形式。一切别的内容都是缺乏实质的形式，只有逻辑思想才是一切事物的自在自为地存在着的根据。黑格尔强调："如果依前此所说，认为逻辑学是纯粹思维规定的体系，那末别的部门的哲学科学，如象自然哲学和精神哲学，似乎就是应用的逻辑学，因为逻辑学是自然哲学和精神哲学中富有生气的灵魂。其余部门的哲学兴趣，都只在于认识在自然和精神形态中的逻辑形式，而自然或精神的形态只是纯粹思维形式的特殊的表现。譬如，我们试取推论来说（不是指旧形式逻辑的三段论法，而是指真正的推论），我们可以看见推论是这样的一个规定，即特殊是普遍与个别这两个极端结合起来的中项。这种推论形式，就是一切事物的普遍形式。因为一

---

① 黑格尔：《精神现象学》上卷，商务印书馆 1979 年版，第 60—61 页。

② 黑格尔：《小逻辑》，商务印书馆 1980 年版，第 80 页。

③ 同上书，第 81—82 页。

④ 同上书，第 81 页。

切事物都是普遍与个别结合起来的特殊。"①

（2）黑格尔对中介范畴的理解

论述对象范畴会涉及中介范畴，上面的引文即是佐证。黑格尔对中介范畴的理解至少包含了三个层次，而且它们是层层递进关系。

第一层次：中介是包含否定性的联系范畴。黑格尔认为，"中介是一种相互关系，因而含有否定。"②

第二层次：对立面以自身为中介，并互为中介。黑格尔说："自我意识是中项，它自己分化成两个极端，每一极端都和对方交换它的规定性，并且完全过渡到它的对方。每一方都是对方的中项，每一方都通过对方作为中项的这种中介作用自己同它自己相结合，相联系……它们承认它们自己，因为它们彼此相互地承认着它们自己。"③

第三层次：中介是自否定。黑格尔指出："中介不是别的，只是运动着的自身同一，换句话说，它是自身反映，自为存在着的自我的环节，纯粹的否定性。"④从实质上看，中介就是实体—主体的自身运动。"一切问题的关键在于：不仅把真实的东西或真理理解和表述为实体，而且同样理解和表述为主体。……而且活的实体，只当它是建立自身的运动时，或者说，只当它是自身转化与其自己之间的中介时，它才真正是个现实的存在，或换个说法也一样，它这个存在才真正是主体。"⑤所以，从根本上讲，中介就是对立面的统一，就是绝对中介。"绝对中介的否定环节就是统一，这个统一就是主观性和灵魂。"⑥而"按照推论的概念看来，真理在于通过中项来联系两个不同的事物，这中项就是两者的统一。"⑦费尔巴哈也看出了这一点，他说："实际上对立物总是通过一个中间概念而联系起来的。这个中间概念就是对象，就是对立物的主体。"⑧

黑格尔对中介的论述是相当精彩的，但如同他对对象的理解是建立在绝对唯心主义的立场上一样，他对中介的理解也是如此。黑格尔对中介的

① 黑格尔：《小逻辑》，商务印书馆1980年版，第83—84页。
② 黑格尔：《逻辑学》上卷，商务印书馆1966年版，第72页。
③ 黑格尔：《精神现象学》上卷，商务印书馆1979年版，第124页。
④ 同上书，第12—13页。
⑤ 同上书，第10—11页。
⑥ 黑格尔：《逻辑学》下卷，商务印书馆1976年版，第544页。
⑦ 黑格尔：《小逻辑》，商务印书馆1980年版，第362页。
⑧ 费尔巴哈：《未来哲学原理》，生活·读书·新知三联书店1955年版，第69页。

理解充分暴露了他的哲学、特别是他的辩证法的二元论本质。这一特点在他论证对象即自身时已经有所表现，而在他对中介的论述中则暴露无遗。关于黑格尔中介范畴的二元性，我们在前面的章节中曾作过细致的分析和说明，在这里就不再重复了。

总之，在黑格尔那里，一切范畴皆是中介，只是相对于绝对精神这个最高范畴、实体—主体、绝对中介而言，其余的范畴均是其环节，是相对中介。绝对中介是作为环节的相对中介的真理，就像"变"是有和无的真理，概念是存在与本质的真理一样。绝对中介以中介环节、对立面为中介实现自身；对立面、中介环节亦以绝对中介为中介运动转化，它们既是自身，同时也是绝对中介的环节，内在矛盾迫使其不断超越自身的直接性，并表现为向绝对中介过渡的环节。因此，绝对中介就是中介环节，中介环节就是绝对中介；我就是我们，我们就是我。这就是中介的奥秘。至于绝对精神为何要以自身作为中介？马克思指出："因为无人身的理性在自身之外既没有可以安置自己的地盘，又没有可与自己对置的客体，也没有自己可与之结合的主体，所以它只得把自己颠来倒去。"①

2. 马克思对对象中介性的理解

可以看到，黑格尔站在绝对唯心主义的立场上对对象、中介范畴作了独到的解释，马克思在对对象、中介范畴的理解上，只是破除了黑格尔的神秘主义和二元论，在形式上没有什么不同。

（1）马克思对对象范畴的理解

关于对象范畴，马克思主要阐述了对象性理论和对象即自身的观点。

第一，人是对象性的存在物。这是马克思在《1844 年经济学哲学手稿》中提出的理论。此时，他认为，作为类存在物的人是对象性的存在物，"人是类存在物，不仅因为人在实践上和理论上都把类——他自身的类以及其他物的类——当作自己的对象；而且因为——这只是同一事物的另一种说法——人把自身当作现有的、有生命的存在物来对待。"②

首先，在《1844 年经济学哲学手稿》中，马克思指出了一般事物作为对象性的存在物的特点。他说："一个东西是对象性的、自然的、感性的，又说，在这个东西自身之外有对象、自然界、感觉，或者说，它自身

---

① 《马克思恩格斯选集》第 1 卷，人民出版社 1995 年版，第 105 页。
② 马克思：《1844 年经济学哲学手稿》，人民出版社 2000 年版，第 56 页。

对于第三者来说是对象、自然界、感觉，这都是同一个意思。"① 可见，马克思认为，一个存在物作为对象性的存在物具备三个特点：第一，它是对象；第二，它有对象；第三，它对于第三者来说是对象。这三点缺一不可。同时，这也是一个事物作为对象性的存在物的题中之意。在前面的章节中我们曾经分析了费尔巴哈哲学对此时的马克思的巨大影响，马克思在论证这一观点时所举的例子也是费尔巴哈式的。他说："太阳是植物的对象，是植物确证它的生命的不可缺少的对象，正像植物是太阳的对象、是太阳唤醒生命的力量的表现、是太阳的对象性的本质力量的表现一样。"②

其次，马克思分析了作为类存在的人与一般事物在作为对象性的存在物上的区别。马克思认为，人既是直接的自然存在物，还是"人"的自然存在物，即类存在物。作为自然存在物，人和动物一样，是受动的、受制约的和受限制的存在物，他的欲望的对象是作为不依赖于他的对象而存在于他之外的，但这些对象也是他所需要的对象，是表现和确证他的本质力量的不可缺少的对象。人是肉体的、有自然力的、有生命的、现实的、感性的、对象性的存在物，这表明人有现实的、感性的对象作为自己本质的即自己生命表现的对象，人也只能凭借现实的、感性的对象才能表现自己的生命。与其他的自然存在物不同的是，人的对象不是直接呈现出来的自然对象，而直接存在着的、客观存在着的人感觉，也不是人的感性、人的对象性。因此，无论是客观的还是主观的自然界，都不是"直接同人的存在物相适合地存在着"③ 的。不仅如此，作为类存在物，人必须既在自己的存在中，也在自己的知识中确证并表现自身。

最后，马克思揭露了黑格尔的绝对精神的非对象性本质。与现实的存在物必然是对象性的存在物不同，非对象性的存在物则必然是非存在物。马克思论证说："因为一个存在物如果在自身之外没有自己的自然界，就不是自然存在物，就不能参加自然界的生活。一个存在物如果在自身外没有对象，就不是对象性的存在物。一个存在物如果本身不是第三存在物的对象，它就没有对象性的关系，它的存在就不是对象性的存在。"④ 也就是说，只要在我之外有对象存在，那么我就不会是独自存在着的。对于我之外的对象而

---

① 马克思：《1844 年经济学哲学手稿》，人民出版社 2000 年版，第 106 页。

② 《马克思恩格斯全集》第 3 卷，人民出版社 2002 年版，第 325 页。

③ 同上书，第 326 页。

④ 同上书，第 325 页。

言，我就是和它不同的一个他物、另一个现实。因此，"对这个第三对象来说，我是和它不同的另一个现实，也就是说，我是它的对象。"①

非对象性的存在实际上就是绝对的自我意识，就是黑格尔的绝对理念。这样一种存在物"本身既不是对象，又没有对象"②，它必然是唯一的存在物，只能是非存在，而黑格尔硬要说非存在是存在的，那么它只能是一种非现实的、非感性的即仅仅在思想上、想象中的存在物。

在马克思后来的思想发展过程中，他对《1844 年经济学哲学手稿》中的对象性理论的主体即类存在的人作了改造，而对象性理论的其他观点则是基本一致的。例如，马克思在《关于费尔巴哈的提纲》中明确地说，实践是一种"对象性的活动"③。马克思在论述"生产和消费"的"生产"时说："在第一种生产中，生产者物化，在第二种生产中，生产者所创造的物人化。"④。

第二，对象即自身。马克思也肯定对象与自身的统一，认为事物是通过对象的性质来确证自身的性质的，但他彻底抛弃了黑格尔理论的神秘主义色彩。比如，马克思认为，从某种意义上说，人很像商品，因为人来到世间，既没有带镜子，也不像费希特式的哲学家那样，说什么我就是我，所以"人起初是以别人来反映自己的。名叫彼得的人把自己当作人，只是由于他把叫保罗的人看作是和自己相同的。因此，对彼得说来，这整个保罗以他保罗的肉体成为这个特种的表现形式"⑤。在这个例子中，马克思证明，人与对象的统一没有任何思辨的色彩，它只不过是一个生活事实。

我们再以马克思在《资本论》中对交换价值的论述为例说明对象即自身的理论。在马克思看来，交换价值不过是对象化的一般劳动时间。他指出："一定的劳动时间对象化在具有特殊属性并与需要发生特殊关系的一定的特殊商品中；而作为交换价值，劳动时间必须对象化在这样一种商品中，这种商品只表现劳动时间的份额或量而同劳动时间的自然属性无关，因而可以变形为——即交换成——对象化着同一劳动时间的其他任何商

---

① 马克思：《1844 年经济学哲学手稿》，人民出版社 2000 年版，第 106 页。

② 《马克思恩格斯全集》第 3 卷，人民出版社 2002 年版，第 325 页。

③ 《马克思恩格斯选集》第 1 卷，人民出版社 1995 年版，第 54 页。

④ 《马克思恩格斯选集》第 2 卷，人民出版社 1995 年版，第 9 页。

⑤ 马克思：《资本论》第 1 卷，人民出版社 1975 年版，第 67 页。

品。"① 所以，货币作为交换价值，无非是作为一般对象的劳动时间，或者说，是一般劳动时间的对象化，即作为一般商品的劳动时间。

交换价值是一般的劳动时间，那么价值又是什么呢？价值是无差别的一般人类劳动。马克思说，不同的商品能够交换显然是在它们中有一种共同的东西。首先，这种共同的东西不可能是商品的几何的、物理的、化学的或其他的天然属性。其次，商品交换关系具有一个明显特点，即在商品交换关系中，只要比例适当，一种使用价值就和其他任何一种使用价值完全相等。所以，"作为使用价值，商品首先有质的差别；作为交换价值，商品只能有量的差别，因而不包含任何一个使用价值的原子。"② 马克思详细说明了这个共同的东西即是无差别的人类劳动：

"如果把商品体的使用价值撇开，商品体就只剩下一个属性，即劳动产品这个属性。可是劳动产品在我们手里也已经起了变化。如果我们把劳动产品的使用价值抽去，那末也就是把那些使劳动产品成为使用价值的物质组成部分和形式抽去。它们不再是桌子、房屋、纱或别的什么有用物。它们的一切可以感觉到的属性都消失了。它们也不再是木匠劳动、瓦匠劳动、纺纱劳动，或其他某种一定的生产劳动的产品了。随着劳动产品的有用性质的消失，体现在劳动产品中的各种劳动的有用性质也消失了，因而这些劳动的各种具体形式也消失了。各种劳动不再有什么差别，全都化为相同的人类劳动，抽象人类劳动。"③

可以看出，这段说明中没有丝毫神秘主义的东西。通过抽象，在劳动产品剩下来的东西。也就是在黑格尔那里所谓的同一的幽灵般的对象性，只是无差别的人类劳动的单纯凝结，即以各种不同形式进行的人类劳动力耗费的单纯凝结。这些物现在只是表示，在它们的生产上耗费了人类劳动力，积累了人类劳动。作为其共有的这个社会实体的结晶，这些物就是价值——商品价值。

（2）马克思对中介范畴的理解

对于黑格尔的中介概念，马克思曾予以严厉批判。这方面的内容在前面的章节中曾作过详细的阐述，这里就不再重复。总之，黑格尔认为，任何极端都可以既作为极端又作为中介，这是逻辑的真正体现，是逻辑的思

---

① 《马克思恩格斯全集》第30卷，人民出版社1995年版，第118页。

② 马克思：《资本论》第1卷，人民出版社1975年版，第50页。

③ 同上书，第50—51页。

辨奥秘，是合乎理性的关系。马克思则认为："真正的极端之所以不能互为中介，就因为它们是真正的极端。"① 真正的极端之间不需要任何中介，因为它们具有互相对立的本质，彼此间没有共同点，它们既不相互需要也不相互补充。

虽然马克思批判和揭露了黑格尔赋予中介的神秘性、二元性，但他也肯定了中介是主体的自否定运动，是扬弃对立环节的统一。他说："最初在两极间起媒介作用的运动或关系，按照辩证法必然会导致这样的结果，即这种关系表现为它自己的媒介，表现为主体，两极只是这个主体的要素，它扬弃这两极的独立的存在，以便通过这两极的扬弃本身把自己确立为惟一独立的东西。"②

在《1844 年经济学哲学手稿》中，马克思论述了共产主义与中介的关系。马克思认为，在黑格尔那里，扬弃是把外化收回到自身的、对象性的运动，这是一种在异化之内表现出来的关于通过扬弃对象性本质的异化来占有对象性本质的见解。与黑格尔的看法相反，人本学辩证法的观点主张人的现实的对象化，主张人通过消灭对象世界的异化的规定、通过在对象世界的异化存在中扬弃对象世界而现实地占有自己的对象性本质，正像无神论作为神的扬弃就是理论的人道主义的生成、共产主义作为私有财产的扬弃就是实践的人道主义的生成一样。正如马克思所说："无神论是以扬弃宗教作为自己的中介的人道主义，共产主义则是以扬弃私有财产作为自己的中介的人道主义。只有通过扬弃这种中介——但这种中介是一个必要的前提——积极地从自身开始的即积极的人道主义才能产生。"③ 马克思指出："关于某种异己的存在物、关于凌驾于自然界和人之上的存在物的问题，实际上已经成为不可能的了。无神论，作为对这种非实在性的否定，已不再有任何意义，因为无神论是对神的否定，并且通过这种否定而设定人的存在。"④ 但是，"社会主义作为社会主义已经不再需要这样的中介；它是从把人和自然界看作本质这种理论上和实践上的感性意识开始的。社会主义是人的不再以宗教的扬弃为中介的积极的自我意识，正像现实生活是人的不再以私有财产的扬弃即共产主义为中介的积极的现实一

①　《马克思恩格斯全集》第三卷，人民出版社 2002 年版，第 110 页。

②　《马克思恩格斯全集》第 46 卷上，人民出版社 1979 年版，第 295 页。

③　马克思：《1844 年经济学哲学手稿》，人民出版社 2000 年版，第 112 页。

④　《马克思恩格斯全集》第 3 卷，人民出版社 2002 年版，第 311 页。

样。共产主义是作为否定的否定的肯定，因此，它是人的解放和复原的一个现实的、对下一段历史发展来说是必然的环节。"①

在《政治经济学批判》导言中，马克思淋漓尽致地阐述了他关于中介范畴的见解，足见他对这一范畴掌握之娴熟。马克思说："生产直接是消费，消费直接是生产。每一方直接是它的对方。"② 同时，在两者之间存在着一种中介运动。也就是说"生产中介着消费，它创造出消费的材料，没有生产，消费就没有对象。但是消费也中介着生产，因为正是消费替产品创造了主体，产品对这个主体才是产品。产品在消费中才得到最后完成。"③ 没有生产，就没有消费；但没有消费，也就没有生产，因为如果没有消费，生产就没有目的。马克思举例说："一条铁路，如果没有通车、不被磨损、不被消费，它只是可能性的铁路，不是现实的铁路。"④

马克思进一步解释道，生产和消费这两个方面，每一方都表现为对方的手段，每一方都以对方为中介，这表现了它们的相互依存。同时，生产和消费又是一个运动，"它们通过这个运动彼此发生关系，表现为互不可缺，但又各自处于对方之外。生产为消费创造作为外在对象的材料，消费为生产创造作为内在对象、作为目的的需要。没有生产就没有消费，没有消费就没有生产，这一点在经济学中是以多种形式出现的。"⑤

生产和消费之间进一步的关系是：

"生产不仅直接是消费，消费不仅直接是生产；生产也不仅是消费的手段，消费也不仅是生产的目的，就是说，每一方都为对方提供对象，生产为消费提供外在的对象，消费为生产提供想象的对象；两者的每一方不仅直接就是对方，不仅中介着对方，而且两者的每一方由于自己的实现才创造对方；每一方是把自己当作对方创造出来。消费完成生产行为，只是由于消费使产品最后完成其为产品，只是由于消费把它消灭，把它的独立的物体形式消耗掉；只是由于消费使得在最初生产行为中发展起来的素质通过反复的需要上升为熟练技巧；所以消费不仅是使产品成为产品的终结行为，而且也是使生产者成为生产者的终结行为。另一方面，生产生产出

---

① 马克思：《1844 年经济学哲学手稿》，人民出版社 2000 年版，第 92—93 页。
② 《马克思恩格斯选集》第 2 卷，人民出版社 1995 年版，第 9 页。
③ 同上。
④ 同上。
⑤ 同上书，第 11 页。

消费，是由于生产创造出消费的一定方式，其次是由于生产把消费的动力，消费能力本身当作需要创造出来。"①

　　以上论述表明，研究黑格尔辩证法的基本构成要素以及马克思对它的批判、继承是研究马克思实践辩证法思想十分重要、不可或缺的环节。通过对马克思实践辩证法基本构成要素的研究，有助于我们更好地理解马克思曾多次予以肯定的黑格尔辩证法的合理内核。至此，本文完成了对马克思实践辩证法微观层面的考察。下面，本书将转入对马克思实践辩证法宏观层面的考察，详细阐述马克思实践辩证法的丰富内涵。

---

① 《马克思恩格斯选集》第 2 卷，人民出版社 1995 年版，第 11 页。

第四章　马克思实践辩证法的丰富内涵

对于能否把马克思的辩证法思想理解为实践辩证法，目前学术界存在着很大的争议。特别是对实践辩证法与自然辩证法、历史辩证法、思维辩证法之间的关系问题莫衷一是。本书认为，马克思的辩证法是实践辩证法，但实践辩证法并不是抽象的、孤立的东西，而是包含丰富内涵的具体的统一，它包括自然辩证法、历史辩证法、思维辩证法，是三者的有机统一。其中自然辩证法与实践辩证法是统一的，这种统一性源自于人与自然、人的活动与自然活动、自在自然与人化自然的统一。历史辩证法是实践辩证法的直接现实，是狭义的实践辩证法。马克思的历史辩证法思想在《德意志意识形态》中初步确立，并逐步发展成熟。思维辩证法是被人的头脑所改造过的实践辩证法。思维辩证法从根源上脱胎于实践辩证法，但也有其相对独立性和特殊性。马克思认为："这样一种辩证法，它的界限应当确定，它不抹杀现实差别。"①

一、自然辩证法

是否存在着自然辩证法可以说是马克思辩证法思想研究领域争议最大的问题。国内外不认同自然辩证法的观点主要表现为两种倾向：一种是认为马克思根本没有自然辩证法，另一种意见则是认为马克思的自然辩证法是人化自然的辩证法。总之，两种意见都认为自在自然不存在辩证法，根本没有独立于人的自然辩证法。而恩格斯所持的自然辩证法观点则成了他背叛马克思哲学的证据之一。关于这些情况，本书在导论中已经作了详细的介绍，这里就不再赘述。

研究马克思对自然辩证法的理解，主要是为了回应种种否定自然辩证

---

① 《马克思恩格斯选集》第 2 卷，人民出版社 1995 年版，第 27 页。

法的观点。本书着重阐述三个问题：一是马克思对自然辩证法的态度，二是人化自然辩证法与自在自然辩证法的关系，三是自然辩证法与实践辩证法的关系。

（一）马克思对自然辩证法的态度

国内外许多学者的研究表明，马克思本人曾多次谈论自然辩证法，而且支持恩格斯从事自然辩证法研究，并经常就此与恩格斯进行交流。

马克思是认同自然辩证法的。1858 年 7 月 14 日，恩格斯在给马克思的信中以细胞学说和能量守恒与转化定律为例，说明自然界存在着辩证法。他说，这些证明自然界存在着辩证法的证据会让"老头子黑格尔感到很高兴"①。

在 1859 年达尔文的《物种起源》一书出版后不久，马克思和恩格斯立即以欢欣鼓舞的心情研究了这一著作。恩格斯在信中对马克思说：这是"证明自然界的历史发展"的最大规模的尝试②。而马克思则说，达尔文的生物进化论"为我们的观点提供了自然史的基础"③。

1867 年，恩格斯读了奥威霍夫曼的《现代化学通论》一书后，于 6 月 16 日写信给马克思谈了自己的看法："这种比较新的化学理论，虽然有种种缺点，但是比起以前的原子理论来是一大进步。作为物质的能独立存在的最小部分的分子，是一个完全合理的范畴，如黑格尔所说的，是在分割的无穷系列中的一个'关节点'，它并不结束这个系列，而是规定质的差别。从前被描写成可分性的原子，现在只不过是一种关系。"④ 6 天后，马克思在回信中说："你对霍夫曼的看法是完全正确的。此外，你从我描述手工业师傅变成——由于单纯的量变——资本论的第三章结尾部分可以看到，我在那里，在正文中引证了黑格尔所发现的单纯量变转化为质变的规律，并把它看做历史上和自然科学上都同样有效的规律。"⑤ 在《资本论》中，马克思是这样说的："在这里，也象在自然科学上一样，证明了黑格尔在他的《逻辑学》中所发现的下列规律的正确性，即单纯的量的变化到

① 《马克思恩格斯选集》第 4 卷，人民出版社 1995 年版，第 551 页。

② 《马克思恩格斯全集》第 29 卷，人民出版社 1972 年版，第 503 页。

③ 《马克思恩格斯全集》第 30 卷，人民出版社 1975 年版，第 131 页。

④ 《马克思恩格斯全集》第 31 卷，人民出版社 1975 年版，第 309 页。

⑤ 同上书，第 312 页。

一定点时就转化为质的区别。"① 马克思在注释 205a 中对此又再加解释："现代化学上应用的，最早由罗朗和热拉尔科学地阐明的分子说，正是以这个规律作为基础的。"②

1867 年 7 月 25 日，马克思在《资本论》第一卷第一版序言中说："我的观点是把经济社会形态的发展理解为一种自然史的过程。"③ 而马克思在《德意志意识形态》中已经明确说过，自然史就是自然科学。

1873 年 5 月 30 日，恩格斯写信给马克思说："今天早晨躺在床上，我脑子里出现了下面这些关于自然科学的辩证思想。自然科学的对象是运动着的物质、物体；物体和运动是不可分的，各种物体的形式和种类只有在运动中才能认识，离开运动，离开同其他物体的一切关系，就谈不到物体。物体只有在运动中才显示出它是什么。因此，自然科学只有在物体的相互关系中，在运动中观察物体，才能认识物体。对运动的各种形式的认识，就是对物体的认识。所以，对这些不同的运动形式的探讨，就是自然科学的主要对象。"④ 接着，恩格斯从由最简单的机械运动到高级的有机体等四个方面阐述了自己关于自然辩证法的构想，并征求马克思的意见。这实际上是恩格斯 1873 年开始写作《自然辩证法》的一个大纲。恩格斯把这封信寄给在曼彻斯特的马克思，还请马克思把这封信转给卡·肖莱马和赛·穆尔看⑤。第二天，马克思回信说，由于"我没有时间对此进行认真思考，并和'权威们'商量，因此我不敢冒昧地发表自己的意见"。但是，"肖莱马读了你的信以后说，他基本上完全同意你的看法。"⑥

1876 年，马克思在致李卜克内西的信中说："现在恩格斯正忙于写他的批判杜林的著作，这对他来说是一个巨大的牺牲，因为他不得不为此而停写更加重要得多的著作。"⑦ 这个"更加重要得多的著作"正是《自然辩证法》。

1882 年 11 月 23 日，恩格斯在给马克思的信中写道："电气中的电阻

---

① 马克思：《资本论》第 1 卷，人民出版社 1975 年版，第 342 页。

② 同上书，第 343 页。

③ 《马克思恩格斯全集》第 23 卷，人民出版社 1972 年版，第 12 页。

④ 《马克思恩格斯全集》第 33 卷，人民出版社 1973 年版，第 82—83 页。

⑤ 同上书，注释 89。

⑥ 同上。

⑦ 《马克思恩格斯全集》第 34 卷，人民出版社 1972 年版，第 194 页。

和机械运动中的质量是一回事。因此，无论是在电的运动中还是在机械运动中，这种运动在量上可以测量的表现形式——一种是速度，一种是电流强度——在不变形式的简单的传递中，作为一次因素发生作用。反之，在变换形式的传递中——作为平方因素发生作用。可见，这是由我首先表述出来的运动的普遍自然规律。"① 马克思在 11 月 27 日的回信中说，你对平方在变换形式的能的传递中所起的作用的论证非常好，为此向你祝贺②。

以上事证起自 1858 年，止于 1882 年，虽不是表明马克思对自然辩证法和恩格斯从事自然辩证法研究的看法的所有事实，但也足以反映马克思对自然辩证法的基本态度了。

其实，早在 1853 年，马克思就曾对自然辩证法作过一次非常明确的表态。因为他说得太明确了，所以我们放到最后来谈。

1853 年 5 月 31 日，马克思在《中国革命和欧洲革命》一文中论及当时中国和欧洲之间的矛盾时说："有一位思想极其深刻但又怪诞的研究人类发展原理的思辨哲学家，常常把他所说的两极相联规律赞誉为自然界的基本奥秘之一。在他看来，'两极相联'这个朴素的谚语是一个伟大而不可移易的适用于生活一切方面的真理，是哲学家所离不开的定理，就像天文学家离不开开普勒的定律或牛顿的伟大发现一样。……'两极相联'是否就是这样一个普遍的原则姑且不论，中国革命对文明世界很可能发生的影响却是这个原则的一个明显例证。"③

这一段话的重要意义在于：首先，它表明不只是恩格斯，马克思也同样对黑格尔把辩证法推广到自然界的做法取认同的态度④。其次，最后一句话表明了马克思的一贯立场，即主张自然界与社会历史共有一个普遍的规律。

从以上引文可见，马克思不仅了解恩格斯从事的有关自然辩证法的写作工作，而且他本人也赞同自然辩证法。事实是如此明显，以至一些彻底否定自然辩证法存在的学者为了掩盖这一事实，不得不编造各种各样的离奇理由。诺曼·莱文的提出的理由最令人惊奇。在他看来，虽然在学术上不能反驳这一事实，但可以从人性的角度来找理由。他提出了匪夷所思的

① 《马克思恩格斯全集》第 35 卷，人民出版社 1971 年版，第 114—115 页。

② 《马克思恩格斯选集》第 4 卷，人民出版社 1995 年版，第 196 页。

③ 《马克思恩格斯选集》第 1 卷，人民出版社 1995 年版，第 690 页。

④ 参见周林东《人化自然辩证法》，人民出版社 2008 年版，第 13 页。

"共生论"来对此加以解释：马克思之所以不反对自然辩证法，一方面是因为恩格斯需要马克思那样一个人来建立自己的自尊，另一方面是因为马克思依赖恩格斯给他提供经济上的帮助，欠了恩格斯的人情，因而不能公开表明自己与恩格斯的分歧①。以擅长马克思文本研究而著称的莱文不顾事实，作出如此解释，不由得不让人想起列宁批判考茨基的话："读了很多马克思主义著作的考茨基竟这样骇人听闻地歪曲马克思主义，这该怎样解释呢？从这一现象的哲学根源来看，这是用折中主义和诡辩术来偷换辩证法。……从政治实践上来看，这是对机会主义者卑躬屈膝，归根到底是对资产阶级卑躬屈膝。"②

（二）自在自然辩证法与人化自然辩证法的关系

鉴于马克思承认自然辩证法的态度是如此明确，一些学者转而认为马克思的自然辩证法思想应是人化自然辩证法。他们以《1844 年经济学哲学手稿》为依据，认为自在自然对于马克思来说是"无"："被抽象地理解的，自为的，被确定为与人分隔开的自然界，对人来说也是无。"③ 他们认为，马克思所唯一承认的自然界是人化的自然。在《1844 年经济学哲学手稿》里，马克思说："在人类历史中即在人类社会的形成过程中生成的自然界，是人的现实的自然界；因此，通过工业——尽管以异化的形式——形成的自然界，是真正的、人本学的自然界。"④ 在《德意志意识形态》中，马克思批判费尔巴哈，说他没有看到周围的感性世界决不是某种开天辟地以来就直接存在的、始终如一的东西，而是工业和社会状况的产物，是历史的产物，是世世代代活动的结果。"甚至连最简单的'感性确定性'的对象也只是由于社会发展、由于工业和商业交往才提供给他的。大家知道，樱桃树和几乎所有的果树一样，只是在数世纪以前由于商业才移植到我们这个地区。由此可见，樱桃树只是由于一定的社会在一定时期的这种活动才为费尔巴哈的'感性确定性'所感知。"⑤

的确，在这些场合，马克思承认对人而言的现实的自然是人化的自

---

① 参见《马列著作编译资料》第十四辑，人民出版社 1981 年版，第 56—57 页。

② 《列宁选集》第 3 卷，人民出版社 1995 年版，第 592 页。

③ 马克思：《1844 年经济学哲学手稿》，人民出版社 2000 年版，第 116 页。

④ 同上书，第 89 页。

⑤ 《马克思恩格斯选集》第 1 卷，人民出版社 1995 年版，第 76 页。

然。但这并不能成为断言马克思否定自在自然存在的依据。

1. 马克思对自在自然的肯定

事实上，马克思也多次肯定过自在自然的存在：

"没有自然界，没有感性的外部世界，工人什么也不能创造。"①

"生产的原始条件表现为自然前提，即生产者生存的自然条件，正如他的活的躯体一样，尽管他再生产并发展这种躯体，但最初不是由他本身创造的，而是他本身的前提；他本身的存在（肉体存在），是一种并非由他创造的自然前提。被他当作属于他所有的无机体来看待的这些生存的自然条件，本身具有双重的性质：（1）是主体的自然，（2）是客体的自然。"②

"生产实际上有它的条件和前提，这些条件和前提构成生产的要素。这些要素最初可能表现为自然发生的东西。通过生产过程本身，它们就从自然发生的东西变成历史的东西，并且对于这一个时期表现为生产的自然前提，对于前一就是生产的历史结果。它们在生产本身内部被不断地改变。"③

"劳动并不是它所产生的使用价值即物质财富的唯一源泉。正像威廉·配第所说，劳动是财富之父，土地是财富之母。"④

以上几段引文足以说明马克思从未否定过自在自然的存在。一些学者也清楚地看到了这一点，他们不再通过否定自在自然来确证人化自然辩证法，而是强调自然辩证法只有针对人化自然才有意义。A. 施密特就是如此。他说："马克思在各个地方都相当清晰地肯定了物质的自身的运动。他并不否定物质自身的规律性。他理解到只有通过作为中介的实践，人才能认识并有目的地利用物质的运动的形式，这是马克思主义的唯物主义中辩证法的本质。"⑤ 但 A. 施密特又坚持认为自然辩证法只能是人化自然的辩证法，因为人只能认识人所创造的东西，"可认识的东西是在对客观世界进行实践的创造中实现的。"⑥ 他认为，关于世界的可认识性问题，在马

---

① 马克思：《1844 年经济学哲学手稿》，人民出版社 2000 年版，第 53 页。

② 《马克思恩格斯全集》第 46 卷（上），人民出版社 1979 年版，第 488—489 页。

③ 《马克思恩格斯选集》第 2 卷，人民出版社 1995 年版，第 15 页。

④ 《马克思恩格斯全集》第 23 卷，人民出版社 1972 年版，第 56—57 页。

⑤ 施密特：《马克思的自然概念》，商务印书馆 1988 年版，第 99 页。

⑥ 同上书，第 129 页。

克思那里，只有在世界是人的"产品"的时候才有意义。他指出："我们之所以正确知道某自然物是什么，只是在知道那许可生产该物的工业和自然科学的实验准备的总体的时候。"① 显然，自在自然不是人的产品，因此，自在自然不可能是辩证的。"只有对自然的认识过程才能是辩证法的，而自然本身并不是辩证法的。在自然自身中，一切都缺乏否定性，这否定性是随同劳动主体的出现才在自然里出现的。辩证法的关系只有在人与自然之间是可能的。"②

这显然是在人化自然辩证法与自在自然辩证法间划出了一道鸿沟。要填平这道沟壑，就要追溯马克思辩证法思想与德国古典哲学的关系。

2. 德国古典哲学中自在之物与为我之物统一的艰难历程

从德国古典哲学的发展史来看，把自在之物与为我之物变成泾渭分明的东西始自康德。我们结合德国古典哲学来追溯这一分裂的始因及其克服的进程。

康德哲学是古代哲学和近代哲学的分水岭，是德国古典哲学的发端。就辩证法而言，康德既有历史贡献，也有历史缺憾。

黑格尔认为，近代哲学的主要的代表人物是康德，他重新促使人们注意辩证法，并且恢复了辩证法的光荣地位。康德的辩证法虽然远谈不上完善，但康德哲学"以这样非批评的方法，注意到并推动了逻辑和辩证法在考察自在和自为的思维规定这种意义下的重建，是一件了不起的功绩"③。康德重新承认"辩证法对于理性是必然的，这必须看作是无限重要的一步，尽管必须引出相反的结果以反对他的哲学所发生的结果。"④

黑格尔之所以给予康德这么高的评价，是因为在康德之前，辩证法的名声并不好，人们往往认为辩证法是主观的、随意性的东西。"辩证法只被当成耍障眼法和引起幻觉的技术，人们就一口咬定它是在玩骗局，它的全部力量就唯在于掩饰诡计，它的结果只是偷取来的，并且只是主观的假象。"⑤ 康德哲学从辩证法那里把这种随意性的假象拿掉了，并把辩证法表述为理性的必然行动："他所奠定并加以论证的一个一般看法，就是假象

---

① 施密特：《马克思的自然概念》，商务印书馆 1988 年版，第 129 页。

② 同上书，第 211 页。

③ 黑格尔：《逻辑学》下卷，商务印书馆 1976 年版，第 539 页。

④ 同上书，第 538 页。

⑤ 黑格尔：《逻辑学》上卷，商务印书馆 1966 年版，第 39 页。

的客观性和矛盾的必然性，而矛盾是属于思维规定的本性的：诚然，那只是在这些规定应用于自在之物时，康德才有以上的看法；但是，这些规定在理性中是什么，以及它们在观照到自在的东西之时是什么，那才恰恰是它们的本性。"①

在确认康德哲学的历史贡献的同时，黑格尔指出了康德哲学的缺陷。在康德看来，由于人们试图用知性思维去认识绝对、物自体，因而由于辩证法的缘故必然陷入矛盾之中，可绝对的物自体不可能是矛盾的，或者说物自体的本性不可能是矛盾的，所以人们对物自体必然是无法认识的。黑格尔分析说："这个结果，从它的肯定方面来把握，不是别的，正是这些思维规定的内在否定性、自身运动的灵魂、一切自然与精神的生动性的根本。但是，假如只是停留在辩证法的抽象—否定方面，那么结果便只是大家所熟知的东西，即：理性不能认识无限的东西；———一个奇怪的结果，既然无限的东西就是理性的东西，那就等于说理性不能认识理性的东西了。"②

康德作出物自体不可知的结论与他在认识论上的独特看法是一致的。康德认为，以往的哲学在认识论上不是犯了独断论的错误，就是犯了怀疑论的错误。独断论在没有事先考察人类理性即认识能力的限度以前，就断定理性自身具有的原理或范畴即是客观事物本身的规定，断定理性仅仅凭自身的力量就能认识事物的真相和事物的最后根据，于是就任意超出理性所及的范围，提出各种不受经验检验的原理，并采取只承认自己的学说为真实而视异己的学说为谬误的独断态度。怀疑论则对理性能认识什么东西表示怀疑，它由感知出发，反对有普遍必然的客观真理，由此从根本上否定了科学知识。

于是，康德给自己提出了这样一个任务：探寻科学知识的可能的先天条件，阐明这些先天条件怎样来构成科学知识，这样构建的科学在什么范围内才能是普遍有效的，即一切科学知识是怎样可能的。

为了完成上述任务，康德提出了先天综合判断的概念，认为人的认识活动既不像经验论者所说的那样只是消极地联结感觉印象，也不像唯理论者那样撇开经验而消极地分析概念，而是主体运用先天知识形式能动地综合统一感觉材料，一方面形成具有普遍必然性的科学知识，一方面形成科

---

① 黑格尔:《逻辑学》上卷，商务印书馆 1966 年版，第 38 页。

② 同上。

学知识对象的过程。这样，先天综合判断就为数学、自然科学提供了理论
基础，从而杜绝了休谟的怀疑论；同时，康德也从理论上阐明了旧形而上
学是一门必然出现的假学问。他在论证数学如何可能、自然科学如何可能
和形而上学如何可能的时候都阐述了他关于物自体不可知的观点。

　　第一，在关于感性的理论，即对数学如何可能的论证中，康德提出了
物自体不可知的观点。康德认为，时间是内感官的一切现象的先天直观形
式，空间是外感官的一切现象的先天直观形式。空间只是外部现象的形
式，时间则直接是内部现象的形式，间接是外部现象的形式。空间、时间
有经验的实在性，因为空间、时间可以作为外在地出现于我们面前的一切
现象的规定，使感觉经验具有客观有效性。有了空间、时间才有经验产
生，可见，感觉经验既是实在的，又没有绝对的实在性。另一方面，空
间、时间又有先验的观念性，即它们在形成经验之前只是一种观念，是主
体的感性结构，要加之于感性材料才能形成经验。因此，康德所说的空
间、时间的经验的实在性与先验的观念性是从不同角度对空间、时间的说
明。经验的实在性是指空间、时间的效用，先验的观念性是指空间、时间
的根本性质。

　　这样一来，康德实际上把客观实在性与绝对实在性区别开来，他了解
的客观实在性仍然是主观的，仅限于经验范围，超越经验范围而寻求所谓
的绝对实在性，那只能是幻像。既然我们的一切经验认识都离不开空间、
时间，因此，我们所认识的东西必然就只能在空间、时间之内，在它之外
就什么也不能认识，所以，我们所能认识的东西就只能是主体范围内的东
西，这就是现象，也就是物自身刺激我们之后在空间、时间形式的必然条
件下的表现。至于空间、时间之外的物自身则是我们永远不能认识的。
"事物本身"不能通过纯然的关系而为人所知，因而我们就能断定："既然
我们的外感官给予我们的不过仅只是关系的表象，所以这种感官在其表象
中所包含的就只是对象对于主体的关系，而不是对象之在其本身的内部属
性。关于内感官也是如此。"①

　　第二，在关于知性的理论，即对自然科学如何可能的论证中，康德也
提出了物自体不可知的观点。康德提出了人为自然立法的命题。他认为，
自然是现象的总和，范畴就是对一切现象总和的自然规定的规律。在他看

---

　　①　康德：《纯粹理性批判》，华中师范大学出版社 2000 年版，第 86 页。

来，人们所说的认识对象并不是物自体，而是存在于我们主体之内的现象，因此，所有这些对象都必须完全统一于统觉，而统觉的统一正是借助于范畴才使杂多的表象具有先天的规律。人为自然立法，实质上就是人以范畴作为规律去规定作为现象总和的自然。这也就是说，范畴仅限于联结表象即现象，决不可能把范畴应用到物自体上去，物自体不是我们可以经验到的对象。

第三，在关于理性的理论，即对形而上学如何可能的论证中，康德从根本上论证了物自体不可知。数学和自然科学都不能认识物自体，这个问题就交由形而上学来解决了。康德认为，理性和知性一样，属于人的自发的思维能力。理性的逻辑运用，就是进行间接推理，正如知性产生判断一样；理性的实际运用，就是产生理念和原理。正如每种形式逻辑的判断蕴含着一个纯粹知性概念一样，形式逻辑的每种三段论便蕴含着一个纯粹理性的理念。相应于直言推理，由内经验最后追溯到一个自身不是宾词的主词即灵魂；相应于假言推理，由外经验最后追溯到一个不再以任何事物作为条件的前提即世界；相应于选言推理，从经验系列的统一最后追溯到一个自身不再是部分的绝对总体即上帝。这三个结果构成理念的体系，即一切精神现象的最高的最完整的统一体——灵魂、一切物理现象最高最完整的统一体——世界、以上两者的统一——上帝。形而上学的任务就是通过论证这些理念的本质来证明形而上学的可能性。

康德认为，理性由于其自然倾向，非要追问理念的可能性，要求把握经验背后的绝对无条件的物自体，因而不免产生幻相即把主观思维中追求的东西看作客观实在的东西，以为有现实的对象作为与理念相一致符合的东西。这就是先验幻相。这种先验幻相不是逻辑错误，逻辑错误一经发现便可避免和纠正；也不是由于感官影响我们的知性发生判断错误的经验幻相；它是理性的，又是知性本身超经验使用的结果。由于理性追求的绝对无条件东西不在现象世界之中，因而知性超验使用是不可避免的，幻相产生也是必然的。此外，先验幻相产生的原因还在于：理性要求把握物自体，它本身又没有别的认识工具，于是就不可避免地仍然要把知性范畴即那些只适用于现象而不适用物自体的范畴当作自己的认识工具，而当理性把知性范畴推广到经验范围之外去规定绝对的、无条件的东西的时候，便产生错误的推理，即康德所说的理性的辩证法。

康德在论证了理性不能把握灵魂不朽、上帝存在之后，在证明作为整体的世界也是理性所不能把握的时候，提出了著名的四个二律背反：

（一）正题：世界在时间空间上是有限的。

反题：世界在时间空间上是无限的。

（二）正题：世界上的一切都是由单一的东西构成的。

反题：没有单一的东西，一切都是复合的。

（三）正题：世界上有出自自由的原因。

反题：没有自由，一切都是必然。

（四）正题：世界的因果系列以一个必然存在者为第一因。

反题：没有绝对的必然存在者，世界的最初原因是偶然的。

康德用形式逻辑的归谬法证明四个论题无论正题还是反题都可以成立。而且，在上述问题上，又因为它们是不可能经验的对象即不可能由经验证实谁是谁非，理性在这里必然陷入二律背反。双方陷入矛盾的关键在于它们的出发点错了即不了解现象与物自体的区别，不知道现象的主观性和物自体的不可知性。至此，康德在理论上造成了现象世界与物自体的分离、人的认识的主观性与客观性的分离①。

对于康德哲学，列宁认为它的基本特征是"调和的唯物主义和唯心主义，使二者妥协，使各种相互对立的哲学派别结合在一个体系中"②。他说："当康德承认在我们之外有某种东西、某种自在之物同我们表象相符合的时候，他是唯物主义者；当康德宣称这个自在之物是不可以认识的、超验的、彼岸的时候，他是唯心主义者。在康德承认经验、感觉是我们知识的唯一泉源时，他是在把自己的哲学引向感觉论，并且在一定的条件下通过感觉论而引向唯物主义；在康德承认空间、时间、因果性等等的先验性时，他就把自己的哲学引向唯心主义。"③列宁的这个评价应该说是中肯的。

康德没有完成的任务，在他之后的费希物和谢林也同样没有完成。

黑格尔认为，费希特哲学的最大优点和主要之点，在于指出了"哲学

---

①　以上关于康德哲学思想的论述参考了张志伟主编：《西方哲学史》，中国人民大学出版社 2002 年版；赵敦华：《西方哲学简史》，北京大学出版社 2001 年版；仝增嘏主编：《西方哲学史》，上海人民出版社 1983 年版；苗力田等主编：《西方哲学史新编》，人民出版社 1990 年版等著作。

②　《列宁选集》第 2 卷，人民出版社 1995 年版，第 200 页。

③　同上书，第 161 页。

必须是从最高的原则出发，从必然性推演出一切规定的科学"①。他阐发了自我的能动性，提出了正、反、合的推论方法。他的知识学以三个原理作为中心内容：首先是自我建立自我；其次是自我建立非我；最后是自我与非我的统一。这三个原理也是一个辩证发展过程的三个阶段。自我在不断地创造非我时就不断地丰富自己，自我创造过程也是自我的认识过程，所以，在这过程中自我不断丰富着对非我的认识，同时对自我本身的认识也不断丰富。

黑格尔认为，费希特哲学的缺点也是明显的，他仍然停留在自我这一原则的主观形式上，而作为"外来刺激"的"非我"对他说来终归是一个纯粹的彼岸。费希特哲学以自我作为哲学发展的出发点，各种范畴的产生都要归因于自我的活动。但是，费希特所谓的自我，并不真正自由地、自发地活动，因为自我的活动最初是由于受外界的刺激而引起的。对于外界刺激，自我就要反抗；唯有反抗外界刺激，自我才会达到对自身的意识。在这里，刺激永远是一个异己的外力，而自我永远是一个有限的存在，永远有一个"他物"和它对立。因此，费希特也仍然停滞在康德哲学的结论里，认为只有有限的东西才可认识，而无限则超出了思维的范围。康德叫作物自体的东西，费希特便叫作外来的刺激。在费希特看来，这外来的刺激是自我以外的一个抽象体，没有别的办法可以规定，只好概括地把它叫作否定者或非我。这样费希特便将自我视为与非我处于一种关系中并通过这种关系才激发出自我的自身规定的活动。在这种情形下，"自我只是自身不断的活动，以便从外来刺激里求得解放，但永远得不到真正的自由。因为自我的存在，既基于刺激的活动，如果没有了刺激，也随之就没有了自我。而且自我活动所产生的内容，除了通常经验的内容以外，也没有别的，只不过加了一点补充，说自我活动所产生的内容只是现象而已。"②

谢林曾经提出了对立统一的观念，"但是他没把这个观念按一定的逻辑方式加以彻底论证；在谢林那里对立统一是直接的真理。这就是谢林哲学的主要困难。"③谢林的理智的直观陷入无生气的单一性，加之他的哲学论述又缺乏逻辑的考察，因而他讲的"统一性"只是一种"无差别的抽象

① 黑格尔：《哲学史讲演录》第 4 卷，商务印书馆 1978 年版，第 311 页。

② 黑格尔：《小逻辑》，商务印书馆 1980 年版，第 151 页。

③ 黑格尔：《哲学史讲演录》第 4 卷，商务印书馆 1978 年版，第 354 页。

同一性"。因此，黑格尔讽刺谢林的同一哲学是在黑夜观牛，十分幼稚，"无论是把'在绝对中一切同一'这一知识拿来对抗那种进行区别的、实现了的或正在寻求实现的知识，或是把它的绝对说成黑夜，就象人们通常所说的一切牛在黑夜里都是黑的那个黑夜一样，这两种作法，都是知识空虚的一种幼稚表现。"①

康德、费希特、谢林没有完成的任务，在黑格尔这里得以完成，不过是以绝对唯心主义的方式完成的。

黑格尔相当重视康德哲学，他深知不彻底驳斥物自体不可知的观点，就无法确立自在之物与为我之物相统一的观点，他的包罗万象的绝对精神哲学也无法建立起来。在《逻辑学》上卷第45页的注释①中，黑格尔特地说：

"我要提醒读者，在这本书中，我常常考虑到康德哲学（这在有的人看来，可能像是多余的），因为康德哲学——不管在别处和在本书中，对它的确切性以及它的说明上的特殊部分如何考察，——它总是构成控德国哲学的基础和出发点；不管对它可以有什么非难，它的功绩并不因此而减削。而且，它在客观逻辑中所以常常被考虑，也是因为它对逻辑的重要而确定的方面研究得很详细；反之，后来的哲学表述，却没有重视这些，部分地反而时时表现出粗率的——但并非没有受到报复的——轻视。在我们这里流行最广的哲学思考，也并未超出康德的下列结果之外，即：理性不能认识到真的内蕴，至于绝对的真理，就须付之于信仰。于是，在康德那里是结果的东西，在这种哲学思考中，却成了直接的开端；于是，那种结果所由来的，并且是哲学认识的先行说明，被事先割掉了。这样康德哲学，对于思维懒惰，便供了可以躺着休息的靠垫之用，因为一切都已经证明了，完结了。认识和思维的确定内容，不是在这样无结果的、枯燥的休息中找到的，因此必须转到那种先行的说明。"②

可见，黑格尔把批判康德哲学的物自体学说置于构建自己哲学大厦的起点和基石的地位。因此，黑格尔对康德物自体学说的批判决非草率进行的，而是沉思熟虑、精心准备、全面展开的。这一批判是从四个方面进行的：

第一，黑格尔从治学态度上批评停留在康德学说的水平上是思想上的

① 黑格尔：《精神现象学》上卷，商务印书馆1979年版，第10页。
② 黑格尔：《逻辑学》上卷，商务印书馆1966年版，第45页。

懒惰、文化上的悲剧。黑格尔说："康德哲学的显豁学说，认为知性不可超越经验，否则认识能力将变成只不过产生脑中幻影的理论的理性；这种学说曾经从科学方面，为排斥思辨的思维作了论证。"① 这种通俗的学说迎合了近代教育学的叫嚷，迎合了眼光只向当前需要的时代必需，这就是说，经验对于知识是首要的，而理论的洞见对于公私生活中的干练精明则甚至是有害的，实际练习和实用的教养才是基本的、唯一要得的。科学和常识这样的携手协作，导致了形而上学的崩溃，于是便出现了一个很奇特的景象，即："一个有文化的民族竟没有形而上学——就象一座庙，其他各方面都装饰得富丽堂皇，却没有至圣的神那样。——神学过去是思辨的神秘和还是附庸的形而上学的监护者，它已经放弃了这门科学，以换取情感，换取实际——通俗的和只夸见闻的历史的东西。"② 这真是民族文化的悲哀。与此同时，哲学家也被时代抛弃了，"那些孤独的人们，被他们的同胞所抛弃，被隔绝于世界之外，而以沉思永恒和专门献身于这种沉思的生活为目的——不是为了有用，而是为了灵魂的福祉，——那样的人们消失了；这种消失，从另一方面来看，本质上可以看做和前面所说的，是同一现象。——于是昏闇被驱散以后，也就是返观内照的、幽暗无色的精神劳作消散以后，存在好象化为欢乐的花花世界了，大家知道，花没有是黑色的。"③ 黑格尔对人们思想上懒惰、文化上浅薄的现象可谓痛心疾首。

　　第二，黑格尔论证了人的认识能力是客观的、可靠的。他说："如果有人觉得在哲学里在开始研究事情本身以前，即在研究关于绝对真理的具体知识以前，有必要先对认识自身加以了解，即是说，先对人们借以把握绝对的那个工具或人们赖以观察绝对的那个手段，加以考察，这乃是一种很自然的想法或考虑。"④ 康德既是这样想的，也是这样做的。

　　黑格尔详细列举了人们之所以不相信自己的认识能力的原因。一方面，人们可能会想到现实中存在着各种各样的认识，"有的种类可以比别的种类更适宜于达到我们的终极目的"⑤，因而人们就有可能在它们中间作出错误的抉择；另一方面，"既然认识是一种属于一定种类、具有一定范

---

① 黑格尔：《逻辑学》上卷，商务印书馆 1966 年版，第 1 页。
② 同上书，第 2 页。
③ 同上。
④ 黑格尔：《精神现象学》上卷，商务印书馆 1979 年版，第 51 页。
⑤ 同上。

围的能力，那么如果不对它的性质和界限加以比较确切的规定，则通过它而掌握到的就可能是些错误的乌云而不是真理的青天。这种想法甚至变成为一种信念，相信通过认识来替意识获取那种自在存在着的东西的这一整套办法就其概念来说本身就是自相矛盾的，相信在认识与绝对之间存在着一条截然区别两者的界限。因为如果认识是我们占有绝对本质所用的工具，我们立刻就能看到，使用一种工具作用于一个事物，不是让这个事物保持它原来的样子，而是要使这个事物发生形象上的变化。再或者说，如果认识不是我们认识活动所用的工具，而是真理之光赖以传达到我们面前来的一种消极的媒介物，那么我们所获得的事物也不是象它自在存在着的那个样子而是它在媒介物里的样子。在这两种情况下，我们所使用的手段都产生与它本来的目的相反的东西出来；或者勿宁可以说，我们使用手段来达到目的，根本是件于理不合的事情"①。

以上这两条理由听起来都是很有说服力的。那么，能不能对此加以补救呢？比如可以通过我们对工具的作用的认识而得到补救，因为认清了工具的作用以后，我们就有可能把我们通过工具而获得的关于绝对的观念里属于工具的那一部分从结果里抽出去，从而获得关于绝对的纯粹真理。但是，黑格尔认为，这种补救的办法只能把我们引回到我们原来所在的地方去，因为"如果我们用工具将某一个东西加以改造，然后又把工具所作的改变从这个改变了的东西那里予以取消，那么这个东西——在这里是指绝对——对我们来说就不多不少重新恢复了它没经过这一度多余的麻烦以前的样子。"②

黑格尔又假设，"如果说绝对并不因工具而发生什么改变，只是被吸引得靠近我们一些，就象小鸟被胶竿吸引过来那样"③，那么，我们对绝对的认识不也是可靠的吗？对此，黑格尔自己也作了反驳。他认为，这样一来，认识就成了一种诡计。他说："认识通过它的多方面的辛勤努力，装出一副神情，令人觉得它的努力完全不是仅仅去产生直接的、因而毫不费力的关系而已。"④ 的确，试图用诡计去获取真正的知识，怎么想都让人觉得不可靠。

---

①　黑格尔：《精神现象学》上卷，商务印书馆 1979 年版，第 51 页。

②　同上书，第 52 页。

③　同上。

④　同上。

黑格尔还想出了一种可能性：如果我们研究被我们想象为一种媒介物的认识本身，认清了媒介物对光线的折射规律，然后把光线的折射从结果里抽除出去，这样我们不就得到了绝对真理了吗？对此，黑格尔同样作了反驳。他指出，这种抽除折光作用的办法也完全是无用的，因为认识不是光线的折射作用，认识就是光线自身，光线自身才使我们接触到真理，而如果光线被抽除出去，那么，"指点我们的岂不只还剩下一个纯粹的方向或空虚的地点了吗？"①

黑格尔在排除了以上种种可能性后说，为什么我们就不能相信自己的认识能力是可靠的呢？他指出："如果说这种害怕犯错误的顾虑，是对那种完全无此顾虑而直接开始工作并实际进行认识的科学所采取的一种不信任，那么我们就不理解，为什么不应该反过来对这种不信任采取不信任，即是说为什么这种害怕犯错误的顾虑本身不已经就是一种错误？"②

黑格尔指出，事实上，这种顾虑乃是把主观想象出来的某些东西假定为真理，并以此为根据，产生许多考虑，得出许多推论，而这被假定的东西本身究竟是不是真理，倒是应该先行审查的。更确切地说，它假定认识是一种工具和媒介物，它也假定我们自身与这种认识之间有一种差别，而它尤其假定绝对站在一边、认识站在另外一边，认识是自为的、与绝对不相关联的。黑格尔一针见血地指出，这样的一种假定，不禁使人觉得那所谓的害怕错误实即害怕真理。

黑格尔强调，认识不是一种消极的媒介物，而是光线本身。他指出："康德特别要求在求知以前先考验知识的能力。这个要求无疑是不错的，即思维的形式本身也必须当作知识的对象加以考察。但这里立即会引起一种误解，以为在得到知识以前已在认识，或是在没有学会游泳以前勿先下水游泳。不用说，思维的形式的确不应不加考察便随便应用，但须知，考察思维形式已经是一种认识历程了。所以，我们必须在认识的过程中将思维形式的本质及其整个的发展加以考察。思维形式既是研究对象，同时又是对象自身的活动。因此可以说，这乃是思维形式考察思维形式自身，故必须由其自身去规定自身的限度，并揭示其自身的缺陷。这种思想活动便叫做思想的'矛盾发展'（Dialektik），往后我们将加以特殊探讨，这里只消先行指出，矛盾发展并不是从外面给思维范畴的，而毋宁是即内在于思

---

① 黑格尔：《精神现象学》上卷，商务印书馆 1979 年版，第 52 页。

② 同上。

维范畴本身内。"① 这样，黑格尔就论证了人的认识的可靠性。

第三，黑格尔揭示了自在之物的本质。黑格尔认为，康德的物自体没有什么神秘的，它只是抽象思维的产物。他指出，康德的主要思想是向作为主观自我的自我意识索取范畴，由于这种做法，他的观点便仍然停留在意识与自在之物的对立之中，"除了感觉和直观的经验的东西以外，还剩下某种不由进行思维的自我意识来建立并规定的东西，即一个自在之物，一个对思维说来是陌生的、外在的东西。"② 其实"像自在之物这样一个抽象，本身只是思维，当然只是进行抽象的思维的产物，是显而易见的。"③

黑格尔指出，人们常以为一说自在，也和说内在一样，好像是说出了某种高尚的东西，但某物假如仅仅是自在的东西，那么该物也就只是某物而已，所以，自在仅仅是一种抽象并因此是一种外在的规定。黑格尔回顾说，曾经有一个时期，自在之物"是一个很重要的规定，仿佛是高不可攀的东西，正如我们不知道什么是自在之物的这句话曾经是了不起的智慧一样。"④ 可是，只要知道自在之物的来源，那么它就不再神秘了。黑格尔说事物之所以被称为自在的，只是由于在它里面的一切为他之有即一切规定性都被抽去了，换句话说，只是由于事物没有任何规定即被设想为无。在这种意义上，当然不可能知道什么是自在之物了。因为"是什么"的问题本身要求列举规定、要求具体的回答，但"由于被要求举出规定的事物就是自在之物，即本来没有规定之物，所以这就糊涂地使问题的回答成为不可能，或者只能作出荒谬的回答"⑤。黑格尔分析道："在绝对中，万物皆一，人们对它什么都不知道，自在之物和那种绝对，是同样的东西。因此人们很明白自在之物究竟是什么，这样的自在之物不过是没有真理的、空洞的抽象。"⑥

在《小逻辑》中，黑格尔的论证更为简洁明确。他认为，物自体，包括精神和上帝在内，所表示的无非是一种抽象的对象。即"从一个对象抽

① 黑格尔：《小逻辑》，商务印书馆 1980 年版，第 118 页。
② 黑格尔：《逻辑学》上卷，商务印书馆 1966 年版，第 46 页。
③ 同上。
④ 同上书，第 115 页。
⑤ 同上书，第 116 页。
⑥ 同上。

出它对意识的一切联系、一切感觉印象以及一切特定的思想，就得到物自体的概念。"① 很容易看出，"这里所剩余的只是一个极端抽象，完全空虚的东西，只可以认作否定了表象、感觉、特定思维等等的彼岸世界。而且同样简单地可以看到，这剩余的渣滓或僵尸（caput mortum），仍不过只是思维的产物，只是空虚的自我或不断趋向纯粹抽象思维的产物。这个空虚自我把它自己本身的空虚的同一性当作对象，因而形成物自体的观念。这种抽象的同一性作为对象所具有的否定规定性，也已由康德列在他的范畴表中，这种否定的规定性正如那空虚的同一性，都是大家所熟知的。当我们常常不断地听说物自体不可知时，我们不禁感到惊讶。其实，再也没有比物自体更容易知道的东西。"②

第四，黑格尔论证了自在之物与为我之物的统一。黑格尔认为，知识本身说明了自在之物就是为我之物，因为如果我们研究知识的真理，就好像我们要研究知识的自在存在，在这种研究中，知识是我们的对象，它是为我们的存在，这样一来，"知识的自在存在勿宁就成了知识的为我们的存在了；我们所认为是它的本质的东西，勿宁就会不是它的真理而仅仅是我们关于它的知识了。"③

不仅知识本身具有这样的性质，对象本身也是自在存在和为我存在的统一。在《精神现象学》的序言中，黑格尔就把客观事物的本质规定为意识，认为这种意识不仅是自在存在着的意识，更是为我存在的意识。黑格尔说，人们一般认为，意识的对象有两种，一种是自在的对象，一种是为意识而存在的对象，前者是人们无法认识的；后者"初看起来好象只是意识对其自身的反映，不是一种关于对象的表象，而是一种关于意识对前一种对象的知识的表象"，但他认为，当我们的认识改变了后，所谓的自在之物也随之发生了改变。黑格尔指出："在知识的改变过程中，对象自身事实上也与之相应地发生变化；因为从本质上说现成存在着的知识本来是一种关于对象的知识；跟着知识的改变，对象也变成了另一个对象，因为它本质上是属于这个知识的。意识因而就发现，它从前以为是自在之物的那种东西实际上并不是自在的，或者说，它发现自在之物本来就仅只是对它［意识］而言的自在。当意识在它的对象上发现它的知识不符合于这个

---

① 黑格尔：《小逻辑》，商务印书馆 1980 年版，第 125 页。

② 同上书，第 125—126 页。

③ 黑格尔：《精神现象学》上卷，商务印书馆 1979 年版，第 58 页。

对象时，对象自身就保持不下去，换句话说，当尺度所考查的东西在考查中站立不住时，考查所使用的尺度自身也就改变；而考查不仅是对于知识的一种考查，而且也是对考查的尺度的一种考查。"① 因此，"前一种对象在运动中改变了自己；它不复是自在，它已被意识到它只是一种只为意识的自在；而这样一来，这个自在的为意识的存在就是真实的东西，但这又等于说，这个自在的为意识的存在就是本质，或者说，就是意识的对象。这个新对象包含着对第一种对象的否定；新对象乃是关于第一种对象的经验。"②

至此，黑格尔从四个方面完成了对康德物自体学说的批判，从而以绝对唯心主义的方式实现了自在之物与为我之物的统一，实现了人与自然的统一，因为在黑格尔那里，人与自然的统一被表达为自我意识与意识的统一、主体与实体的统一。

3. 马克思对自在存在与为我存在、人与自然的统一的重建

黑格尔之后，费尔巴哈的人本学迅速崛起，他将唯物主义重新推上了"王座"，但也重新造成了人与自然、自在之物与为我之物的对立。费尔巴哈说过："自然只应该就其自身去了解；它是一个实体，这实体的'概念并不依靠任何别的实体'；只有在它身上，自在之物（Ding an sich），与为我之物（Ding für uns）之间的分别才成立；只有在它身上'人的尺度'是不应当也不能够用上去的，虽然为了使我们了解自然，我们拿自然的现象与类似的人类现象相比较，拿后者来表示前者，一般地将人类的表示方式和概念，如像秩序、目的、法则等，用之于自然，并且我们的语言的性质也必须用到自然上去，我们的语言只是建立在事物的主观的外表上面的。"③ 马克思则克服了费尔巴哈哲学，实现了否定之否定，在唯物主义的基础上重建了人与自然的统一，自在与为我的统一。

关于马克思与费尔巴哈在自然观上的分歧以及马克思对费尔巴哈自然学说的克服，在前面的章节中我们有过详细的叙述，这里就不再重复。

在《德意志意识形态》中，马克思已经创立了实践唯物主义，明确把实践辩证法的主体设定为人的现实的社会生活，彻底完成了对自在之物与为我之物、人与自然的统一的论证。对此，恩格斯后来回顾说："还有其

---

① 黑格尔：《精神现象学》上卷，商务印书馆 1979 年版，第 60 页。

② 同上书，第 61 页。

③ 费尔巴哈：《宗教的本质》，商务印书馆 1999 年版，第 73 页。

他一些哲学家否认认识世界的可能性，或者至少是否认彻底认识世界的可能性。在近代哲学家中，休谟和康德就属于这一类。对驳斥这一观点具有决定性的东西，凡是从唯心主义观点出发所能说的，黑格尔都已经说了。费尔巴哈所增加的唯物主义的东西，与其说是深刻的，不如说是机智的。对这些以及其他一切哲学上的怪论的最令人信服的驳斥是实践，即实验和工业，既然我们自己能够制造出某一自然过程，按照它的条件把它生产出来，并使它为我们的目的服务，从而证明我们对这一过程的理解是正确的，那么康德的不可捉摸的'自在之物'就完结了。动植物体内所产生的化学物质，在有机化学开始把它们——制造出来以前，一直是这种'自在之物'；一旦把它们制造出来，'自在之物'就变成为我之物了，例如茜草的色素——茜素，我们已经不再从地里的茜草根中取得，而是用便宜得多、简单得多的方法从煤焦油里提炼出来了"①。

综上所述，自在之物与为我之物是统一的，认为自然辩证法只是人化自然辩证法的说法显然割裂了人与自然、自在之物与为我之物的内在联系，是对马克思哲学、甚至是对黑格尔哲学的倒退。

（三）自然辩证法与实践辩证法的关系

一些学者反对自然辩证法，除了上面提到的那些原因，还有一个很重要的原因即他们认为人与自然有着本质上的差别，特别是人的实践活动迥异于自然的运动，就连最与人接近的动物的活动也与人的活动存在着本质的不同。马克思曾明确论述过人的活动与动物的活动的区别：

在《1844年经济学哲学手稿》中，马克思说："诚然，动物也生产。它为自己营造巢穴或住所，如蜜蜂、海狸、蚂蚁等。但动物只生产它自己或它的幼仔所直接需要的东西；动物的生产是片面的，而人的生产是全面的；动物只是在直接的肉体需要的支配下生产，而人甚至不受肉体需要的影响也进行生产，并且只有不受这种需要的影响才进行真正的生产；动物只生产自身，而人再生产整个自然界；动物的产品直接属于它的肉体，而人则自由地面对自己的产品。动物只是按照它所属的那个种的尺度和需要来构造，而人懂得按照任何一个种的尺度来进行生产，并且懂得处处都把内在的尺度运用于对象；因此，人也按照美的规律来构造。"②

---

① 《马克思恩格斯选集》第4卷，人民出版社1995年版，第225—226页。
② 马克思：《1844年经济学哲学手稿》，人民出版社2000年版，第57—58页。

在《资本论》第 1 卷中，马克思说："蜘蛛的活动与织工的活动相似，蜜蜂建筑蜂房的本领使人间的许多建筑师感到惭愧。但是，最蹩脚的建筑师从一开始就比最灵巧的蜜蜂高明的地方，是他在用蜂蜡建筑蜂房以前，已经在自己的头脑中把它建成了。劳动过程结束时得到的结果，在这个过程开始时就已经在劳动者的表象中存在着，即已经观念地存在着。他不仅使自然物发生形式变化，同时他还在自然物中实现自己的目的，这个目的是他所知道的，是作为规律决定着他的活动的方式和方法的，他必须使他的意志服从这个目的。"①

以上两段引文是反驳自然辩证法的学者们最常引用的。他们认为既然人的活动与自然的活动有着本质的区别，那么承认实践辩证法的存在显然就不能承认自然辩证法的存在。

本文认为，这两段引文确实在一定意义上指明了实践辩证法与自然辩证法的差异和对立，但并不能据此得出实践辩证法与自然辩证法之间是非此即彼的关系。实际上，在实践辩证法与自然辩证法问题上，对马克思相关著作的引用要全面，而不能片面。马克思固然说过上述人与自然活动的区别，但马克思也说过自然具有人性、自然是对象性存在着的另一个人、自然科学与人的科学是一门科学、人类历史是自然历史过程等话，这表明在马克思思想中，人与自然并非截然对立，而是存在同一性的，因此，实践辩证法与自然辩证法也必然是亦此亦彼、统一的关系。从总体上看，在前一场合，马克思强调的是实践辩证法与自然辩证法的差异、对立的一面；在后一场合，马克思则强调的是两者同一、统一的一面。它们只是表明马克思对同一关系在不同场合所表达的侧重点不同而已。形而上学的做法正是在强调统一的时候忘记了对立，而在强调对立的时候忘记了统一。

也许有人会认为，马克思所讲的人与自然的统一是指人与人化自然的统一，因此，自然辩证法也只能指人化自然辩证法，而绝对排斥自在自然辩证法。但我们在上面已经说明了马克思的实践辩证法是在克服了德国古典哲学、特别是黑格尔辩证法的基础上产生的，所以，在哲学发展的逻辑上，它不可能、也不允许在哲学思想上开历史的倒车，重新把自在存在与为我存在分裂开来。因此，我们在论述实践辩证法与自然辩证法的关系问题上，只须在此前提下说明两个问题：一是自在自然与人类实践的关系；

①　马克思：《资本论》第 1 卷，人民出版社 1975 年版，第 202 页。

二是人与自然的关系、人的活动与自然活动的关系。

1. 自在自然与人类实践的关系

在马克思看来，事物存在的前提与事物本身的关系是环节与整体的关系。在《1857—1858 年经济学手稿》中，他曾以资本产生的前提与资本的关系为例说明了这一点。马克思认为，非资本家要成为资本家，也就是"资本家要成为资本，必须满足一个条件，就是非资本家要把通过他本人的劳动或通过其他方式（只要不是通过已经存在的过去的雇佣劳动，否则他已经是资本家了）创造出来的价值投入流通这样一个条件，就属于资本的'洪水期'前的条件，属于资本的历史前提。"① 这些前提性条件在资本诞生后就被扬弃了，变成了资本的环节、内在的要素，即"货币、自为存在的价值最初生成为资本时，要以资本家作为非资本家时所实现的一定积累——即使是靠节约他自己的劳动所创造的产品和价值等等——为前提，因此，如果说货币生成为资本的前提表现为资本产生的一定的外在的前提，而一旦资本成为资本，它就会创造自己的前提，即不通过交换而通过它本身的生产过程来占有创造新价值的现实条件。"马克思指出："这些前提，最初表现为资本生成的条件，因而还不能从资本作为资本的活动中产生；现在，它们是资本自身实现的结果，是由资本造成的现实的结果，它们不是资本产生的条件，而是资本存在的结果。"② 资本的运动也就不再从前提出发，"它本身就是前提，它从它自身出发，自己创造出保存和增殖自己的前提。"③ 历史的前提变成了现实的条件，历史的自循环在更高的阶段开始了。

先于人存在的自在自然、史前自然是人类生存、发展的必要前提和条件，马克思并不否认这一点，他强调的是这些前提和条件在人类诞生后就由前提条件变为人类实践活动的环节要素。马克思认为自然的本质与人的本质之间具有统一性，并表述为"自然的人的本质"和"人的自然的本质"。马克思把自然视为人的无机身体、延长的肢体，并认为人和自然不是处于外在的联系之中，而是处于内在的交互作用中。马克思指出，人"把整个自然界……变成人的无机的身体。……自然界是人为了不致死亡而必须与之处于持续不断的交互作用过程的、人的身体。所谓人的肉体生

① 《马克思恩格斯全集》第 30 卷，人民出版社 1995 年版，第 451 页。

② 同上书，第 452 页。

③ 同上。

活同精神生活同自然界相联系，不外是说自然界同自身相联系，因为人是自然界的一部分"①。

虽然自然是人类生存和发展的前提，但在人类的生产方式中，自然就只作为劳动对象和劳动资料出现。马克思指出，生产实际上有它的条件和前提，这些条件和前提构成生产的要素。这些要素最初可能表现为自然发生的东西。通过生产过程本身，它们就从"自然发生的东西变成历史的东西，并且对于这一时期表现为生产的自然前提，对于前一个时期就是生产的历史结果。它们在生产本身内部不断地改变。"② 他说："劳动过程的简单要素是：有目的的活动或劳动本身，劳动对象和劳动资料。"③ 其中，"劳动资料是劳动者置于自己和劳动对象之间、用来把自己的活动传导到劳动对象上去的物或物的综合体。劳动者利用物的机械的、物理的和化学的属性，以便把这些物当作发挥力量的手段，依照自己的目的作用于其他的物。劳动者直接掌握的东西，不是劳动对象，而是劳动资料，这里不谈采集果实之类的现成的生活资料，在这种场合，劳动者身体的器官是唯一的劳动资料。"④ 这样，"自然物本身就成为他的活动的器官，他把这种器官加到他身体的器官上，不顾圣经的训诫，延长了他的自然的肢体。土地是他的原始的食物仓，也是他的原始的劳动资料库。"⑤ 马克思引用黑格尔的话说："理性何等强大，就何等狡猾。理性是狡猾总是在于它的间接活动，这种间接活动让对象按照它们本身的性质互相影响，互相作用，它自己并不直接参与这个过程，而只是实现自己的目的。"⑥

马克思以机器为例来说明自然在人类实践活动中的地位和作用。机器不在劳动过程中服务就没有用，而且它还会由于自然界物质变换的破坏作用而解体。铁会生锈，木会腐朽。纱不用来织或编，会成为棉。"活劳动必须抓住这些东西，使它们由死复生，使它们从仅仅是可能的使用价值变为现实的和起作用的使用价值。它们被劳动的火焰笼罩着，被当作劳动自己的躯体，被赋予活力以在劳动过程中执行与它们的概念和职务相适合的

① 马克思：《1844 年经济学哲学手稿》，人民出版社 2000 年版，第 56—57 页。
② 《马克思恩格斯选集》第 2 卷，人民出版社 1995 年版，第 15 页。
③ 同上书，第 178 页。
④ 同上书，第 178—179 页。
⑤ 马克思：《资本论》第 1 卷，人民出版社 1975 年版，第 203 页。
⑥ 同上。

职能，它们虽然被消费掉，然而是有目的地，作为形成新使用价值，新产品的要素被消费掉。"① 马克思总结道，纺纱、织布、打铁这些人类劳动作为有目的的生产活动，只要同生产资料接触，就能使生产资料复活，赋予它们活力，使它们成为劳动过程的因素，并且通过与它们的结合生产出劳动产品。②

2. 人的活动与自然活动的统一

在马克思看来，人的活动与自然活动之间是统一的关系。马克思曾经从人本学和实践唯物主义的角度两次对此专门地说明。

（1）马克思从人本学角度对人的活动与自然活动统一性的说明

在《1844 年经济学哲学手稿》中，马克思以工业为中介论证了人的活动与自然活动的统一性。

首先，马克思认为，工业是人的普遍的类活动即劳动。马克思提出了一个著名的观点，工业是对象性存在着的人的类活动："工业的历史和工业的已经生成的对象性的存在，是一本打开了的关于人的本质力量的书，是感性地摆在我们面前的人的心理学。"③ 这本心理学的书迄今为止还没有被人们从内在的本质联系来看待，而只是从外在的、有用性的角度来对待。因为在异化了的哲学家看来，人的本质力量的现实性，也就是人的现实的类活动只是人的普遍存在，即宗教、政治、艺术、文学等抽象的、普遍的本质的历史。如黑格尔所承认的人的唯一的劳动只不过是精神劳动。对此，马克思指出，这种把工业活动从外在的，或仅从有用性角度来理解是狭隘的，这种被片面地理解了的工业更应该理解为"上述普遍运动的一部分，正像可以把这个运动本身理解为工业的一个特殊部分一样，因为全部人的活动迄今为止都是劳动，也就是工业，就是同自身相异化的活动"④。这里的"上述普遍运动"指的就是人的活动，即劳动、工业活动，也就是人的普遍的类活动。在马克思看来，被片面、狭隘地理解的工业只不过是"人的对象化的本质力量以感性的、异己的、有用的对象的形式，以异化的形式呈现在我们面前"⑤。马克思强调，如果不能从最容易感知，

---

① 马克思：《资本论》第 1 卷，人民出版社 1975 年版，第 208 页。

② 《马克思恩格斯选集》第 2 卷，人民出版社 1995 年版，第 188 页。

③ 马克思：《1844 年经济学哲学手稿》，人民出版社 2000 年版，第 88 页。

④ 同上。

⑤ 同上书，第 88—89 页。

也最容易理解的部分，即工业及其历史的角度来理解人的本质，那么这门
科学必然由于"高傲地撇开人的劳动这一巨大部分而不感觉自身不足"①
而不能成为内容丰富的真正的科学。

　　其次，马克思认为，工业也是自然对人的现实的历史关系。在马克思
看来，虽然自然科学在近代取得了飞跃式的发展，但哲学与自然科学的关
系却是相互疏远的。近代哲学与科学的发展史表明：一方面，像康德、黑
格尔这类哲学家认为自然科学不能认识那普遍、必然、自由的知识，不能
认识真正的科学，所以康德专门写了《自然科学的形而上学基础》，黑格
尔则著有《自然哲学》；另一方面，作为近代自然科学家的伟大代表牛顿
则发出了物理学必须当心形而上学的警告。马克思认为，以往人们虽然试
图把两者结合起来，可由于"存在着结合的意志，但缺少结合的能力"②，
因此，所谓的结合都不过是"离奇的幻想"③。结合的契机是工业的诞生，
即人类劳动。马克思说："自然科学却通过工业日益在实践上进入人的生
活，改造人的生活，并为人的解放作准备。"④ 他接着指出："工业是自然
界对人，因而也是自然科学对人的现实的历史关系。"⑤

　　由此可见，马克思以工业为中介和纽带，一方面认为工业是人对自然
的实践关系，另一方面又认为工业是自然对人的现实的历史关系，所以，
人的活动与自然的活动是统一的。马克思说："因此，如果把工业看成人
的本质力量的公开的展示，那么自然界的人的本质，或者人的自然的本
质，也就可以理解了；因此，自然科学将失去它的抽象的物质的或者不如
说是唯心主义的方向，并且将成为人的科学的基础，正像它现在已经——
尽管以异化的形式——成了真正人的生活的基础一样；说生活还有别的什
么基础，科学还有别的什么基础——这根本就是谎言。"⑥ 马克思还进一步
指出，今后自然科学与人的科学将是一门科学，自然科学与哲学将结合起
来。自然对象的本质也就是人自身的本质，而自然对象的本质"只有在关

---

① 　马克思：《1844 年经济学哲学手稿》，人民出版社 2000 年版，第 89 页。
② 　《马克思恩格斯全集》第 3 卷，人民出版社 2002 年版，第 307 页。
③ 　马克思：《1844 年经济学哲学手稿》，人民出版社 2000 年版，第 89 页。
④ 　同上。
⑤ 　同上。
⑥ 　同上。

于一般自然界的科学中才能获得它们的自我认识"①，所以，自然科学与人的科学显然是同一门科学。马克思自己总结道："自然界的社会的现实和人的自然科学或关于人的自然科学，是同一个说法。"②

（2）马克思从实践唯物主义角度对人的活动与自然活动统一性的说明

在《德意志意识形态》中，马克思从实践唯物主义的角度详细阐述了人的活动与自然的活动的统一。

首先，马克思通过批判鲍威尔阐述了人的活动与自然的活动统一的观点。鲍威尔秉承黑格尔的观点，认为自然与历史是对立的，自然没有历史，两者没有交集，自然的历史和历史的自然是不可思议的。马克思则认为，对于这类人与自然的关系的哲学问题，只要按照事物的真实面目及其产生情况来理解，就可以将它归结为某种经验的事实。因此，尽管在黑格尔和鲍威尔那里，人与自然的关系问题披着自我意识与实体的神秘外衣，显得高深莫测，但在马克思看来："如果懂得在工业中向来就有那个很著名的'人和自然的统一'，而且这种统一在每一个时代都随着工业或慢或快的发展而不断改变，就像人与自然的'斗争'促进其生产力在相应基础上的发展一样，那么上述问题也就自行消失了。"③ 马克思的这番话显然与他在《1844年经济学哲学手稿》中的相关论述是一致的，在那里，马克思也把解决人的活动与自然活动的统一问题的办法诉诸于最容易感知、最容易理解的工业活动。

其次，马克思借批判费尔巴哈阐述了人的活动与自然的变化的内在联系。马克思说："费尔巴哈特别谈到自然科学的直观，提到一些只有物理学家和化学家的眼睛才能识破的秘密。"④ 费尔巴哈说过："一切对象都可以通过感觉而认识，即使不能直接认识，也能间接认识，即使不能用平凡的，粗糙的感觉认识，也能用有训练的感觉认识，即使不能用解剖学家或化学家的眼睛认识，也能用哲学家的眼睛认识。"⑤ 他曾以林奈的植物分类系统为例指出，对于发现确定数量与不定数量之间的差别，必要数量与不必要的数量之间的差别，合理数量与不合理数量之间的差别，我们不需要

---

① 《马克思恩格斯全集》第3卷，人民出版社2002年版，第308页。

② 同上书，第90页。

③ 《马克思恩格斯选集》第1卷，人民出版社1995年版，第76—77页。

④ 同上书，第77页。

⑤ 费尔巴哈：《未来哲学原理》，生活·读书·新知三联书店1955年版，第64页。

"超出感性，以求达到绝对哲学意义下仅仅属于感性事物，仅仅属于经验事物的那个界限，我们只需要不将理智与感觉分开，便能在感性事物中寻得超感性的东西，亦即精神和理性"①。费尔巴哈对自然科学的直观的推崇由此可见一斑。马克思则指出，直观的对象并不是某种开天辟地以来就直接存在着的、始终如一的东西，而是工业和历史的产物。"大家知道，樱桃树和几乎所有的果树一样，只是在数世纪以前由于商业才移植到我们这个地区。由此可见，樱桃树只是由于一定的社会在一定时期的这种活动才为费尔巴哈的'感性确定性'所感知。"② 不仅感性直观与人类实践活动存在着内在的统一关系，自然科学本身也和人类的实践活动有着内在的不可分割的关系。马克思说道："如果没有工业和商业，哪里会有自然科学呢？甚至这个'纯粹的'自然科学也只是由于商业和工业，由于人们的感性活动才达到自己的目的和获得自己的材料的。"③

　　综上所述，在自在之物与为我之物、自在自然与人化自然统一的前提下，人与自然、人的活动与自然活动的统一必然要求和实际导致实践辩证法与自然辩证法的统一。

二、历史辩证法

　　历史辩证法与实践辩证法不像自然辩证法与实践辩证法的关系那样复杂，需要详细地论证。历史辩证法是实践辩证法的直接现实，是狭义的实践辩证法。实践辩证法从广义上讲是自然辩证法、历史辩证法、思维辩证法的统一，从狭义上讲就是历史辩证法。这一点类似马克思对生产、分配、交换、消费四者关系的说明。马克思认为，生产是包括生产、分配、交换、消费四个环节在内的有机整体。前一个生产是指作为总体的生产，后一个生产是指作为总体的生产的一个环节的生产。马克思说："生产既支配着与其他要素相对而言的生产自身，也支配着其他要素。"④ 可见，后一个生产即指狭义的生产。

　　马克思的历史辩证法思想在《德意志意识形态》中初步确立，并在日

---

① 费尔巴哈：《未来哲学原理》，生活·读书·新知三联书店1955年版，第65页。
② 《马克思恩格斯选集》第1卷，人民出版社1995年版，第76页。
③ 同上书，第77页。
④ 《马克思恩格斯选集》第2卷，人民出版社1995年版，第17页。

后的思想发展中日渐成熟。

（一）历史辩证法的确立

马克思在《德意志意识形态》中阐述了历史辩证法的基本观点。他从纷繁复杂的社会生活中区分出物质生产这种最基本的活动，从纷繁复杂的社会关系中区分出物质关系这种最基本的关系，从而将生产方式指认为人类最根本的实践活动，确立了历史辩证法的主体。在此基础上，马克思阐发了历史辩证法的基本形式。

1. 生产力与生产关系的辩证关系

马克思认为，生产方式是历史发展的基础，它包括两个方面的内容：一是人与自然的关系。人通过改进、制造、使用劳动工具，改变自然，满足人的生存需要，这构成现实的生产力。二是人与人的关系。也就是人们在生产过程中结成的物质交往关系，这构成现实的生产关系。生产力与生产关系，是基于生产力发展基础上的矛盾的、历史的统一体。其中，生产力决定生产关系，生产关系要适合生产力的发展状况和性质。随着生产力的发展，旧的生产关系必然为更适合于生产力发展的新的生产关系所取代。而"生产力和交往形式之间的矛盾……每一次都不免要爆发为革命，同时也采取各种附带形式，如冲突的总和，不同阶级之间的冲突，意识的矛盾，思想斗争，政治斗争，等等。"[1] 马克思对此作了详细分析："这些不同的条件，起初是自主活动的条件，后来却变成了它的桎梏，它们在整个历史发展过程中构成一个有联系的交往形式的序列，交往形式的联系就在于：已成为桎梏的旧交往形式被适应于比较发达的生产力，因而也适应于进步的个人自主活动方式的新交往形式所代替；新的交往形式又会成为桎梏，然后又为别的交往形式所代替。由于这些条件在历史发展的每阶段都是与同一时期的生产力的发展相适应的，所以它们的历史同时也是发展着的、由每一个新的一代承受下来的生产力的历史，从而也是个人本身力量发展的历史。"[2] 总之，复杂的历史过程，最终被归结为由生产力发展引起的新旧生产关系的新陈代谢。历史发展过程的基础，就是生产关系与生产力由适应到不适应的有规律的矛盾运动。因为生产方式是由生产力和生产关系构成的，所以生产方式本身也表现为对象化的辩证运动。马克思指

---

[1] 《马克思恩格斯选集》第 1 卷，人民出版社 1995 年版，第 115 页。

[2] 同上书，第 123—124 页。

出，现实的人们在既定的生产方式中活动，既生产一定的物质产品，也生产一定的人与人的关系。两者都是属人的，也就是以一定的生产方式存在的人的对象性的存在。同时，通过一定的生产方式，物质产品和人与人的关系也都主体化了，物质产品成了人们消费的对象，人与人的关系成了人的内在的本质关系。

2. 经济基础与上层建筑的辩证关系

在揭示了生产力和生产关系的辩证关系的基础上，马克思进一步揭示了经济基础和上层建筑的辩证关系，从而不仅从纵向角度科学说明了历史发展的辩证过程，而且从横向角度达到了对整个社会辩证结构的科学认识。马克思用"市民社会"一词来表述社会的经济基础，认为市民社会是"过去一切历史阶段上受生产力制约同时又制约生产力的交往形式"①，它包括"各个人在生产力发展的一定阶段上的一切物质交往"②。在马克思看来，经济基础和上层建筑是有机统一的。一方面，经济基础即市民社会决定上层建筑。"市民社会这一名称始终标志着直接从生产和交往中发展起来的社会组织，这种社会组织在一切时代都构成国家的基础以及任何其他的观念的上层建筑的基础。"③ 因此，"这个市民社会是全部历史的真正发源地和舞台。"④ 另外，"一切共同的规章都是以国家为中介的，都获得了政治形式。由此便产生了一种错觉，好像法律是以意志为基础的，而且是以脱离其现实基础的意志即自由意志为基础的"⑤，其实"在私法中，现存的所有制关系是作为普遍意志的结果来表达的"⑥。另一方面，上层建筑对经济基础也有反作用。国家是"统治阶级的各个人借以实现其共同利益的形式，是该时代的整个市民社会获得集中表现的形式"⑦，"国家获得了和市民社会并列并且在市民社会之外的独立存在；实际上国家不外是资产者为了在国内外相互保障各自的财产和利益所必然要采取的一种组织形式。"⑧

---

① 《马克思恩格斯选集》第 1 卷，人民出版社 1995 年版，第 87—88 页。

② 同上书，第 130 页。

③ 同上书，第 131 页。

④ 同上书，第 88 页。

⑤ 同上书，第 132 页。

⑥ 同上书，第 133 页。

⑦ 同上书，第 132 页。

⑧ 同上。

3. 历史主体与历史规律的辩证关系

马克思在《德意志意识形态》中阐明了历史主体与历史规律之间的辩证关系，科学地说明了历史主体在历史发展中的地位和作用，构成了他的历史辩证法理论的重要方面。首先，历史主体既是历史存在的前提，又受历史条件的制约。一方面，历史的主体的人、人类社会及其历史是人的活动领域。正是人的活动，形成了人类世界。这里的"人"是"现实中的个人"，即"以一定的方式进行生产活动的一定的个人"①，而不是黑格尔"思辨中的精神主体"；是"从事活动的个人"，即"处在现实的、可以通过经验观察到的、在一定条件下进行的发展过程中的人"②，而不是费尔巴哈的"人本身"。因此，人类历史是历史主体即人们的能动的创造性活动的过程，历史发展是历史主体积极能动推动的结果。另一方面，历史主体的创造历史的活动，是在一定的社会关系、物质生活条件基础上进行的，历史主体能动作用的实现、发挥，既受自然界更受自己活动结果的社会关系、物质生活条件的制约。因此，历史主体始终是处在"一定的物质的、不受他们任意支配的界限、前提和条件下能动的表现自己"③ 的主体，而不是存在于历史条件之外的主体。其次，历史主体既是历史发展的动力，又受历史规律的制约。一方面，社会历史及其规律是通过人的实践活动得以实现的。人们的物质生产活动推动着历史的发展，历史活动离不开人的参与，历史也是个人本身力量发展的历史，历史规律通过历史主体的活动为自己开辟道路。另一方面，生产力和生产关系是历史主体赖以进行历史活动的物质条件及其创造能力得以形成的现实基础。马克思说："历史的每一阶段都遇到一定的物质结果，一定的生产力总和，人对自然以及个人之间历史地形成的关系，都遇到前一代传给后一代的大量生产力、资金和环境，尽管一方面这些生产力、资金和环境为新的一代所改变，但另一方面，它们也预先规定新的一代本身的生活条件，使它得到一定的发展并具有特殊的性质。"④ 人类社会的根本规律是基于生产力发展基础上的生产方式的矛盾运动，人类社会的历史就是"交往形式"即生产关系更替的历史，"同时也是发展着的、由每一个新的一代承受下来的生产力的历史，

---

① 《马克思恩格斯选集》第 1 卷，人民出版社 1995 年版，第 71 页。

② 同上书，第 73 页。

③ 同上书，第 72 页。

④ 同上书，第 92 页。

从而也是个人本身力量发展的历史。"① 这种历史规律使社会发展呈现出自然的历史的过程。历史主体既不能任意创造和改变历史规律，也不能逃逸于历史规律的制约之外。历史主体发挥创造历史的作用，是基于认识并利用历史规律的基础之上的。

4. 社会形态与社会结构的辩证关系

历史辩证法突出反映在马克思的社会形态和社会结构理论中。《德意志意识形态》在马克思思想历程中的重要地位，在于它不仅揭示了社会形态是生产力与生产关系的矛盾运动构成的有规律的运动的结果，还在于它通过这种揭示达到了对社会结构的科学认识。一方面，社会形态的物质基础是生产方式，社会形态的最基本内容是生产关系的总和直接决定着整个社会的面貌。但是，生产关系离不开生产力的发展，生产力是社会形态的根本基础，它的发展是社会形态更替的根本原因。生产力与生产关系的辩证运动呈现出一定的规律性，这种规律性的运动使人类社会的历史呈现出五种社会形态的依次更替。另一方面，每一种社会形态都是建立在一定的生产力基础上的经济基础与上层建筑的统一体。"生产力的总和"即生产力与生产关系构成社会的经济结构，"社会组织"即生产的总和是国家和观念的上层建筑的现实基础。人类社会的历史发展，就是社会机体中的生产力、生产关系、政治上层建筑、社会意识形态这些有机要素之间的相互联系和相互作用形成的依次更替过程。因此，社会形态和社会结构是有机的统一。

5. 社会存在与社会意识的辩证关系

首先，社会存在决定社会意识。马克思认为，意识并非一开始就是纯粹的意识。精神首先表现为语言，语言是"一种实践的、既为别人存在因而也为我自身而存在的、现实的意识。语言也和意识一样，只是由于需要，由于和他人交往的迫切需要才产生的。"② 马克思强调，思想、观念、意识的生产最初是直接与人们的物质活动、人们的物质交往和现实生活的语言交织在一起的，人们的想象、思维、精神交往在这里还是人们物质行动的直接产物。也就是说，"人们是自己的观念、思想等等的生产者，但这里所说的人们是现实的、从事活动的人们，他们受自己的生产力和与之

---

① 《马克思恩格斯选集》第 1 卷，人民出版社 1995 年版，第 124 页。

② 同上书，第 81 页。

相适应的交往的一定发展——直到交往的最遥远的形态——所制约。"① 马克思指出，意识在任何时候都只能是被意识到了的存在，而人们的存在就是他们的现实生活过程。"如果在全部意识形态中，人们和他们的关系就像在照相机中一样是倒立呈像的，那么这种现象也是从人们生活的历史过程中产生的，正如物体在视网膜上的倒影是直接从人们生活的生理过程中产生的一样。"② 因此，哲学家们只要把自己的语言还原为它从中抽象出来的普通语言，就可以认清他们的语言是被歪曲了的现实世界的语言，就可以懂得，无论思想或语言都不能独立组成特殊的王国，它们只是现实生活的表现。所以，"不是意识决定生活，而是生活决定意识。"③ 其次，社会意识反作用于社会存在。马克思认为，社会意识虽然只是社会现实的反映而没有自己独立的存在和历史，但它一旦形成，就对社会存在具有相对独立性的反作用。他说："由于直到现在存在着的个人的生产关系也必须表现为法律的和政治的关系"，所以，"在分工的范围内，这些关系必然取得对个人来说是独立的存在。"④ 因此，分工在使人们的生产关系、法律关系、政治关系成为独立于个人的神秘力量的同时，也使社会意识具有了自己独立的外观，表现为一种似乎决定历史发展的独立力量。马克思指出，思想和观念成为独立力量是个人之间的私人关系和联系独立化的结果。"一切关系表现在语言里只能是概念。相信这些一般性和概念是神秘力量，这是这些一般性和概念所表现的实际关系获得独立存在以后的必然结果。除了通俗头脑对这些一般性和概念是这样看法以外，政治家和法学家还对它们有特殊的看法和想法。分工的结果使政治家和法学家要崇拜概念并认为一切实际的财产关系的真实基础不是生产关系，而是这些概念。"⑤

（二）历史辩证法的发展与成熟

马克思在《德意志意识形态》中确立了历史辩证法的基本形式。在马克思以后的著作中，历史辩证法日益成熟和完备。这一发展过程，可以用恩格斯对马克思几部重要著作的评价来概括：《德意志意识形态》是一部

---

① 《马克思恩格斯选集》第 1 卷，人民出版社 1995 年版，第 72 页。

② 同上。

③ 同上书，第 73 页。

④ 《马克思恩格斯全集》第 3 卷，人民出版社 1960 年版，第 421 页。

⑤ 同上。

无比大胆的著作①，《哲学的贫困》可以看作党的纲领，《共产党宣言》永远值得一读②，《资本论》比任何人为马克思树立的纪念碑都更加宏伟③。

《哲学的贫困》是马克思在其哲学思想发展的历史过程中，公开阐明其新世界观的第一部著作。尽管《关于费尔巴哈的提纲》和《德意志意识形态》是马克思历史辩证法形成的重要标志，但前者当时没有公开发表，后者也只发表了一小部分。而较之以前的著作，《哲学的贫困》在实践辩证法的阐述上更加准确、更为全面。马克思自己说过："我们见解中有决定意义的论点，在我的 1847 年出版的为反对蒲鲁东而写的著作《哲学的贫困》中第一次作了科学的、虽然只是论战性的概述。"④ 具体而言，相对于《德意志意识形态》，马克思在《哲学的贫困》中主要深化了以下思想。

1. 深化了对生产力与生产关系的辩证关系的理解

马克思在《德意志意识形态》中已经分析了生产力和生产关系的辩证运动，但对于这两者并没有作精确的界定。在《哲学的贫困》中，马克思的相关思想得到了深化。他对生产力作了更严格的界定。相对于生产方式和生产关系，生产力专指人类改变自然的能力。生产力包括人与物两个基本要素，两者各有其地位和作用。在生产力的两个要素中，马克思十分强调人的要素在生产力中的基础作用，认为离开处于特定社会关系中的人，一切生产工具、劳动资料都会变成被支配因素。他说："在一切生产工具中，最强大的一种生产力是革命阶级本身。"⑤ 马克思也对生产关系作了严格的界定。相对于社会关系，生产关系专门指与一定生产力发展相适应的、人们在物质生产中形成的相互关系，主要包括交换关系和消费关系。马克思认为，"每一个社会中的生产关系都形成一个统一的整体"⑥，并区分了生产关系与社会关系。他强调，社会关系是人们在交往中形成的最为广泛的一种关系，既包括物质生产中的人与人的关系，也包括经济活动、政治活动中的各个方面的人与人的关系，而生产关系仅指前者。马克思指

① 《马克思恩格斯全集》第 36 卷，人民出版社 1974 年版，第 40 页。

② 同上书，第 323 页。

③ 同上书，第 286 页。

④ 《马克思恩格斯选集》第 3 卷，人民出版社 1995 年版，第 347 页。

⑤ 《马克思恩格斯选集》第 1 卷，人民出版社 1995 年版，第 194 页。

⑥ 同上书，第 142 页。

出，生产力具有能动作用，它的变化是导致生产关系和整个社会变化的首要原因。这样，历史的发展原因最终被归结到了生产力。同时，马克思也重视生产关系的作用，因为人们如果不以一定的方式结合起来，共同活动和交换其活动，生产就不能进行。生产力与生产关系是密切相连的，"随着新生产力的获得，人们改变自己的生产方式，随着生产方式即谋生的方式的改变，人们也就会改变自己的一切社会关系。"① 例如，手推磨产生的是封建社会，蒸汽磨产生的是工业资本家的社会。

2. 深化了对历史主体与历史客体的辩证关系的理解

历史主体与历史客体之间具有辩证关系。在马克思看来，历史就像舞台，现实的人就是演员。在这一舞台上，人一方面是"剧中人"即历史的客体，他只有借助历史舞台提供的"灯光道具"才能出演，并使历史的进程得以进行。另一方面，在历史舞台上，人又是"剧作者"即历史的主体，他能够以自身独特的才艺演绎历史的悲欢离合。他说："只要你们把人们当成他们本身历史的剧中的人物和剧作者，你们就是迂回曲折地回到真正的出发点，因为你们抛弃了最初作为出发点的永恒原理。"② 在马克思看来，历史主体就是从事现实活动的人。正是现实的人及其活动构成的历史运动，创造了社会关系，构成了人类社会及其历史。历史客体则是指人的活动的产物和结果，包括生产力、一定的社会关系和一定的观念，它是人们赖以活动的前提。在马克思看来，生产力是人与自然的交往活动的产物，是人们的实践活动的结果，是人类继续从事物质生产的前提；当人们发展生产力时，即在生活时，也发展着一定的相互关系，这种关系同样是人类的交往和活动得以继续的前提。当"人们按照自己的物质生产率建立相应的社会关系，正是这些人又按照自己社会关系创造了相应的原理、观念和范畴"③，这些原理、观念和范畴，虽然是现实的生产力、社会关系的反映，但它本身也是人类现实的、历史的活动的产物，是人类的精神、思想活动得以进行的前提条件之一。马克思认为，历史中的人具有两重性，这种两重性实质上来自人的实践活动的两重性，即主体的能动性与客观现实性。历史主体与历史客体，无非是人的实践活动的主体能动性与客观现实性的体现，二者的相互关系实质上是人的主体活动与历史必然性的关

① 《马克思恩格斯选集》第 1 卷，人民出版社 1995 年版，第 142 页。

② 同上书，第 147 页。

③ 同上书，第 142 页。

系。一方面，人通过实践活动的结果，体现了其主体性。马克思强调：历史不外是人活动的结果，人就是自身历史的创造者。因此，历史必然性后面站着的，始终是人和人的活动、需求、利益、理想。人们正是通过自己能动的活动，发展着物质生产力，建立了相应的生产关系、社会关系，创立了与之相适应的观念、范畴、理论。没有主体能动性的实践活动，根本没有历史。这样，马克思首先充分肯定了人作为历史的主体在历史发展中具有的地位和价值。另一方面，作为主体活动的结果的客体又成为主体的制约者，从而使人的活动遵循着某种必然性。因此，马克思以更多的篇幅强调了历史客体对历史主体的制约性以及历史规律的必然性。这种必然性表现为，人们在历史活动中既不能自由选择自己的生产力，也不能自由选择某种社会形式。这是因为，作为全部历史基础的物质生产力，是人类以往的实践结果，是一种"既得的力量"。正是在这样一个历史的基础上，人们继承前一代遗留下的生产力，并将它当作创造新生产力的起点。这一事实形成了人类历史中的某种必然的联系。因此，历史必然性不是什么外在于人的神力，而是人们既往活动的结果所形成的一种客观的社会的力量。与此问题紧密相连的，还有历史发展中的个体与社会的关系。马克思指出，历史必然性不是某种外在于人的神秘力量，也不是无主体的过程。它必须通过历史的偶然性表现自己。这个历史的偶然性，就是个人。同时，历史偶然性中蕴含着历史的必然性，个人的发展必须借助于一定的社会物质关系来实现。因此，历史必然性与历史偶然性的关系，同时体现了个人与社会的关系。历史发展中的个人与社会的关系，是辩证的，两者相互依存、互为前提和结果。

3. 深化了对现实关系与思想观念的辩证关系的理解

在《哲学的贫困》中，马克思进一步将社会存在具体化为现实关系，将社会意识具体化为思想观念，通过对现实关系决定思想观念的论证，阐述了社会存在、社会意识理论。蒲鲁东认为，范畴是主观的产物，具有先验的、永恒不变的性质。他从所谓"普遍理性"出发，在界定和解释各种经济范畴时，无一不使它们脱离了与现实的关系，如认为经济范畴的顺序只与观念顺序一致而与历史顺序无关，空谈"交换价值"而不理会现实的供求关系，用平均主义的幻想杜撰出"构成价值"，等等。马克思在分析蒲鲁东的唯心主义经济范畴观时指出，它实际上不能说明任何真实的经济关系。蒲鲁东在这个问题上所以失足，在于他运用黑格尔的纯思辨的抽象方法分析客观的经济关系，颠倒了范畴与现实的关系，不了解"逻辑世界只是现实世界在人的观念中的反映"，从而把"整个现实世界都淹没在抽象世界之中，即淹没在逻辑范畴的世界之中。"①

从马克思在《德意志意识形态》中对历史辩证法基本观点的初次阐述，到《哲学的贫困》对生产力、生产关系的严格界定，用生产关系概念代替交往形式、交往关系概念，对历史主客体关系进行详细论述，表明马克思的历史辩证法思想日趋深刻、成熟和丰富。

此后，在《共产党宣言》、《雇佣劳动与资本》、《路易·波拿巴的雾月十八日》等著作中，马克思运用历史辩证法的基本理论，分析研究资本主义社会经济运动，探讨现实社会事件的内在真相，使实践辩证法思想得到进一步完善。

到《资本论》时期，历史辩证法达到了系统化、完备化的程度，其标志是马克思对人类历史发展、社会结构运动理论作了系统、严密的阐述。

"我所得到的、并且一经得到就用于指导我的研究工作的总的结果，可以简要地表述如下：人们在自己生活的社会关系中发生一定的、必然的、不以他们的意志为转移的关系，即同他们的物质生产力的一定发展阶段相适合的生产关系。这些生产关系的总和构成社会的经济结构，即有法律的和政治的上层建筑竖立其上并有一定的社会意识形式与之相适应的现实基础。物质生活的生产方式制约着整个社会生活、政治生活和精神生活的过程。不是人们的意识决定人们的存在，相反，是人们的社会存在决定人们的意识。社会的物质生产力发展到一定阶段，便同它们一直在其中运动的现存生产关系或财产关系（这只是生产关系的法律用语）发生矛盾。于是这些关系便由生产力的发展形式变成生产力的桎梏。那时社会革命的时代就到来了。随着经济基础的变更，全部庞大的上层建筑也或慢或快地发生变革。在考察这些变革时，必须时刻把下面两者区别开来：一种是生产的经济条件方面所发生的物质的、可以用自然科学的精确性指明的变革，一种是人们借以意识到这个冲突并力求把它克服的那些法律的、政治的、宗教的、艺术的或哲学的，简言之，意识形态的形式。我们判断一个人不能以他对自己的看法为根据，同样，我们判断这样一个变革时代也不能以它的意识为根据；相反，这个意识必须从物质生活的矛盾中，从社会

---

① 《马克思恩格斯选集》第 1 卷，人民出版社 1995 年版，第 139 页。

生产力和生产关系之间的冲突中去解释。无论哪一个社会形态,在它所能容纳的全部生产力发挥出来以前,是决不会灭亡的;而新的更高的生产关系,在它的物质存在条件在旧社会的胎胞里成熟以前,是决不会出现的。所以人类始终只提出自己能解决的任务,因为只要仔细考察就可以发现,任务本身,只有在解决它的物质条件已经存在或者至少是在生成过程中的时候,才会产生。大体说来,亚细亚的、古代的、封建的和现代资产阶级的生产方式可以看作是经济的社会形态演进的几个时代。资产阶级的生产关系是社会生产过程的最后一个对抗形式,这里所说的对抗,不是指个人的对抗,而是指从个人的社会生活条件中生长出来的对抗;但是,在资产阶级社会的胎胞里发展的生产力,同时又创造着解决这种对抗的物质条件。因此,人类社会的史前时期就以这种社会形态而告终。"①

这就是马克思的人类历史发展、社会结构运动理论,同时也是历史辩证法的完备阐述:首先,它揭示了社会结构是由三大要素构成的有机整体。其中,生产力和生产关系是原生关系,上层建筑是再生关系。在理论上,每一要素都可以从整体中抽取出来单独研究;但在现实中,任何要素都不能离开整体而独立存在或发挥作用。其次,它揭示了社会结构是由物质、政治、精神等三大生活领域构成的有机整体,从实践是社会生活的本质的视角来看,每一个生活领域都是建立在生产方式基础上的现实活动领域。再次,它揭示了社会结构中的每一要素和每一生活领域都有特定的历史主体与历史客体。从历史主体与历史客体的角度来看,经济生活中的主体是人,客体是自然和生产过程中的客观关系;政治生活中的主体是人,客体是政治法律制度;精神生活中的主体是人,客体是社会意识形态。最后,它揭示了社会结构的本质及其变化发展的原因、动力和规律。社会结构既是各个要素、各个领域相互联系、相互作用的有机整体,又是生产关系适合生产力、上层建筑适应经济基础的有规律的运动,是一个由低级向高级的发展过程。至此,马克思实现了对社会结构从横向静态和纵向动态分析理解的统一②。

总之,以《资本论》为标志,马克思的实践辩证法思想达到了成熟与

---

① 《马克思恩格斯选集》第 2 卷,人民出版社 1995 年版,第 32—33 页。

② 以上内容参考了黄楠森等主编《马克思主义哲学史》,北京出版社 1996 年版;黄楠森主编《马克思主义哲学史》,高等教育出版社 1998 年版;中国人民大学马列主义发展史研究所编:《马克思主义史》,人民出版社 1995 年版。

完备的形态。同时，在《资本论》中，不仅历史辩证法本身，而且与历史辩证法有着内在联系的自然辩证法、思维辩证法以及辩证法的一般规律都得到了充分体现。正是在这个意义上，列宁评价说，马克思虽然没有给我们留下逻辑学即辩证法，可是他留下了《资本论》①。

三、思维辩证法

马克思曾经说过："意识一开始就是社会的产物，而且只要人们存在着，它就仍然是这种产物。"② 思维辩证法不过是人们现实的、辩证的实践活动在人类思维中的反映而已，主观辩证法与客观辩证法是统一的。"观念的东西不外是移入人的头脑并在人的头脑中改造过的物质的东西而已"③，可见，思维辩证法是被人的头脑所改造过的实践辩证法。思维辩证法从根源上脱胎于实践辩证法，从本质上讲，两者是统一的，但思维辩证法也有其相对独立性与特殊性。马克思指出："这样一种辩证法，它的界限应当确定，它不抹杀现实差别。"④

众所周知，马克思对黑格尔辩证法进行了颠倒，从而使黑格尔辩证法不再"头朝下"地倒立着，亦即使其重新"脚踏实地"。但由于受马克思创立新唯物主义这一标志性事件的影响，人们对马克思辩证法的研究往往过多地关注"脚"即辩证法的唯物主义基础，而忽视了对"头"即思维辩证法、人类认识规律的辩证法的研究，再加上国内外学术界向来很少从认识论角度专门研究黑格尔的辩证法⑤，故人们一直未能深入研究马克思对黑格尔思维辩证法的创造性转换问题。

实际上，马克思相当重视思维辩证法问题。他自己说明了写作《资本论》的方法，即从抽象到具体的方法，并明确承认这一方法的源头是黑格尔的思维辩证法⑥。同时，《资本论》出版后，马克思感到最苦恼的是人们

---

①　《列宁全集》第55卷，人民出版社1990年版，第290页。

②　《马克思恩格斯选集》第1卷，人民出版社1995年版，第81页。

③　《马克思恩格斯选集》第2卷，人民出版社1995年版，第112页。

④　同上书，第27页。

⑤　参见陶秀璈《为黑格尔辩证法正名》，载《黑格尔认识论研究》，中国人民大学出版社1999年版。

⑥　《马克思恩格斯选集》第2卷，人民出版社1995年版，第18—19页。

对其中的方法理解得很差。在 1873 年第二版跋中，马克思说："人们对《资本论》中应用的方法理解得很差，这已经由各种互相矛盾的评论所证明。"① 在 1872 年法文版序言中，马克思说："我使用的分析方法至今还没有人在经济问题上运用过，这就使得前几章读起来相当困难。……因此我很担心，他们会因为一开始就不能继续下去而气馁。"② 在 1875 年法文版跋中，马克思又对此表示了担心，在作了必要的修改后，又专门提醒说："下面是我从德文第二版跋中接引的几段，是有关政治经济学在德国的发展和本书运用的方法的。"③ 可见，思维辩证法在马克思的辩证法思想中占有非常重要的地位。

（一）　马克思对黑格尔辩证法的定性

黑格尔的辩证法是什么？如何对之加以彻底批判和转换？这是马克思创立唯物主义辩证法时首先考虑的问题。马克思在《资本论》第 1 卷第二版跋中曾对自己的辩证法同黑格尔辩证法的关系做了一个简短而清晰地说明："我的辩证法，从根本上来说，不仅和黑格尔的辩证法不同，而且和他截然相反。在黑格尔看来，思维过程，即他称为观念而甚至经转化为独立主体的思维过程，是现实事物的创造主，而现实事物只是思维过程的外部表现。我的看法则相反，观念的东西不外是移入人的头脑并在人的头脑中改造过的物质的东西而已。"④ 这段话共有三句，可很多学者往往把焦点放在最后一句上，认为马克思谈论的是辩证法的唯物主义基础，它表明主观辩证法是客观辩证法在人类思维中的反映。人们往往低估马克思的第一句话，并对第二句话缺乏深入理解。在第一句话里，马克思使用"从根本上"、"不仅……而且"、"截然相反"这些词语，显然是要告诉读者，他接下来不是泛泛谈论自己的辩证法和黑格尔辩证法的关系，而是要彻底和黑格尔辩证法划清界线，指出两者的根本区别。于是，在第二句话里，马克思对黑格尔辩证法作了明确定性。他认为，黑格尔的辩证法实质上是思维辩证法，是人类认识的规律。黑格尔把人类的思维看作是第一性的东西，把逻辑看作是先于现实事物的存在。这样才有了第三句话，马克思认

---

① 马克思:《资本论》第 1 卷，人民出版社 1975 年版，第 19 页。

② 同上书，第 26 页。

③ 同上书，第 29 页。

④ 《马克思恩格斯选集》第 2 卷，人民出版社 1995 年版，第 111—112 页。

为黑格尔的辩证法在这一点上是根本错误的，现实事物才是第一性的、先于逻辑本身的存在。可见，在这段话里，马克思强调，黑格尔辩证法实质上是思维辩证法，而他的辩证法正是对此的改造和转化，这是他和黑格尔在方法上的根本分歧。

恩格斯在《反杜林论》中对唯物主义辩证法做出了明确规定，认为它是关于自然、人类社会和思维的运动和发展的普遍规律的科学。他在《自然辩证法》手稿里依然重复了这一观点，认为辩证法的规律无论对自然界、人类历史中的运动还是对思维的运动都是同样适用的。很显然，恩格斯把唯物主义辩证法划分为四个有机部分，即作为一般规律意义上的辩证法、自然辩证法、历史辩证法和思维辩证法。既然辩证法的内涵如此丰富，那么马克思为什么认为黑格尔的辩证法实质上只是思维辩证法，并且对黑格尔辩证法的改造主要就是对黑格尔的思维辩证法的改造呢？这与黑格尔辩证法的特殊性是密切联系的。在黑格尔那里，绝对理念作为本体不是别的，而是方法自身，即辩证法。黑格尔指出，《自然哲学》、《精神哲学》、《美学》、《历史哲学》、《宗教哲学》、《法哲学》等具体哲学无非都是绝对理念自身的外化，是绝对理念的特殊阶段。也就是说，自然、历史、宗教、艺术等的现实存在，实际上是它们作为哲学的存在，而它们作为哲学的存在实际上是绝对理念的外化，是逻辑范畴的异化形式。绝对理念是自我生成的，它外化自身，并克服自身的外化，扬弃自身发展的各特殊阶段，最终回到自身，从而克服了自身的最初的抽象性，成为具体的统一，达到了绝对理念的自我实现。这一自我设定、外化，自我回归的过程，同时也是绝对理念自我认识的过程。因此，辩证法就是绝对理念的自我认识，也就是绝对理念的自我发展，辩证法、认识论、本体论三者是统一的。黑格尔的辩证法实质上就是思维辩证法，就是辩证思维。因此，马克思才说黑格尔陷入了幻觉，"把实在理解为自我综合、自我深化和自我运动的思维的结果"①。

在马克思与恩格斯合著的《德意志意识形态》中，他们对新哲学作了说明。在他们看来，以黑格尔为代表的形而上学即所谓思辨的哲学已走向终结，对现实生活的实际研究应让位于各门实证科学②。这样，传统意义上的独立自存的哲学将不复存在，而"能够取而代之的充其量不过是从对

---

① 《马克思恩格斯选集》第 2 卷，人民出版社 1995 年版，第 18—19 页。

② 《马克思恩格斯选集》第 1 卷，人民出版社 1995 年版，第 73 页。

人类历史发展的考察中抽象出来的最一般的结果的概括。"①

恩格斯对此表达得更为直接和明确:

"对于已经从自然界和历史中被驱逐出去的哲学来说,要是还留下什么的话,那就只留下一个纯粹思想的领域:关于思维过程本身的规律的学说,即逻辑和辩证法。"②

"在以往的全部哲学中仍然独立存在的,就只有关于思维及其规律的学说——形式逻辑和辩证法。其他一切都归到关于自然和历史的实证科学中去了。"③

马克思同时强调,对于"这样一种辩证法,它的界限应当确定,它不抹杀现实的差别。"④ 这就是说,对于黑格尔辩证法,只有加以改造才能运用。这一点在1858年2月1日马克思给恩格斯的信中对拉萨尔的批评意见里有明确的说明。他说拉萨尔的著作《晦涩哲人赫拉克利特》中有一句名言,"金变万物,万物变金。"拉萨尔想用这句名言解释一切事物都向它们的对立面转化。他说,黄金在这里就是货币,而货币就是价值,也就是说,是观念的东西,是一般,是一,而物则是实在的东西,是特殊,是多。他利用这一"惊人"的论断,企图表明他在政治经济学这门科学中的发现的重大意义。马克思认为,他的"每句话都是错的,但都是用惊人的自负的口气说出来的"⑤。更令马克思惊奇的是,拉萨尔"竟打算在他的第二部大作中用黑格尔的方式来阐述政治经济学"⑥。马克思讽刺道:"但是使他遗憾的是,他会看到,通过批判使一门科学第一次达到能把它辩证地叙述出来的那种水平,这是一回事,而把一种抽象的、现成的逻辑体系应用于关于这一体系的模糊观念上,那完全是另外一回事。"⑦

(二) 黑格尔思维辩证法的基本特征

黑格尔的方法,就是辩证法,也就是绝对理念。在黑格尔看来,绝对

---

① 《马克思恩格斯选集》第1卷,人民出版社1995年版,第73--74页。

② 《马克思恩格斯选集》第4卷,人民出版社1995年版,第257页。

③ 同上书,第738页。

④ 《马克思恩格斯选集》第2卷,人民出版社1995年版,第27页。

⑤ 《马克思恩格斯全集》第29卷,人民出版社1972年版,第264页。

⑥ 同上。

⑦ 同上。

理念是自我生成发展的实体，先前的东西为后来的东西所扬弃，并成为后来者的环节，因此，越是后来的东西，发展得就越完善，内容就越丰富，规定就越具体，就越接近真理。同时，黑格尔认为，发展是圆圈，所以发展是终点不断回到起点的运动。在发展过程中，理念呈现出不同的具体形态，这些形态最终都作为不同层次的环节从属于完成了的绝对理念。在黑格尔看来，这一过程也就是纯粹的方法本身扩展为体系的过程。

对黑格尔的方法，D. J. 奥康诺主编的《批评的西方哲学史》作了这样的概括：

"'直接性'，稳定，通常是有限的正题；'中介'，不稳定，往往是恶无限的反题；合题，在一种完美的均衡状态中使正题和反题协调一致，并以此为新的三段式提供了正题。"①

这一概括看似简洁，但如果对黑格尔哲学缺乏一定的了解，它依然是模糊不清的。其实，马克思对黑格尔的思维辩证法也有过高度概括，它不仅简洁，而且使人一目了然。马克思说："理性一旦把自己设定为正题，这个正题、这个与自己相对立的思想就会分为两个互相矛盾的思想，即肯定和否定，'是'和'否'。这两个包含在反题中的对抗因素的斗争，形成辩证运动。'是'转化为'否'，'否'转化为'是'。'是'同时是'是'和'否'，'否'同时是'否'和'是'，对立面互相均衡，互相中和，互相抵销。这两个彼此矛盾的思想的融合，就形成一个新的思想，即它们的合题。这个新的思想又分为两个彼此矛盾的思想，而这两个思想又融合成新的合题。从这种生育过程中产生出思想群。同简单的范畴一样，思想群也遵循这个辩证运动，它也有一个矛盾的群作为反题。从这两个思想群中产生出新的思想群，即它们的合题。……正如从简单范畴的辩证运动中产生出群一样，从群的辩证运动中产生出系列，从系列的辩证运动中又产生出整个体系。"②

根据马克思的概括，结合黑格尔自己的表述，可以把黑格尔思维辩证法的基本特点归纳为以下几个主要方面：

第一，主体是生成的，绝对主体在最后生成。在黑格尔看来，假如以为主体是现成的，过程直接从主体出发，那么进程便会是一种神秘的流溢。相反，只有一个具体物"不是现成的，而是由各环节回复到一个综合

① 　D. J. 奥康诺主编：《批评的西方哲学史》，东方出版社 2005 年版，第 606 页。
② 　《马克思恩格斯选集》第 1 卷，人民出版社 1995 年版，第 139—141 页。

的统一体中的自己运动产生出来，才是必然的"①。实际上，"进行倒不如说是在于普遍的东西规定自身并且自为地是普遍的东西，即是说，同样又是个别的东西和主体。它只有在其完成之中才是绝对的东西。"②

第二，相对主体就是当下存在的理念，也就是理念发展的新近形态。由于主体、理念是具体的统一，所以现实的一切都是这一主体的内在环节。黑格尔说："每个人都是他那时代的产儿，哲学是把握在思想中的时代。妄想一种哲学可以超出它那个时代，这与妄想个人可以跳出他的时代、跳出罗陀斯岛，是同样愚蠢的"③。黑格尔对此有一形象的比喻："人不能超越他的时代，就像不能超越他的皮肤一样"④。

第三，起点由主体决定，即终点也是起点。黑格尔认为，哲学是后思，就像密纳发的猫头鹰到黄昏才起飞⑤。《逻辑学》开篇就专门谈起点，可见此问题的重要。对起点问题，黑格尔主要强调了三点：其一，这个起点是要能够回到终点的东西。其二，哲学的开端，在一切后继的发展中，都是当前现在的、自己保持的基础，是完全长留在以后规定的内部的东西。其三，对于方法来说，开端除了是单纯和普遍的东西以外，就无别的规定性了。

在《小逻辑》里，黑格尔把如何产生开端讲得更为明确。他认为起点似乎是直接的东西，而实际上却是间接的、由当前的主体规定的。他说："那作为开始的存在，最初似乎是抽象的肯定，其实乃是否定，是间接性，是设定起来的，是有前提的。"⑥"开始……从思辨理念的观点看来，它是理念的自我规定。这种自我规定，作为概念的绝对的否定性或运动，进行判断，并设定对它自己本身的否定。"⑦

第四，范畴的顺序由主体决定。黑格尔在《法哲学原理》里专门谈到这一问题，指出一系列定在形态的实际出现在时间上的次序，一部分跟概念逻辑的次序是互有出入的。他举例说，在家庭出现后才有所有权的存

---

① 黑格尔：《逻辑学》上卷，商务印书馆 1966 年版，第 60 页。
② 黑格尔：《逻辑学》下卷，商务印书馆 1976 年版，第 536 页。
③ 黑格尔：《法哲学原理》，商务印书馆 1961 年版。
④ 同上。
⑤ 同上。
⑥ 黑格尔：《小逻辑》，商务印书馆 1980 年版，第 424 页。
⑦ 同上。

在，尽管如此，所有权仍必须放在家庭之前论述。针对为什么不从最高级的东西即具体的真实东西开始的疑问，黑格尔的回答是：

"我们所愿意见到的，恰恰就是采取结果形式的真实东西，因此本质上必须首先理解抽象概念本身。由于这个缘故，现实的东西、概念的形态虽然在现实世界本身中是首先存在的，但是我们仍把它放在后面作为下一步骤来处理。在我们的进展程序中，各种抽象形式不是作为独立存在的东西而是作为不真实的东西显现出来的。"①

这表明，在黑格尔看来，范畴的顺序是从属于作为最后结果的主体的内部结构的。

（三）马克思对黑格尔思维辩证法的继承

黑格尔哲学重视"扬弃"概念，马克思对黑格尔思维辩证法的创造性转换走的也是"扬弃"之路。关于这一"扬弃"的批判方面的具体内容，我们在前面的章节中已经有详细的论述，本节只论述马克思对黑格尔思维辩证法的继承。

对于黑格尔方法的一般形式，即肯定、否定、否定之否定，马克思并不因为它的抽象性就将其彻底否定，相反，马克思深刻地揭示了这种神秘的理性运动的本质，指出它不是别的，只不过是对现实各种运动的最高抽象，换句话说，它是对现实各种具体辩证运动的高度理论概括，即思维形态上的辩证法。

对于研究的方法和叙述的方法，马克思认为这是两条不同的道路，即从具体到抽象和从抽象到具体，并指出后一种方法显然是科学上正确的方法，也就是使抽象的规定在思维行程中导致具体的再现。马克思指出，黑格尔在这里"陷入幻觉"②，颠倒了概念与实在。但马克思对黑格尔从抽象上升到具体的方法是认同的，只是强调这是从思想上把握现实的方式，而不是具体本身的产生过程。这样，马克思运用的辩证法在形式上就与黑格尔有了相似之处。

首先，马克思也指出研究要从当前的既定主体出发，而不是按自然发生的顺序从头讲起。

"在研究经济范畴的发展时，正如在研究任何科学、社会科学时一样，

① 黑格尔：《法哲学原理》，商务印书馆1961年版，第40页。
② 《马克思恩格斯选集》第2卷，人民出版社1995年版，第18页。

应当时刻把握住：无论在现实中或在头脑中，主体——这里是现代资产阶级社会——都是既定的；因而范畴表现这个一定社会即这个主体的存在形式、存在规定、常常只是个别的侧面；因此，这个一定社会在科学上也决不是在把它当作这样一个社会来谈论的时候才开始存在的。这必须把握住，因为这对于分篇直接具有决定的意义。"①

其次，马克思也强调终点即是起点。他说："不懂资本便不能懂地租。不懂地租却完全可以懂资本。资本是资产阶级社会的支配一切的经济权力。它必须成为起点又成为终点，必须放在土地所有制之前来说明。分别考察了两者之后，必须考察它们的相互关系。"②

第三，马克思也阐明了和黑格尔一样地安排范畴的方法。马克思认为，把经济范畴按它们在历史上起决定作用的先后次序来排列是不行的、错误的。它们的次序其实是由它们在现代资产阶级社会中的相互关系决定的。马克思明确指出："这种关系同表现出来的它们的自然次序或者符合历史发展的次序恰好相反。问题不在于各种经济关系在不同社会形式的相继更替的序列中在历史上占有什么地位，更不在于它们在'观念上'（蒲鲁东）（在关于历史运动的一个模糊的表象中）的顺序。而在于它们在现代资产阶级社会内部的结构。"③

马克思还用与黑格尔相似的口吻具体解释了这样安排范畴的原因："在一切社会形式中都有一种一定的生产决定其他一切生产的地位和影响，因而它的关系也决定其他一切关系的地位和影响。这是一种普照的光，它掩盖了一切其他色彩，改变着它们的特点。这是一种特殊的以太，它决定着它里面显露出来的一切存在的比重。"④

这段话表明，在当下的主体面前，以前曾经独立存在的一切东西都只能按照其现实地位安置在它现在应处的位置。这与黑格尔安排范畴的方法大同小异。

---

① 《马克思恩格斯选集》第 2 卷，人民出版社 1995 年版，第 24 页。
② 同上书，第 25 页。
③ 同上。
④ 同上书，第 24 页。

参考文献

一、中文部分

1. 《马克思恩格斯全集》（第 1 版）第 1—50 卷，人民出版社。

2. 《马克思恩格斯全集》（第 2 版）第 1、2、3、30、31 卷，人民出版社。

3. 《马克思恩格斯选集》第 1—4 卷，人民出版社 1995 年版。

4. 马克思：《德谟克利特的自然哲学和伊壁鸠鲁的自然哲学的差别》，贺麟译，人民出版社 1961 年版。

5. 马克思：《资本论》第 1—3 卷，人民出版社 1975 年版。

6. 马克思：《1844 年经济学哲学手稿》，人民出版社 2000 年版。

7. 列宁：《哲学笔记》，人民出版社 1993 年版。

8. 《列宁选集》第 1—4 卷，人民出版社 1995 年版。

9. 《斯大林选集》上、下卷，人民出版社 1979 年版。

10. 《毛泽东选集》第 1—4 卷，人民出版社 1991 年版。

11. ［德］黑格尔：《哲学史讲演录》第 1、2、4 卷，贺麟、王太庆译，商务印书馆 1959、1960、1978 年版。

12. ［德］黑格尔：《法哲学原理》，范扬、张企泰译，商务印书馆 1961 年版。

13. ［德］黑格尔：《逻辑学》上卷，杨一之译，商务印书馆 1966 年版。

14. ［德］黑格尔：《逻辑学》下卷，杨一之译，商务印书馆 1976 年版。

15. ［德］黑格尔：《精神现象学》上、下卷，贺麟、王玖兴译，商务印书馆 1979 年版。

16. ［德］黑格尔：《小逻辑》，贺麟译，商务印书馆 1980 年版。

17. ［德］黑格尔:《自然哲学》,梁志学等译,商务印书馆 1986 年版。

18. ［德］黑格尔:《历史哲学》,王造时译,上海世纪出版集团 2001 年版。

19. ［德］黑格尔:《宗教哲学》,魏庆征译,中国社会出版社 2005 年版。

20. ［德］黑格尔:《精神哲学》,杨祖陶译,人民出版社 2006 年版。

21. ［德］康德:《纯粹理性批判》,韦卓民译,华中师范大学出版社 2000 年版。

22. ［德］费尔巴哈:《未来哲学原理》,洪谦译,生活·读书·新知三联书店 1955 年版。

23. ［德］费尔巴哈:《费尔巴哈哲学著作选集》上、下卷,荣震华等译,生活·读书·新知三联书店 1962 年版。

24. ［德］费尔巴哈:《基督教的本质》,荣震华译,商务印书馆 1984 年版。

25. ［俄］普列汉诺夫:《论一元论历史观之发展》,博古译,生活·读书·新知三联书店 1961 年版。

26. ［俄］普列汉诺夫:《为〈路德维希·费尔巴哈和德国古典哲学的终结〉俄译本所写的序言和注释》,载恩格斯《路德维希·费尔巴哈和德国古典哲学的终结》,人民出版社 1972 年版。

27. ［英］戴维·麦克莱伦:《青年黑格尔派与马克思》,夏威仪等译,商务印书馆 1982 年版。

28. ［苏］奥伊泽尔曼等编:《古代辩证法史》、《十四—十八世纪辩证法史》、《辩证法史·德国古典哲学》,徐若木等译,人民出版社 1982 年版。

29. ［波兰］兹维·罗森:《布鲁诺·鲍威尔和卡尔·马克思》,王谨等译,中国人民大学出版社 1984 年版。

30. ［苏］奥伊泽尔曼:《辩证唯物主义与哲学史》,娄自良译,上海译文出版社 1985 年版。

31. ［英］戴维·麦克莱伦:《马克思以后的马克思主义》,余其铨等译,中国社会科学出版社 1986 年版。

32. ［英］斯退士:《黑格尔哲学》,鲍训吾译,河北人民出版社 1986

年版。

33. ［德］施密特：《马克思的自然概念》，欧力同等译，商务印书馆1988年版。

34. ［德］麦克斯·施蒂纳：《唯一者及其所有物》，金海民译，商务印书馆1989年版。

35. ［美］沃·考夫曼：《黑格尔——一种新解说》，张翼星译，北京大学出版社1989年版。

36. ［德］柯尔施：《马克思主义和哲学》，王南湜等译，重庆出版社1989年版。

37. ［匈牙利］卢卡奇：《历史与阶级意识》，杜章智译，商务印书馆1992年版。

38. ［德］克劳斯·杜辛：《黑格尔与哲学史》，社会科学文献出版社1992年版。

39. ［德］阿多尔诺：《否定的辩证法》，张峰译，重庆出版社1993年版。

40. ［意］德拉·沃尔佩：《卢梭和马克思》，赵培杰译，重庆出版社1993年版。

41. ［美］诺曼·莱文：《辩证法内部对话》，张翼星等译，云南人民出版社1997年版。

42. ［法］萨特：《辩证理性批判》，林骧华等译，安徽文艺出版社1998年版。

43. ［加拿大］查尔斯·泰勒：《黑格尔》，张国清等译，译林出版社2002年版。

44. ［美］罗伯特·皮平：《黑格尔的观念论》，陈虎平译，华夏出版社2006年版。

45. ［德］卡尔·洛维特：《从黑格尔到尼采》，李秋零译，生活·读书·新知三联书店2006年版。

46. ［德］霍克海默、阿多诺：《启蒙辩证法》，渠敬东等译，上海世纪出版集团2006年版。

47. ［法］阿尔都塞：《保卫马克思》，顾良译，商务印书馆2006年版。

48. ［美］奥尔曼：《辩证法的舞蹈——马克思方法的步骤》，高等教育出版社 2006 年版。

49. ［法］梅洛·庞蒂:《辩证法的历险》,杨大春、张尧均译,上海
译文出版社 2009 年版。

50. 王玖兴等编:《国外黑格尔哲学新论》,中国社会科学出版社 1982
年版。

51. 复旦大学哲学系编:《西方学者论〈1844 年经济学哲学手稿〉》,
复旦大学出版社 1983 年版。

52. 黄楠森等编:《马克思主义哲学史教学资料选编》上、中、下册,
北京大学出版社 1984 年版。

53. 王树人:《思辨哲学新探》,人民出版社 1988 年版。

54. 陈先达等著:《被肢解的马克思》,上海人民出版社 1990 年版。

55. 张世英主编:《黑格尔辞典》,吉林人民出版社 1991 年版。

56. 贺麟:《黑格尔哲学讲演集》,上海人民出版社 1992 年版。

57. 杨祖陶:《德国古典哲学的逻辑进程》,武汉大学出版社 1993
年版。

58. 中国人民大学马列主义发展史研究所编:《马克思主义史》第 1—
4 卷,人民出版社 1995 年版。

59. 徐崇温主编:《当代国外马克思主义研究名著提要》上卷,重庆
出版社 1996 年版。

60. 黄楠森等编:《马克思主义哲学史》第 1—8 卷,北京出版社 1996
年版。

61. 肖前等编:《实践唯物主义研究》,中国人民大学出版社 1996
年版。

62. 陈晏清、王南湜、李淑梅:《现代唯物主义导引》,南开大学出版
社 1996 年版。

63. 黄克剑:《人韵———一种对马克思的解读》,东方出版社 1996
年版。

64. 熊伟:《自由的真谛》,中央编译出版社 1997 年版。

65. 张世英主编:《新黑格尔主义论著选辑》上卷,商务印书馆 1997
年版。

66. 邢贲思:《中国哲学五十年》,辽海出版社 1999 年版。

67. 俞宣孟:《本体论研究》,上海人民出版社 1999 年版。

68. 陶秀璈：《黑格尔认识论研究》，中国人民大学出版社 1999 年版。

69. 张世英：《自我实现的历程》，山东人民出版社 2000 年版。

70. 孙伯鍨：《探索者道路的探索》，南京大学出版社 2002 年版。

71. 宋继杰主编：《BEING 与西方哲学传统》上、下卷，河北大学出版社 2002 年版。

72. 俞吾金、陈学明著：《国外马克思主义哲学流派新编》（西方马克思主义卷）上、下册，复旦大学出版社 2002 年版。

73. 孙正聿：《马克思辩证法理论的当代反思》，人民出版社 2002 年版。

74. 汤一介主编：《康德黑格尔哲学在中国》，首都师范大学出版社 2002 年版。

75. 萧诗美：《是的哲学研究》，武汉大学出版社 2003 年版。

76. 王金福：《马克思的哲学在理解中的命运》，苏州大学出版社 2003 年版。

77. 章忠民：《黑格尔的当代意义》，上海财经大学出版社 2003 年版。

78. 俞吾金：《从康德到马克思》，广西师范大学出版社 2004 年版。

79. 贺来：《辩证法的生存论基础》，中国人民大学出版社 2004 年版。

80. 李连科：《中国哲学百年论争》，商务印书馆 2004 年版。

81. 陶德麟、汪信砚主编：《马克思主义哲学的当代论域》，人民出版社 2005 年版。

82. 吴晓明、王德峰：《马克思的哲学革命及其当代意义》，人民出版社 2005 年版。

83. 张一兵：《回到马克思》，江苏人民出版社 2005 年版。

84. 孙荣：《恩格斯与马克思主义哲学》，黑龙江人民出版社 2005 年版。

85. 吴晓明：《形而上学的没落》，人民出版社 2006 年版。

86. 赵剑英等主编：《马克思的本体论思想》，社会科学文献出版社 2006 年版。

二、西文部分

1. Sidney Hook, Towards the Understanding of Karl Marx, John Day, New York, 1933.

2. Hans-Georg Gadamer Hegels Dialektik, Translated by P. Christopher Smith, Yale University Press, 1976.

3. Terrell Carver: Marx & Engles: The Intellectual Relationship, Bloomington: Indiana university Press, 1983.

4. Norman Leivine, Dialogue within the dialectic, London George Allen & Unwin First Published in 1984.

5. Jon Elster, Making Sense of Marx, Maison des Sciences de I' Homme and Cambridge University Press 1985.

6. Hegel, Elements of the Philosophy of Right, Cambridge University Press, 1991.

7. Frederick C. Beiser, The Cambridge Companion to Hegel, Cambridge University Press, 1993.

8. Marx, Early Political Writings, Cambridge University Press, 1994.

9. Marx, Later Political Writings, Cambridge University Press, 1994.

10. Hegel, The Phenomenology of Mind, China Social Sciences Publishing House 1999.

11. Hegel, The Logic of Hegel, China Social Sciences Publishing House 1999.

12. Tom Rockmore, Hegel: Before and After : A History Introduction to Hegel's Thought, Published by Hackett Publishing Company in 2003.

后　记

　　我以为，研究马克思的辩证法思想最难处理的基本问题有三个：一是思与是的关系问题；二是自在与自为的关系问题；三是一般与个别的关系问题。因此，对于书中有关自然辩证法、思维辩证法、历史辩证法与实践辩证法之间关系的论述，我始终觉得尚有不足。这两年虽然有了一些新想法，但未臻成熟，所以还是放弃了修改的计划。

　　在本书即将出版之际，我由衷地感谢两位师长：一位是武汉大学的汪信砚教授，另一位是中南财经政法大学的王雨辰教授。往事历历，难以忘怀；殷殷关切，铭刻于心！

　　感谢陈食霖教授以及郭剑仁副教授、方珏副教授、颜岩副教授、李白鹤副教授等教研室的同仁！

　　感谢两年来与我讨论过相关问题的各位同学！

　　要说的话还很多，但我觉得让历史来见证是最有意义的。所以，我愿意把当年博士论文的"后记"附录于兹：

　　初夏时节，临别在即。回首在武汉大学学习生活的这五年，就人生的年龄而论，我大步跨越了三十岁；就人生的道路而论，曾经的生活已被彻底改变。蓦然回首，颇有"而今忘却来时路，天涯目送飞鸿去"之感。

　　最感谢的人是我的导师汪信砚教授。初到汪老师门下作弟子，我既感到荣幸，同时也吃了一惊，因为我发现他是自己在学习过程中碰到的最严格、最严谨的一位老师。在汪老师的悉心指导下，我原来的许多不成熟乃至很幼稚的想法和习惯得以改变。一想起汪老师在我论文的每一页中所作的一丝不苟的批改，我就能深刻地感受到他对学生的殷切关怀。特别是在我的博士论文写作的关键时刻，汪老师及时调整了论文的写作思路，提出了十分重要且中肯的修改意见，确保了论文写作得以顺利完成。可以说，没有汪老师一直以来在学习和生活上的关心、照顾，我决不可能如期完成学业。在此，再次向汪老师致以深深的敬意！

　　我要感谢何萍教授、姜锡润教授、赵凯荣教授、萧诗美教授、陈立新教授、赵士发副教授、李佃来副教授和李志老师、冯娟老师。他们具有高尚的品格，待人亲切随和，工作严谨认真。有的老师在学术思想上曾经给我以重要启迪，有的老师在学习、生活上曾经给我关心和照顾，在此，我向您们致以诚挚的谢意！

　　特别要向洪小兵、涂亚峰两位兄弟道声珍重。同窗之谊，毕生难忘。大家在一起交流思想，纵论天下的情形还历历在目，这是多么美好而珍贵的回忆呀！

　　屈指算来，加上辞职的时间，我已经整整六年不曾工作了。可以想见，如果没有家人的鼓励，我的学习之路是无法走到今天的。感谢爷爷、奶奶和岳父母的信任和帮助，感谢母亲的理解和包容，您们为我的学业和我的小家庭付出了太多太多。同时，感谢哥哥、嫂子，感谢弟弟、弟妹，感谢所有的亲朋！此刻，我愿和大家一起分享喜悦！

　　特别要感谢我的爱人刘莉妮。自从和我结婚后，家的重担主要就由她来挑起。除此之外，她还要承受一些人对我读书的不解和怀疑所带来的压力。尽管如此，她却始终乐观，坚信困难总是暂时的，未来总是美好的。这份深情，我铭记在心，并再次向她表达深深的敬佩。读博期间，小松松的降生给了我无穷的希望和动力。与孩子一起成长是做父亲的职责，可由于我要集中精力完成论文写作，不得不与他分隔数月。在此，也向他致歉。

　　对于今后的日子，我以自己在写作论文时诵读最多的诗——杜甫的《望岳》自勉："岱宗夫如何，齐鲁青未了。造化钟神秀，阴阳割昏晓。荡胸生层云，决眦入归鸟。会当凌绝顶，一览众山小。"

2012 年 4 月于武昌东湖